中华优秀传统文化的教育传承

张 陆 著

吉林文史出版社

图书在版编目（CIP）数据

中华优秀传统文化的教育传承 / 张陆著. —长春：吉林文史出版社，2023.10
　　ISBN 978-7-5472-9913-5

Ⅰ.①中…　Ⅱ.①张…　Ⅲ.①中华文化－教育研究　Ⅳ.①K203

中国国家版本馆 CIP 数据核字（2023）第 202008 号

中华优秀传统文化的教育传承
ZHONGHUA YOUXIU CHUANTONG WENHUA DE JIAOYU CHUANCHENG

著　　者：	张　陆
责任编辑：	张焱乔
封面设计：	图美之家
出版发行：	吉林文史出版社有限责任公司
地　　址：	长春市福祉大路 5788 号
电　　话：	0431-81629353
网　　址：	www.jlws.com.cn
印　　刷：	吉林省昌信数字印刷有限公司
开　　本：	710×1000　1/16
印　　张：	12.75
字　　数：	200 千字
版　　次：	2023 年 10 月第 1 版　2023 年 10 月第 1 次印刷
定　　价：	59.80 元
书　　号：	ISBN 978-7-5472-9913-5

（版权所有，盗版必究）

前　言

中华文化源远流长，博大精深，绚丽多姿，历久弥新。中华优秀传统文化是中华民族语言习惯、文化传统、思想观念、情感认同的集中体现，凝聚着中华民族普遍认同和广泛接受的道德规范、思想品格和价值取向。加强中华优秀传统文化教育，是实现中华民族伟大复兴中国梦的内在要求，是构建中华优秀传统文化传承体系、推动文化传承创新的重要途径，也是培育和践行社会主义核心价值观、落实立德树人根本任务的重要基础。

当今世界各国之间竞争激烈，决定一个国家在国际舞台上处于何种位置的关键因素就在于综合国力的较量。传统的军事实力、经济实力的强弱已经不能完全反映一个国家的综合国力，当今世界各国间的较量越来越取决于科学技术和文化的较量。中华优秀传统文化的思想遗产至今仍然有突出的价值，积极继承和弘扬优秀传统文化有利于培育和践行社会主义核心价值观，有利于推进国家治理体系和治理能力的现代化，还有利于提升国家文化软实力，有利于塑造和树立良好的国际形象。优秀传统文化在树立民族自豪感、责任感以及民族自尊心、自信心方面有着突出的价值。

"不忘历史才能开辟未来，善于继承才能善于创新。"习近平总书记这句话告诉我们，对待古老而富有生机的优秀传统文化既要传承，又要进行创新，充分发挥其应有的时代价值。继承中华优秀传统文化是文化创新发展的需要，是社会主义实践的需要，是中华民族伟大复兴的需要。弘扬是在继承基础上的发扬，是在实践中自觉加以贯彻、提倡、发挥。只有通过创造的继承和有继承的创造，才能在文化的发展中使文化的连续性和创造性得到统一。对传统文化的普遍内涵进行新的诠释和改造，以使其焕发蓬勃的生命力。

本书在写作过程中由于涉及的研究内容广泛，具有较强的综合性和应用性。鉴于笔者水平有限，时间仓促，书中的缺点错误和不妥之处在所难免，敬请读者批评指正，以便今后进一步修改，使之日臻完善。

目 录

第一章　优秀传统文化的主要内容 ·· 1
　　第一节　中华优秀传统文化的基本内容和主要特点 ·················· 1
　　第二节　中华优秀传统文化的传承价值 ································· 6
　　第三节　中华优秀传统文化对世界的影响 ····························· 12

第二章　优秀传统文化传承与发展的关系定位 ···························· 19
　　第一节　正确看待传统文化 ··· 19
　　第二节　传承发展必须坚持科学理论指导 ····························· 20
　　第三节　传承发展必须坚持辩证地批判继承 ·························· 21
　　第四节　发展必须坚持在传承中创新 ··································· 22

第三章　蔚为壮观的古典文学 ·· 24
　　第一节　上古神话与先秦散文 ··· 24
　　第二节　汉赋与六朝骈文 ··· 27
　　第三节　唐诗与宋词 ··· 31
　　第四节　元曲与明清小说 ··· 38

第四章　虚实相生的古代艺术魅力 ·· 47
　　第一节　古代建筑与雕塑 ··· 47
　　第二节　古代书法与绘画 ··· 54
　　第三节　古代音乐与舞蹈 ··· 63
　　第四节　古代服饰与舟车 ··· 68
　　第五节　古代手工艺器物 ··· 74

第五章　中国传统文化与德育教育 ·· 82
　　第一节　德育教育概述 ··· 82

1

第二节　中国传统文化概念的梳理 ………………………………… 84
　　第三节　中国传统文化中的"以人为本"与德育 …………………… 92

第六章　中国传统文化与德育教育相融合的价值意义 ……………… 102
　　第一节　中国传统文化与德育教育相融合的必要性 ………………… 102
　　第二节　中国传统文化与德育教育相融合的可能性 ………………… 105
　　第三节　中国传统文化与德育教育相融合的价值 …………………… 111

第七章　中国传统文化在大学生德育教育中的科学利用 …………… 116
　　第一节　中国优秀传统文化对大学生德育的价值 …………………… 116
　　第二节　中国传统文化在大学生中的缺失及成因 …………………… 128
　　第三节　中国传统文化在大学生德育教育中的实现策略 …………… 135

第八章　高校德育中传统文化的隐性教育研究 ……………………… 147
　　第一节　传统文化与隐性教育的相关理论概述 ……………………… 147
　　第二节　高校德育中传统文化隐性教育的彰显载体 ………………… 160
　　第三节　高校德育中传统文化隐性教育的对策思考 ………………… 164

第九章　坚定文化自信，弘扬中华优秀传统文化 …………………… 176
　　第一节　坚定文化自信，挖掘中华优秀传统文化中的优势与价值 … 176
　　第二节　坚定文化自信，理性对待中华传统文化 …………………… 178
　　第三节　坚定文化自信，大力弘扬中华优秀传统文化 ……………… 180

第十章　在历史的启示中坚定文化自信，弘扬中华优秀传统文化 … 186
　　第一节　文化自信的历史命运 ………………………………………… 186
　　第二节　以坚定的文化自信传承和弘扬中华优秀传统文化 ………… 189

参考文献 …………………………………………………………………… 194

第一章 优秀传统文化的主要内容

文化是一个国家社会发展的必要前提，一个国家的人文素质涵养体现了一个国家文化的发展。文化是需要不断改进、发展和创新的，随着社会的不断进步，文化也在日益影响着人们的生活和学习。文化也是一种传承，影响着一代又一代人的进步。

第一节 中华优秀传统文化的基本内容和主要特点

中国传统文化作为中华民族的伟大创造，曾以其辉煌的光焰照亮了东方，为中国乃至世界历史做出了重大的贡献。但到近代，在先进的西方文化崛起之后，中国传统文化变得相对落后了。中华传统文化作为一个民族庞大的遗产，直至今天仍影响着中国人的思想和行为。所以，正确认识和评价中国传统文化的历史价值和当代效应，正确处理传统文化和现代文化的关系，是增强我们民族自尊心与自信心的必要前提。

一、中国传统文化与中华民族精神

一个民族的精神文化就是一个民族传统文化的传承。民族文化是一个民族特有的精神灵魂、民族精神，任何一个伟大的民族都有其自身特有的精神文明。中国所特有的传统文化就是中华文明所孕育的民族精神，为了成为一个可以屹立于世界的泱泱大国，中华民族必须具有其自身坚强的精神支柱。所谓民族精神，就是一个民族长期在社会生活中所逐渐形成的、对本民族具有深刻影响的、是民族中人们共同认可并且共同追求的思想体系，包括对事物的价值观、认识观念，以及对自然世界的影响观。民族精神既具有民族性，又具有时代性。一方面，它是民族文化的主体精神，是整个民族文化的灵魂所在，集中体现出一个民族在一定的客观环境和社会历史条件下所流传下来的精神，反映了一个民族所独特的精神面貌。另一方面，它又具有时代性，是一个民族经过长期积淀下来的，并且不断进行改进、完善所得出的结果，构筑了一个民族新的时代精神。

（一）重德精神

中华民族以重视道德著称于世，道德在中国长久的文化发展历程中，不仅仅体现于人们思想行为方面的修养，还是影响整个国家、整个民族在不断发展的前提下所形成的一整套完整的体系，影响着社会的进步、文化的发展。

在中华民族的道德观念中，主要表现尚仁、崇义和重节这几个方面。"仁"即仁爱，是儒家思想的核心，也是儒家所规定的做人的最高道德标准。"仁者爱人"，"好仁者，无以尚之"，这些都是《论语》中关于"仁"的论述。"义"是指道义，是中华民族道德精神的重要内涵，是人们行为的最高标准规则。《论语》中"君子喻于义，小人喻于利""君子以义为上""君子以义为质"等著名格言，都是对"义"的推崇。"节"是气节、节操，中国古代哲学对"节"非常重视。孔子强调"三军可夺帅也，匹夫不可夺志也"。孟子提倡"富贵不能淫，贫贱不能移，威武不能屈"。他们认为，君子的节操就是至大至刚的浩然正气。

儒家思想强调"圣贤"之理想人格，仁义礼智信、修齐治平就是圣贤的标准。圣与贤是合五为一的，固为圣者必贤，贤者通圣，圣贤者，就是以仁义礼智作为规范，以修齐治平作为修行方法。君子者，也就是崇尚圣贤的有德之人。

（二）宽容精神

对人宽容、爱人即达到人际关系的和谐，这是中国传统文化中甚为重视的内容之一。孔子提出"仁即爱人"，主张对人要有爱心。孟子把"仁"上升到政治高度，提出"仁政"，要求统治者要体恤百姓疾苦，关心百姓生计。墨子也提出"兼爱"，即认为人与人之间要相亲相爱。《易经》坤卦曰："地势坤，君子以厚德载物。"要求君子应当具有大地一样宽广的胸怀，以宽厚的德行包容世间事物。

中华民族是一个统一的多民族的大家庭，各个民族之间的交往和文化交流都体现了整个中华民族精神所特有的宽容精神。民族之间相互包容，相互支撑，融合成为一个整体。《尚书·尧典》中就有"协和万邦"之说，主张各民族要相互团结，和睦共处。许多朝代的统治者大都奉行宽容的民族政策，可以说各民族的融合贯穿于整个中国历史。

"和"也是中国古典哲学的重要范畴,其含义就是指矛盾的对立统一以及多种事物的和谐相处。孔子主张"君子和而不同",《易传》有"天下百虑而一致,同归而殊途",都是认为要在对立中求得统一,要有容纳一切事物使之和谐相处的伟大胸襟。儒家的"中庸"思想,也是对"和"哲学的诠释:"不偏之谓中,不易之谓庸。中者,天下之正道;庸者,天下之定理。"这是要求人们在正道定理的基础上,实现人与人之间的和谐共处。

(三)自强精神

刚健有为,自强不息,是中华民族千百年所形成的民族精神,深藏于中国优秀传统文化之中,是中国优秀传统文化最基本的精神。

《周易》中"天行健,君子以自强不息";孔子倡导"士不可以不弘毅,任重而道远";老子强调"知人者智,自知者明。胜人者有力,自胜者强。知足者富。强行者有志。不失其所者久",都体现了中华民族积极进取、奋发向上、自强不息的精神。这种坚韧不拔的精神也是现代成功者必备的条件,对今天的大学生具有特别重要的意义。《论语·里仁》说:"朝闻道,夕死可矣。"《论语·述而》又说:"发愤忘食,乐以忘忧,不知老之将至。"孔子最鄙视的就是那种"饱食终日,无所用心"的人生态度。

中华民族几千年的文明史,处处都反映出代代流传的自强精神。《周易集解》引载东晋人干宝的话说:"尧舜一日万机,文王日昃不暇食,仲尼终夜不寝,颜子欲罢不能,自此以下,莫敢淫心舍力,故曰'自强不息'矣。"司马迁在《史记》中开篇就说:"西伯拘而演《周易》;仲尼厄而作《春秋》;屈原放逐,乃赋《离骚》;左丘失明,厥有《国语》;孙子膑脚,《兵法》修列;不韦迁蜀,世传《吕览》;韩非囚秦,《说难》《孤愤》;《诗》三百首,大抵圣贤发愤之所为作也。"他的意思就是说中华民族历来就有愈遭挫折愈加奋进的传统。

正是这种自强不息、坚忍不拔的精神,支撑着整个民族的进步和发展,由这种自强精神又进一步扩展深化为刚正不阿、坚持正义、不屈不挠、反抗压迫以及自立于世界民族之林的精神。

(四)求实精神

中华文化历来就有实事求是、求真务实的传统。中华文化素来重视对社会、人生问题的探讨,并以人心和人生为观照,因而特别重视现实,故将实事求是作为认识原则和道德信条。

孔子从来提倡实事求是的良好学风，谆谆教诲弟子"毋意、毋必、毋固、毋我"，即反对主观臆测、决然断定、拘泥固执、唯我独是的做法，他主张"学而时习之"，"知之为知之，不知为不知"，"道听而途说，德之弃也"。从孟子的"施仁政"思想到王充的重实事、疾虚妄，再到陈亮、叶适、颜元等主张的注重事功、义利双行和王霸并用，都是求实精神的反映。从孔子提倡的学以致用，到明清思想家主张的经世致用；从传统史学坚持的秉笔直书、信史直录，到古典文学注重揭露时弊表现出来的写实主义，都体现了中华民族实事求是的精神。

求实精神必然表现为务实的人生态度。中国人历来务求实效、反对空想。在民族性格心理上，也表现为推崇朴实无华、立身行事，讲求脚踏实地，鄙视华而不实、弄虚作假的作风。在中国古典哲学的思维上表现为重理性的人本主义，反映出来的是典型的"无神论"思想，重生轻死，重人道轻鬼神，"敬鬼神而远之"，王权高于神权，这也是与西方神本主义的宗教观截然不同的一个特点和优点。

二、中国传统文化的特征

（一）崇德尚贤的伦理性

在几千年的漫长历史发展过程中，中华传统文化始终以伦理道德作为其价值取向的核心，德育至上是其显著特征之一，这在中国古代的重要典籍中多有记载，尤其体现在儒家经典中。如《尚书·尧典》曰："克明俊德，以亲九族。"《尚书·召诰》曰："惟不敬厥德，乃早坠厥命。"《尚书·蔡仲之命》曰："皇天无亲，惟德是辅；民心无常，惟惠之怀。"这些都是从社会、家族、个人等各方面来说明德的重要功用。先秦儒家学派的诞生则将道德教化思想提高到新的高度。儒家经典《大学》更是开篇即点明全文宗旨："大学之道，在明明德，在亲民，在止于至善。"意思是说，大学教人的道理，在于使人彰显发扬光明美好的德性，再推己及人，使人人都能去除污染而自新，最终达到并保持完美之善的境界。孔子的《论语》中则不仅有"志于道，据于德，依于仁，游于艺""德之不修，学之不讲，闻义不能徙，不善不能改"等相关言论来论及修德的重要性和必要性，还对修德有具体的行为要求，如："弟子入则孝，出则悌，谨而信，泛爱众，而亲仁。行有余力，则以学文。"这"孝""悌""信""仁"等都是修德的具体要求，从"行有余力，则以学文"可以看出孔子将修德放在首位，而将学习知识、做学问等放在修德之后，这自然也是在强调修德的重要性。孟子则更加发展了孔子的德育思想，他说："人之有道也，饱食、暖衣、逸居而无教，则近于禽兽。"他不仅认为道德是人之所以区别于动物的标志，每个人都应该遵守道德准则修养德行，还认为道德教育对治理国家有重要意义，整个社会和国家也应该通过道德教育来弘扬德性。儒家另一代表人物荀子则认为后天的道德教化"能化性，能起伪，伪起而生礼义"，并最终达到"涂之人可以为禹"之目标。可以说这种观点与孟子乃殊途同归。后来各代儒家学者不断发展了这种道德教育思想，更使其逐渐走向理论化、系统化和完善化。

中国传统文化对伦理道德的重视不仅体现在中国古代典籍中，更体现在中国古代人们的道德践行中。一方面，中国古代社会统治者大都重视以德治作为治理国家和教化民众的理论之一，他们认为只有用道德手段教育、感化并约束人们，才能使之具有道德自觉，心悦诚服地尊礼守法、知耻从善。另一方面，在中国古代社会，不论统治者还是平民百姓，人们大多以追求理想的圣贤人格为人生目标，他们通过对儒家经典的学习，以仁、义、礼、忠、孝、悌、信等儒家思想的具体内容作为标准来要求自己的日常行为，从而激励自身加强道德修养，完善人格操守，提高人生境界，实现个人价值等。

（二）绵延不绝的强劲生命力

英国历史学家汤因比曾说，在近6000年的人类历史上出现过26种文化形态，其中发源较早的文化体系除了古中国文化以外，还有古印度文化、古埃及文化、古巴比伦文化、古希腊罗马文化等。古中国文化还与古印度文化、古埃及文化、古罗马文化一起并称为"世界四大古老文化"。但在这些文化形态中，只有一种文化体系是长期延续发展而从未中断过的，这就是中国传统文化。古埃及文化因为入侵者的不断变化而不断改变着自己的面貌，古印度文化由于遭受雅利安人的侵略而雅利安化，古罗马文化则在日耳曼族的占领后遂告中断并沉睡了上千年，古巴比伦文化更是早已毁灭殆尽。与其他古代文化体系因外族入侵所导致的消失或中断或异化有所不同，中国传统文化在东亚大陆上按照自身的逻辑演化，历经5000余年坎坷跌宕却始终未曾断绝，成为人类历史上唯一长期延续发展而从未中断的文化。这在人类文明史上是独一无二的，展现出了它强劲的生命力、巨大的凝聚力及超常的稳定性。

（三）开放、包容、内化的自我革新性

中国传统文化之所以具有如此顽强的生命力，与其自身所具有的开放精神、包容精神、内化精神等密不可分。

古代中国是一个开放的国度，表现为两方面。一是国家内部之间各个诸侯国相互合作；二是与其他国家的交流和文化传播，这都体现了中华传统文化的开放性和兼容性。数千年来，不管是在哪个朝代，中国传统文化都能够及时进行自我创新、自我完善，以适应社会时代的不断发展，紧跟时代的脚步。

中国传统文化起源于黄河流域，是典型的农耕文化，然而随着北方游牧民族的不断入侵，这种农耕文化亦受到游牧文化的不断入侵，只是在两种文化不断碰撞的过程中，中国传统文化总是能吸收异族文化的精髓并将其内化成为自身文化的一部分，即便是在游牧民族占领中原地区成为统治者的时代，中国传统文化的这种特点也未曾消失。

中国传统文化的包容性同样也表现在对外来文化的主动吸收与内化上。如果说对于游牧民族的文化因战争原因而略显被动的话，那么中国传统文化对于西方文化的吸收与内化则更显积极主动。以对古印度佛教文化的吸收内化为例，古印度的佛教等其他的佛教文化自汉代传入中国后，经过魏晋南北朝时期的主动消化吸收，至唐代已完全中国化，并与儒、道文化一起成为中国传统文化的重要组成部分。可以说，这种包容力与内化力体现了中国传统文化海纳百川的胸怀与气魄，更体现了中国传统文化强烈的自我革新精神。也正因此，中国传统文化才在与外来文化的不断碰撞交融中变得更加强大和成熟起来，形成一种自然而然的凝聚力和超强的文化适应力，进而成为人类历史上唯一延续发展并保存下来的文化典范。

第二节　中华优秀传统文化的传承价值

文化冲突与融合要求我们正视当代中国文化的生存困境，科学的发展战略促进传统文化的发展。我们党和政府始终重视传统文化的发展，提出了诸多关于如何对待传统文化的思路与建议。党的十七大报告明确提出"弘扬中华文化，建设中华民族共有精神家园"，该论断充分表达了中国共产党关于社会主义文化建设的新思路，也提出了要从精神家园的建构角度科学对待与弘扬中国传统文化的新观点。

一、正确处理"一"与"多"的关系，建构文化关系的新模式

坚持马克思主义指导地位是继承与发展中国文化的前提。在巩固主流意识

第一章 优秀传统文化的主要内容

形态地位的前提下,科学处理主流文化与多元文化的关系是继承和发展中国文化、巩固主流文化主导性的重要前提。因此,正确处理"一"与"多"的关系、建构科学的文化关系新模式是科学继承与发展中国文化的逻辑前提。

中国特色社会主义文化的主导地位是发展社会主义文化,但必须在壮大社会文化的前提下积极倡导多元文化并存的发展道路,科学处理"一"与"多"的辩证关系。要从中华民族发展的整体利益出发,始终坚持具有中国特色社会主义文化发展的道路,坚持"一"与"多"的全面发展。首先,从社会的现实情况出发,理性地从社会文化的多元性出发,发展经济基础上文化的"多元性"。其次,坚持唯物辩证法的观点与原则,既要坚持"一元",即坚持以中国特色社会主义理论为主要指导,也要允许"多元",即允许其他"多元"的外来文化与之相结合,共同发展,统一起来。

在处理"一元"与"多元"文化的关系时,始终把握住既不能走文化专制主义的老路,也不能倡导文化自由主义的歪路。马克思主义文化代替了一切的文化思想路线,这是文化专制主义不承认多元文化存在的原因。而文化自由主义者则反对马克思主义文化统领其他文化的发展。文化之间都存在很大的问题,不利于中国文化的继承与发展,影响主流文化的凝聚力和主导力。

构筑文化关系的新模式是中国文化发展的科学之路。文化是随着人类社会的进步不断发生变化的,是在人类物质社会影响的条件下发生改变,传统单一的计划经济体制决定了文化关系模式存在的逻辑合理性,而改革开放以来社会主义市场经济利益主体性增强与利益结构复杂化的客观存在,决定了"和谐哲学"指导下的文化新关系模式的合理性与科学性。"斗争哲学"理念下的文化建设适应了民主革命与社会主义政权巩固的需要,以肃清封建主义文化和资本主义文化的残余、巩固社会主义文化主导地位以及实现无产阶级专政为最终目的。"和谐哲学"理念下的文化关系模式是社会与人民文化之间相互统一的必然结果,是构建社会主义和谐社会的基础哲学,是文化在改革开放后考虑中国国情的前提下所做出的理性选择。

当前"和谐哲学"指导下的文化关系新模式在社会诸意识的"和而不同"中巩固社会主义文化的权威性,即承认社会意识诸形式与主导文化对立统一的客观存在,追求实现马克思主义与多样性文化的双向回应、协商谅解、合作互动、共构共赢的新型关系模式,在诸社会文化的和谐统一中巩固社会主义文化的主导地位。当代中国提升主导文化的凝聚力和吸引力,必须实现社会意识诸形式的主导性与多样性的和谐,以交流、沟通与辩驳的形式解决不同观点之间的矛盾，而不是以社会主义文化的主导性去压制其他社会意识形态存在的合理性，也不能用多样性文化替代社会主义文化的主导地位。在中国文化的具体建设中，要在始终坚持马克思主义主导地位的前提下，尊重差异，包容多样，以马克思主义引导时代风尚，整合多样性文化，达到巩固社会主义文化主导性的目的。

首先，以坚持马克思主义文化的主导地位为前提。改革开放以来，多种经济形态存在的客观事实决定了人们思想意识领域的独立性、选择性、多变性与差异性的变化，造成了社会意识多样化与价值观念多元化的客观事态。只要有阶级存在，就会有从属于不同阶级的文化之间的斗争存在。在全球化时代下，资本主义文化与社会主义文化的斗争依然存在，西方发达国家凭借其在经济、政治、科技、文化上的主导权，通过各种方式渗透其思想意识与价值观念，试图消解社会主义文化话语权，进而瓦解社会主义政权。多样性文化中蕴含了大量的资本主义文化的思想与价值理念，因此，我们必须始终坚持马克思主义文化的主导地位，为社会主义政权的巩固提供观念的保障。同时，在此基础上以辩证唯物主义和历史唯物主义的科学立场、观点与方法，区别对待不同质的思想意识，在尊重人们认识差异性的基础上用马克思主义引领时代风尚，实现社会主义文化与多样性文化的和谐共存。

其次，尊重人们思想意识的差异性、多样性、选择性与现实性的客观存在。人们思想认识的差异性、多样性的根源在于市场经济带来的利益结构复杂化与人们的主体性的增强，因而多样性思想观念有其存在的逻辑合理性。尊重差异性、多样性符合社会主义和谐社会的本质要求，对于实现人的全面发展有着积极的意义。因此，在文化的建设中，我们要坚持人民至上原则，尊重人们认识的差异性与多样性，坚持"尊重差异，包容多样"的原则，在坚持马克思主义指导地位的前提下，客观公正地对待人们思想观念的差异性，促进人的全面发展。

最后，要坚持文化层次性与先进性的统一。社会主义文化的层次性表现在其由共产主义思想体系的最高价值目标、观念制度层面的社会主义政治思想、社会主义道德以及心理基础层面的爱国主义思想、人道主义思想等共同构成方面。在文化的建设中，辩证统一地对待文化的不同层次，直接关系到文化的先进性与主导性，关系到文化的吸引力和凝聚力。

我们要在引导人们追求文化最高理想和道德层次中巩固社会主义文化话语权；要在正确引导社会心理的过程中，弘扬爱国主义、集体主义等思想，使人们自觉地遵循社会主义核心价值观的基本要求，在全社会确立社会主义文化的先进性与主导性；自觉地从不同群体和不同层次的人的现实需要出发，做出文化宣传的层次性判断，不能将理想的理论内容置于抽象的理想化状态。

二、以科学的态度对待各种社会思潮，丰富中国文化的核心内容

社会文化领域的多样性是当代中国社会发展的正常状态。在继承与发展中国文化的过程中，要坚持科学的正确态度和辩证的唯物主义理念，坚定立场以及历史唯物主义的观点，辨析社会发展条件下的思想状况发展的性质，不断丰富和发展中国文化的内容。

要树立科学的文化观，应始终有高度的文化自觉。科学的文化观是我们正确对待文化中诸种复杂问题的认识论前提，是巩固文化主导地位，增强文化吸引力和凝聚力的思想基础。在文化多变的情况下，根据社会发展的现状，正确处理文化多样性的存在，首要的是有科学合理的方法、正确的科学观念，能认识和贯彻了解文化。

在文化复杂的问题域中，要始终坚持马克思主义在社会主义文化领域中的领导权和主导权，发挥马克思主义在社会中的思想引导与整合功能，使马克思主义成为引领人们思想的旗帜；要根据社会实践的变化及时调整文化建设的策略与内容，使社会主义文化在实践中实现理论的嬗变以保持自身的先进性与主导性；要及时调整文化的主旨方向，转变文化思维方式。

对待"文化多样性"与"指导思想一元化"时，我们要以高度的文化自觉，在遵循马克思主义道路的基础上，遵循社会发展的思潮，理性地分析判断出当前社会的多元化，对于新的社会发展下的产物进行统一的对比，做出客观性的答复，以严谨的科学态度处理好科学文化领域中的复杂问题。科学理性地认识和对待各种社会思潮，"一般来说，社会思潮是指改革开放以来在我国得到广泛传播，反映一定社会阶层或某些群体的利益需求，具有比较系统的理论体系，对社会生活具有某种程度影响的非主流文化的思想潮流、思想趋势及思想流派。"现代化进程中利益主体性增强与利益结构的复杂化是社会思潮多样化状态呈现的合理解释。

当代主要的社会思潮通过纷繁复杂、变化不定的表象呈现给世人，但隐藏于其后的各种非马克思主义或者反马克思主义思潮的共性或实质在于试图解构社会主义文化形态的主导性，争夺文化领域与社会改革实践领域的话语权，影

响中国的社会性质与历史走向。因此，以马克思主义科学的文化观认清各种社会思潮的本质，是巩固文化主导权与增强文化吸引力和凝聚力的保障。

当代中国，"资本主义经济范式与政治纲领"的新自由主义、资产阶级左翼思潮的民主社会主义、保守主义的文化、后现代的文化领域与马克思主义之间的话语权面临着激烈的争斗。我们需要科学理性地面对此思想思潮，要具有高度的自觉侦查的能力，辨别判断当前社会诸多的思想文化，做出正确的处理，正确认识资本主义文化与社会主义文化二者之间的差异性，尊重差异性与多样性的变化，实现多样性和主导性之间的辩证统一，不断增强社会主义文化的先进性，巩固社会主义文化的社会地位与社会话语权。甄别社会思潮中的学术性和政治性问题，并能正确处理。

多样性的社会思潮在其表现上体现出了学术性与政治性之间关系的统一。社会思潮的学术性是指从理论层面对社会思潮进行学术探讨，以"求真"为研究旨趣。社会思潮的政治性表现在其作为文化的党性上，即各种社会思潮通过各种策略与途径试图获得文化话语权与领导权。当代社会思潮的宣传中，不仅借助其理论自身的优越性与公正性阐释社会现实问题以影响人们的思想观念，直接争夺文化的话语权，也体现在借助学术研究的"求真"性，使人们认同社会思潮体现文化上的科学性、真理性与权威性，进而确立文化的主导地位。

"批判的武器不能代替武器的批判，物质力量只能用物质力量来摧毁；但理论一经群众掌握，也会变成物质力量。"要不断增强马克思主义理论的学术性与政治实践性的统一，以学术性增强马克思主义的理论权威性，以政治性增强马克思主义的现实解释力与说服力，用科学的文化理论武装教育广大人民群众，使人们认清社会思潮的文化的学术策略，最终巩固马克思主义文化的主导地位。

三、辩证对待中国文化传统，增强中国文化的主导性

中国文化的发展始终不能忽视文化传统的重要意义。中国文化传统中蕴含了丰富的有价值的思想精华。科学辩证地对待中国文化传统，汲取其中蕴含的有价值的瑰宝，摒弃其中的糟粕，是中国文化复兴的必然之路。继承、发展和弘扬中国文化，要正确处理继承与创新的辩证关系。

回顾社会主义发展史，社会主义建设的失误与问题恰恰从反面证明了继承与创新关系的重要性。在中国文化的继承发展过程中，对于中国传统文化的继承，应该采取的方法是批判地继承，既批判其腐朽没落、保守陈旧的方面，又

继承其积极向上、文明进步的方面。

实际上，中国传统文化是一个非常复杂的庞大的系统，既有进步的内容，也有消极落后的成分。传统文化的发展是一个悠久长远的积淀过程，在近现代社会应用中既会产生积极的影响，也有部分会产生负面的影响。对于中国传统文化的批判继承是一项复杂又长久的工作，需要正确的思想制度指引前进，肯定有价值的内容，批判落后的思想，取其精华，去其糟粕，正确对待中国传统文化，具体问题具体分析，制定出科学合理的方法，推进文化的发展与进步。

在辨证对待中国传统文化的基础上，要探究如何进行文化创新。党的十七大对文化创新问题做了论述，号召全党"要推进文化创新，增强文化发展活力"，指出"在时代的高起点上推动文化内容形式、体制机制、传播手段的创新，解放和发展文化生产力，是繁荣文化的必由之路"。要坚持马克思主义的基本原理，以包容的心态和科学的态度，从当代中国特色社会主义现代化建设的实际出发，根据中国文化的实际状况以及社会大众的心理意识，科学地建设面向现代化、面向世界、面向未来的，民族的科学的大众的社会主义文化。

四、积极弘扬民族精神与时代精神，开展精神文化教育

继承和发展中国文化的根本目的在于将其内化为人的心理、精神与情感。党的十八大报告指出："大力弘扬民族精神和时代精神，深入开展爱国主义、集体主义、社会主义教育，丰富人民精神世界，增强人民精神力量。"要"建设优秀传统文化传承体系，弘扬中华优秀传统文化"，要从当代社会实际出发，积极弘扬民族精神和时代精神，使中国文化内化为人的精神归属和情感寄托。文化建设的关键在于将文化精神及其价值系统内化为人的精神归属、情感依托和价值观念。将中国文化的价值观以及基本精神作为中华民族独特精神气质和价值取向的共有精神家园，是民族安身立命的所在、生存发展的支撑、身份归属的标志，是维系民族共同生命的最根本力量。

我们要继承中国文化中的优秀思想，构建中华民族共有精神家园，对传统文化继承、发展、创新，使中国传统文化真正融入中华民族的血脉之中，成为中华民族的民族性格、民族精神和民族心态。我们应始终站在传统文化的正面，对中国文化保持坚定的立场，使人们能够充分感受到传统文化的魅力，得到各个民族人民的认可，增强民族认同感、归属感，实现各民族文化之间的互动交流。

要从中国共产党以及全国各族人民的历史实践中升华民族精神，从中不断学习社会主义核心价值观念，增强中华文化的时代性和创造性，并始终保持先进性。在弘扬传统文化的同时要遵循不断发展创新的原则，虽然要继承传统的东西，但是也要在此基础上发展和创新，汲取新鲜的事物，摒弃保守主义，保持先进性，促进文化的繁荣发展，实现社会主义文化的大繁荣。

第三节　中华优秀传统文化对世界的影响

文化是属于全人类的共同财富，是众多的民族长久以来共同积攒不断发展的结晶。中华传统文化同世界上其他国家民族的文化是一样的，都具有其自身的独特性，这是所有文化的共性。一个民族的文化之所以能够向外传播，取决于文化本身所具备的因素以及所需要的物质文化，只有不断流动，在各个民族之间进行比较，各自吸引，才能发展下去。

一、中华传统文化的传播

中国不仅是世界上最大的国家之一，也是世界上历史最为悠久、文明开化最早的国家之一。"在中华民族的开化史上，有素称发达的农业和手工业，有很多伟大的发明家、科学家、思想家、军事家、政治家、文学家和艺术家，有丰富的文化典籍。"在人类文化发展史上，中华文明曾彪炳寰宇，震古烁今，辐射亚洲，远播世界，对文明的发展产生过巨大的影响。

中华传统文化数千年来延绵不绝，"在与外界文化进行物质、能量和资讯的交换中，不断从无序、混沌走向有序"，它已经成为"人类文化总体中的一个特殊分支。它的价值是永恒的。它不可能为任何文化所代替，也不可能趋向或归并于任何一种文化。"自明清至近代，中华文化系统遇到危机而呈无序状态，引进近代西方文化的先进部分，是为了激发中华文化原系统的突变，使之进入新的有序状态。但全面否定传统，则会破坏中国文化系统原有的发展趋势和规律，将导致更大的混乱和危机。

传统儒家文化重视人的心性修养和社会价值，所以儒家以"格物、致知、诚意、正心、修身"为内圣，以"齐家、治国、平天下"为外王。重"仁"倡"礼"，讲等级秩序，反对严刑峻法，蔑视体力劳动，轻视科技工艺。

中国传统文化既然带有现代化因素，是实现现代化的一个动力，那么中国文化实现现代化的基础便不是全面摒弃传统，而是有所扬弃，突破古代延传下来的程式，发扬符合现代化的因素，更重要的是将"和"的视野从系统内部延伸至世界文化这个大系统中。21世纪是世界文化构建新体系的时代，中国传统文化必将在各国、各民族、各层次文化的重新认知、相互磨合和重组中再度焕发出新的活力。

在世界多极化、经济全球化继续发展的今天，东西方各种思想文化相互激荡。在这种态势下，我们应当注意保持并努力发展中国文化的民族性，尊重中华民族的传统文化，有效利用这个重要资源。目前，一些人认为全球化就是一体化，民族文化将不复存在，民族精神将逐渐消解。这种说法要么缺乏常识或情绪化，要么别有用心。因此，建设中国特色社会主义先进文化应当正确对待传统文化，坚持中华文化的民族性，发扬"中国风格""中国气派"和"中国特色"，加强文化安全，防范一切西化、分化图谋。与此同时，也应当坚决反对狭隘的民族主义、文化割据主义和保守主义，积极参与全球化的进程，增强民族文化的世界性及其影响。

当然，弘扬优秀传统文化，不应妄自尊大和盲目排外，而应把弘扬优秀传统文化与学习世界先进文化结合起来，把继承与创新结合起来，这样才能使优秀传统文化在新时代新环境里生生不息，才能真正实现中华民族的伟大复兴。

二、中华传统文化对亚洲的影响

作为四大文明古国之一的中国，其灿烂文化一形成便与邻邦有了友好交流，由近及远，并辐射到其他的地区。早在秦、汉以前，中国就和朝鲜、日本、越南、中亚等地有过商品交换和文化交流。汉朝以后，又与西亚、欧洲、非洲等地发生了经济和文化交流。在整个中国古代，中华文化一直是推动亚洲文明演化发展的文明之源。

（一）中华传统文化对朝鲜的影响

朝鲜是中国近邻，也是最早接受中国文化的国家。"朝鲜"一词最早见于《管子·揆度》，它提到"朝鲜之文皮"。这里的"文皮"指带花纹的虎豹之皮，是古代朝鲜的名贵特产。可知早在春秋时期，中国人就对朝鲜有所了解了。据《战国策》《山海经》《史记》等书记载，中朝之间的物质、文化交流的时间可能要更早些。秦、汉时期，中国的文物制度、学术思想开始传入朝鲜。

明永隆元年，高句丽和百济被新罗打败，朝鲜半岛统一。在此之际，许多新罗留学生和政府学院纷纷来中国学习，他们回国后依旧按照中国的文物制度，实行全面的社会改革。因此，新罗的文物制度深受中国文治教化的影响。

到朝鲜中世的高丽王朝时期，其文物制度几乎全部参照中国，此时程朱理学开始在朝鲜传播。李朝时代是朝鲜近世历史中文化昌明时期，其宗儒之风尤盛。

总之，在中华传统文化的影响下，朝鲜半岛的古代文明多有中华传统文化的色彩。无论是文物制度、学术思想，还是器用文化、文字风俗，均受到中国的强烈影响。当然，文化的传播是相互的，中国也从朝鲜学到不少东西，如朝鲜的歌舞，早在南北朝时即传入中原。

（二）中华传统文化对日本的影响

中国文化在日本的传播也比较早，而且影响深远。日本在中国史书《汉书·地理志》中最早被提到，其中记载："乐浪海中有倭人，分为百余国，以岁时来献见云。"在日本本土，关于中日交往的史料却极为罕见，直到江户时代，日本史家才注意从中国史书关于倭人的记载中寻找"史"的根据。可见，中国与日本早已经有所交往。中国的文字、历史、文学、艺术、宗教、工艺、美术及哲学等，都曾传入日本。

中国文化对于日本影响最为深远，在日本传播最为广泛的因素有四个。

一是文字。日本文字起源于中国。日本文字是由中国汉字经过衍化或者改变，形似于汉字的一种文字。日本史书《日本书记》《续日本记》《日本后记》《续日本后记》等一系列的书籍，都是用汉字书写的，可见汉字对于日本文字发展的影响。

二是史学。作为日本最大的史书《大日本史》，在体制和治史精神上仿效中国的史书。不仅纪传、志表、编年、纪事本末等体裁承袭中国史学，而且史鉴上的正统观念、君臣名分观念、尊王抑霸观念等，也都深受《春秋》以来儒家鉴戒垂训的史学传统之影响。

三是佛教。佛教起源于印度，魏、晋至隋、唐畅于中土，一直在中土传播，佛教作为中国文化的一部分传入日本。由于受佛教的深刻影响，佛教在日本文化有很大的改变。在唐朝时期，修律宗的鉴真及很多的名僧都去日本传法，将中国的文化、医学、文学、工艺等传向日本，深受日本人民和广大佛教徒的尊敬。

四是儒学。儒学很早传入日本。早在唐、宋、元、明时期儒学就大规模地移植至日本。日本对于《易经》《尚书》《左传》等潜心研究，他们的文化心理和民族精神都受其深刻影响。

（三）中华传统文化对东南亚国家的影响

物质文化传播往往成为精神文化传播的先导。越南、柬埔寨、泰国、马来西亚、缅甸、菲律宾、印度尼西亚、文莱、斯里兰卡、新加坡等多个东南亚国家，与中国在历史上就建立了很好的交易往来关系。从中国带去的大量的瓷器、青铜器、丝织品等都给东南亚国家的劳动生产带来了很大的发展和影响。如越南、柬埔寨、泰国的礼俗制度，马来西亚的桑蚕养殖，菲律宾的饮食文化，文莱人的服饰艺术，都深受中国文化的影响。新加坡是一个独立较晚的国家，当今现代化程度已很高，但其国民的生活习惯、道德礼俗几乎与中国完全一致，至今仍把儒家伦理作为国民教育的一个重要组成部分。

中华传统文化对东南亚的影响，与中国古代航海事业的发展是分不开的。从魏晋南北朝到唐、宋至明朝，中国的航海事业逐渐发达，最后达到高峰。郑和七次下西洋，历经30多个国家，最远到达非洲东海岸和红海。中国门户开放，促进了我国与其他各国的友好往来和经济文化交流，而且海路交通便利促使我国东南沿海地区的人民向海外流动，对中华文化向东南亚地区的传播发挥了重要的作用。

三、中华传统文化对西方的影响

早在汉代以前，中国的器用物质文化便以商品的形式，由中亚、西亚传入欧洲。而中国与西方交通的正式打开，则是在西汉张骞出使西域之后。《史记·大宛列传》记载："在大月氏西可数千里……北有奄蔡、黎轩。""黎轩"即"历山"，是亚历山大城的简称，泛指罗马人的所在，以后的中国文献中又称罗马为"大秦"。此时罗马帝国继承了希腊的地位，一度发展到中亚，罗马史学家曾记录，公元前27年"丝国"曾遣使者朝贺奥古斯都承继帝位。东汉和帝永元九年任西域都护的班超，亦曾遣甘英出使大秦，虽经波斯人阻挠而未能直接与罗马人见面，但中国与罗马的贸易及文化往来一直未断。魏晋南北朝时期，中国出现了割据分裂的混乱局面，在当时的欧洲，罗马帝国的奴隶制也出现了崩溃，导致中西各国之间的交往减少。隋唐宋明时期，中国又再度统一，国力不断发展和强大，经济也不断繁荣起来。在此基础上，不但陆路交通得到恢复，而且海上的交通也日益发达，中国与欧洲之间的贸易交往再次频繁起来。中国对西方的影响不仅体现在器具技术方面，还体现在文化艺术与学术思想方面。

（一）器用技术对西方的影响

从公元522年起，东罗马派人来中国学习养蚕术，中国的丝绸生产技术开始传入欧洲，而中国的瓷器作为输出商品传入欧洲则是在明代。这就说明了在古代中国主要是通过这两种商品向西方输出的。

四大发明是中国对人类文明的巨大贡献。造纸术是最古老的发明，约在唐朝中期传入西亚和中亚的伊斯兰教国家，之后再传入欧洲。纸在欧洲的出现和大量应用，结束了欧洲落后的羊皮卷时代，不仅增强了文化信息的存储能力，还加快了传播的速度。印刷术是中国古代又一项伟大的发明。毕昇发明的活字印刷术是人类印刷史上一次空前的革命。印刷术传入欧洲，加速了欧洲文化的历史进程，成为促进文艺复兴的强大力量。

中国的火药于13世纪末14世纪初由阿拉伯人传入欧洲。火药被欧洲应用在军事领域，成为统治者的有力武器。早在战国时期，中国人已经发现了磁石吸铁和指示南北的现象，由此制成了世界上第一个指南针——司南，其在宋代则被应用于航海，大约在1180年，指南针传入欧洲。

总之，四大发明对世界文化发展史的贡献是世界所公认的，中国古代科技发明起到了开启西方近代文明先河的作用。

（二）文学艺术对西方的影响

中国的各种丝织品、锦绣、陶瓷、漆器等日用品、工艺品传入欧洲，使欧洲人从中得到的不光是实用价值，更多的是观赏价值。在很长的一段时间内，中国的美术、绘画、丝绸、瓷器等对于欧洲人来说都是极具观赏价值的。

早在18世纪初期，欧洲就刮起了中国园林风，荷兰、瑞士、意大利、西班牙、法国等相继出现了中国样式的园林。这说明中国的园林艺术对于欧洲有重大的影响。中国园林风体现了中华文化的精神，每一个艺术的创造都包含了自然美，其梦幻多姿的结构特点、完美的布局彰显中国的园林艺术，如一幅幅优美、含蓄的立体风景画。中国园林之所以引起欧洲人的浓厚兴趣和强烈好奇心，就在于中国园林艺术在欧洲的传播，对欧洲人的建筑艺术和生活情调产生了一定的影响。

此外，自 17 世纪初，中国的小说、诗歌、戏剧在欧洲也有一定的传播。法国、英国的剧作家曾将中国的小说、戏剧等改写成法文搬上舞台，借以宣扬中国的道德精神，并认为中国戏剧具有劝人向善的价值，完全可与古希腊戏剧史诗相媲美。

（三）学术思想对西方的影响

西方传教士把中国的学术思想带回西方。从 16 世纪开始，中国的学术著作尤其是儒家经典大多被译为拉丁文和法文传入欧洲。与此同时，欧洲出现了注解和研究儒家经典的学术著作。

17—18 世纪欧洲各地先后兴起启蒙运动，这一时期欧洲不少重要思想家，如伏尔泰、孟德斯鸠、卢梭、霍尔巴赫、狄德罗都曾对中国文化与中国哲学产生兴趣，都不同程度地受到中国学术思想的影响。

法国重农主义经济学家魁奈，一生热爱中国文化，认为世界上只有中国是以自然律为基础而达到高度道德理性化的国家，他甚至把中国社会的自然秩序、开明的君主政治、儒家的道德理想当作欧洲社会文化的理想目标，故有"欧洲孔子"之称。中国哲学对于德国近代哲学也有广泛的影响。17 世纪末 18 世纪初，德国是以莱布尼茨为哲学代表的时代，他面对当时的欧洲文明中心论起而为中国文化辩护。

此后，以康德的道德实践哲学和费尔巴哈以人为本的主义为根基的"爱"的宗教，都与中国儒家道德人本主义在逻辑上相吻合。只是到了黑格尔那里，中国哲学和中国文化遭到了近乎粗野的否定。这表明欧洲文化经过启蒙运动的洗礼，在精神上完全踏上了近代历程。此时中国文化和学术思想在为西方做出巨大贡献后，渐渐被西方人所遗忘，并受到了严峻挑战。

四、理性地看待中华文化的世界影响

（一）中华传统文化的世界性意义

从世界历史的范围来考察，中华传统文化作为世界文明共同进步与发展的关键，具有悠久的历史和灿烂辉煌的积淀。中国的传统文化对于中国的发展与世界的发展都是具有积极作用的，为世界的进步做出了贡献。中华传统文化遗产中蕴含着巨大的魅力与强大的力量，它包括儒学世界观中的人道主义思想、道教顺其自然的道德观等。

从全世界的角度来看，不管是经济发达的西方国家，还是正在不断发展的中国，人们生活的社会不断地趋于物质化，同时在精神需求上得不到满足已经成为一个普遍的问题。对物质的追求导致人们精神财富的缺失，滋长出极为可怕的冷漠感和对事物的发展都满不在乎的无意义感。要走出这种不幸和悲哀的困境，首先就必须摆脱物的羁绊。中国文化建设优于经济建设，从这个意义上说，以注重心性长于伦理为自己基本特征的中华传统文化，无疑能为现代人走出自我心性的迷失提供多方面的理性启迪。有着几千年历史的中华传统文化在完成由古代向现代的转型过程中，必将以其特有的思想精华，继续启迪和烛照人类文明与文化创造。

（二）中华传统文化要立足国情、放眼世界

一个民族的文化发展，离不开整个世界文化的发展。从全球的角度看，当今世界已进入高科技的信息时代，各地区、各民族的相互联系日益密切，任何一个民族都不可能在闭关自守的境地中关起门来搞现代化。合理的态度应该是立足国情，面向世界，只有这样，才能走出一条具有民族特色的赶超世界先进文明的现代化之路。中华文化的现代化尤其应当如此。这是因为我国的生产力和综合国力还比较落后，必须借鉴和利用全部人类文明的成果来弥补自己的不足。

时至今日，世界文化的统一性与民族文化的多样性不再是对立的两极，相反，两者的对立统一、相辅相成已成为人类未来文化发展的基本色彩。每一个民族都以其在各自的生存条件下所形成特殊智慧，为世界文化宝库贡献出一份别具特色的文化杰作。但是，多样性是统一世界中的多样性，即现代化文化的多样性，中华文化只有取人之长，把自己的文化性格提高到当代世界先进水平，才能使自己的民族精神得以复兴。

让中华文化走向世界，是每一个中华儿女对传承中华传统文化的历史责任，也是21世纪的中华民族对发展世界文化的历史责任。回顾中华文化从辉煌到危机的历史，我们必须反省自勉，勇敢担负起弘扬传统文化、振兴民族精神的责任。在全面建设社会主义现代化国家新征程上，中华传统文化必将以崭新的风姿做出新的贡献。

第二章 优秀传统文化传承与发展的关系定位

第一节 正确看待传统文化

继承创新必须坚持科学地评价。社会每前进一步，都伴随着对传统的反思，前进的步伐越大，反思传统的热情越高。中国传统文化的变革，是近现代中国人文学术研究的重要课题，是社会变革乃至社会革命的重要组成部分。

任何一个国家，其民族文化的发展和现代化，都离不开人类文明的共同成果。建设中国特色社会主义先进文化，也同样需要拓展眼光，开阔胸怀，积极吸收人类文明的一切优秀成果。但是，盲目推崇西方文化、彻底摒弃民族文化或盲目推崇民族文化、彻底摒弃西方文化，都不能把中国文化带上现代化之路。建设社会主义先进文化，必须把民族传统文化作为源远流长的母体文化，在对其批判继承、综合创新之基础上，充分肯定其现实意义，才有可能去借鉴和吸收西方近现代文化精华，从而在马克思主义和中国特色社会主义理论指导下，以全面建设社会主义现代化国家为主体目标，使中国特色社会主义在守正创新中繁荣兴盛。

中国传统文化是民族的。中国传统文化作为社会历史范畴，体现了中华民族文化自身发展的特殊性，代表着几千年来中华民族文化思想和实践的积淀，反映了中华民族的民族性格、生活准则、生存智慧、处世方略，表现出中华民族的民族精神和文化类型。传统文化是中华民族屹立于世界民族和文化之林的依据，是使中华民族历经磨难而生生不息的源泉。从根本上讲，传统文化作为价值系统，只要该民族存在就不可能消失，如果丧失了，也就丧失了民族自立的根基。

中国传统文化是时代的。人类社会具有从过去到现在发展的过程性，那么，人类文化就具有从传统到现代转变的适应性。虽然具体到不同国家、民族、地区有其差异，但就总体而言，莫不如此。中华文化几千年的发展从来都表现为从源到流的过程，从发展趋势来看是不断地向着现代化演变的。实际上，一切现代文明尤其是其精神因素，不可能不具有超越时空的价值和意义。从世界已经实现现代化的国家来看，对优秀传统文化现代价值的开掘几乎是其文化现代化建设的一个必要环节。中国优秀传统文化具有非常强的开放性和自我批判、自我更新的能力，历经数千年的演变，经历了佛教、基督教、伊斯兰教等外来文化的冲击和挑战，特别是遭受了近代意义的"西方文化"狂飙式的震撼，却依然以其独特的风貌屹立于世。

中国传统文化是历史的。考察传统文化必须把它置于一定的时空象限之中。传统文化是和当时的政治经济及社会制度紧紧相联系的。从历史的角度看，中国传统文化在生产方式层面，属于自给自足的自然经济，是农业文明的产物；在经济基础层面，它建立在封建私有制基础上；在上层建筑层面，它突出伦理和政治功能，与封建社会别尊卑、明贵贱的等级制度相联系。因此，它在中国近现代历程中的作用和影响，有其积极的一面，也有其消极的一面，具有历史局限性。

中国传统文化是民族的，因而是必须予以继承和发扬的；中国传统文化是时代的，因而是不断发展和进化的；中国传统文化是历史的，因而又必须是予以批判和创新的。

随着文化研究和对传统文化反思的不断深入，人们逐渐抛弃了对民族传统文化的激进批判和简单否定态度，认识到不仅任何新的文化的发展必须在原有传统的文化基础上进行，而且民族传统文化应是我们创新的主要文化资源。无数的历史经验证明，传统始终是我们无法摆脱的精神纽带。中华民族在长期的历史发展中逐渐形成的文化传统，已经稳固地植根于我们的民族性格中，积淀于民族每一个成员的血脉里，成为中华民族的精神脊梁。

第二节 传承发展必须坚持科学理论指导

近代以来，国人在传统文化的继承方面进行了艰苦卓绝的努力，取得了重大进展和成就。20世纪以来我国文化建设的一大景观，就是运用西方近现代的某种思想理论对中国传统文化实施解构、整合或重构。在这一过程中，提出了"思想的根本精神""民族精神之潜力""抽象理论最高之学"等观点，构建了

第二章 优秀传统文化传承与发展的关系定位

"新儒学""新心学"等理论体系,这对于中国传统文化的继承、推动传统文化的现代化和现实社会的文化建设都发挥了重要而积极的作用。但是,必须看到,他们所援引和根据的一般是近现代资产阶级的某一种思想理论。无论哪一种理论,尽管都具有某种程度的真理性和科学性,但整体上都是非科学的理论。因而,在这些思想理论指导下,研究中华民族传统文化继承问题,虽然不乏真知灼见,并在一定程度上促进了传统文化的再生和转化,但是都没有从根本上解决问题。

马克思主义传入中国以后,中国文化发生了革命性的变革,传统文化的传承才走上了适合中国的创新之路。马克思主义与中国具体实践相结合,证明了用科学理论指导实践和在实践中丰富并发展科学理论的重要性及不可分性,揭示了只有运用马克思主义科学理论分析中国传统文化,并从中汲取营养,使马克思主义获得民族认同,才能与社会实践一起在更完整的意义上丰富马克思主义,实现马克思主义的中国化。不仅如此,还揭示了只有坚持不断发展和以马克思主义理论为指导,才能对中国传统文化进行科学的甄别、选择、更新和转化,从而使之真正实现现代化。从毛泽东思想到邓小平理论、"三个代表"重要思想,中国共产党人一直高举马克思主义伟大旗帜,以开放的态度和博大的胸襟,广泛地吸收和借鉴中华民族传统文化和西方现代化先行国家的正反历史经验,并在借鉴之中发展,在继承之中创造,在转换之中升华,使中国传统文化走上了复兴之道、生生不息之道、开创未来之道。

第三节 传承发展必须坚持辩证地批判继承

实现中国传统文化的现代化,必须坚持唯物辩证法。继承传统文化,应是辩证法的批判继承,而不是形而上学的抽象继承。借鉴、继承中国传统文化不是原封不动地拿过来,吃了狗肉就变成了狗肉,而是要经过咀嚼、消化,经过由此及彼、由表及里、去粗取精、去伪存真的具体分析过程,吸收有益的营养,排出无用的糟粕,在批判中继承,在继承中发扬,在发扬中创新,在创新中获得新生。

言而总之,文化的发展史是一个由简到繁、由粗朴到精致、由不够完美到逐渐完美的过程,这是一个前后不断继承发展的过程。在开创中国特色社会主义新时代的今天,要处理好传统文化的继承与发展关系:坚持没有继承就没有发展，没有发展就无所谓继承。二者相辅相成的思想，即在继承优秀传统文化的基础上，根据当下的文化建设的需要，对传统文化进行革新和创造，使传统文化与现实交融汇合，并且在现实土壤上更加五彩斑斓、缤纷多姿、璀璨夺目、异彩纷呈。

第四节　发展必须坚持在传承中创新

中华文化源远流长，积淀着中华民族最深层的精神追求，体现着中华民族最深刻的精神印记，代表着中华民族独特的精神标识，为中华民族生生不息、发展壮大提供了丰厚滋养。习近平总书记多次强调指出："中国优秀传统文化的丰富哲学思想、人文精神、教化思想、道德理念等，可以为人们认识和改造世界提供有益启迪，可以为治国理政提供有益启示，也可以为道德建设提供有益启发。"

《关于实施中华优秀传统文化传承发展工程的意见》实施，习近平总书记提出的"创造性转化、创新性发展"，成为指导传承发展中华优秀传统文化的重要方针。坚持"两创"方针，关键是把握处理好继承和创新的关系，处理好传统文化与当今时代的关系，始终坚持以能不能解决今天中国的问题、能不能回应时代的需求和挑战、能不能转化为推动实现中华民族伟大复兴中国梦的有益精神财富作为评价标准，使其成为有利于解决现实问题的文化，有利于助推社会发展的文化，有利于培育时代精神的文化。

"创造性转化、创新性发展"，实质就是在传承中创新、在创新中发展。前者是源，回答从哪里来的问题；后者是流，回答到哪里去的问题。

在传承中创新，重点在传承。中华优秀传统文化是中华民族的"根"与"魂"，"优秀传统文化是一个国家、一个民族传承和发展的根本，如果丢掉了，就割断了精神命脉。""文明特别是思想文化是一个国家、一个民族的灵魂"。一个国家和民族如果丧失了根脉、丢掉了灵魂，就无法在世界上立足，更谈不上成长与壮大。有这样一句名言："欲要亡其国，必先灭其史；欲灭其族，必先灭其文化。"假如抛弃中华优秀传统文化，我们将成为无源之水、无本之木。由此可见，传承弘扬优秀传统文化对于一个国家和民族的生存与发展是何其重要！

在创新中发展，关键在创新。以文化人，以文育人，光守成是不够的。习近平总书记说，要"让收藏在博物馆里的文物、陈列在广阔大地上的遗产、书写在古籍里的文字都活起来"。我们的博物馆如何变得越来越亲民、越来越亲近、越来越有时代气息，我们的非物质文化遗产如何走进日常生活、受到更多人关注、得到更多人喜爱，等等，这些都离不开创新。这也就是习近平总书记说的，要按照时代的新进步新发展，对中华优秀传统文化的内涵加以补充、拓展、完善，增强其影响力和感召力，让中华文化展现出永久魅力和时代风采。

在传承中创新、在创新中发展，必须与时代主题相互融合。实现中华民族伟大复兴，是中华民族自近代以来的一个魂牵梦绕的期盼，始终是历史与现实交汇互融的一个大命题。中华优秀传统文化一直是中华民族的力量之源、情感之源、动力之源和信心之源，它为马克思主义在中国生根发芽、茁壮成长提供了不可或缺的文化土壤，是中华民族实现伟大复兴的精神保障。在传承的基础上智慧灵活、大气磅礴地进行中华文化的传承与创新，这已经成为当前我国文化建设的一个极其重要的主题，也是当前和今后相当长一段历史时期文化领域的一项战略性任务。

第三章 蔚为壮观的古典文学

古代文学是中国传统文化最重要的载体之一。自先秦儒家把"诗教"视为最主要的政治教化手段以来，文学创作一直以其"文以载道"的社会功效而被历代统治者所倡导。正因如此，中国古代文学才在长达几千年的发展历程中，不断产生"一代有一代之所胜"的文学作品，以及反映不同时代风貌的琳琅满目的文学表现形式，在诗歌、散文、辞赋、小说、戏曲等方面积累了极为丰厚的、令世界为之瞩目的文化遗产。

第一节 上古神话与先秦散文

一、浪漫瑰丽的神话

文学艺术起源于生产生活，远古时代的人们在生产劳动中，创造出了不少的神话，这些神话以故事的形式表现了远古人民对自然、社会现象的认识和愿望，是我国古典文学的雏形。

从内容上看，中国古代的神话大致上包括五类，分别为：宇宙起源神话（指解释人类和动植物赖以生存的宇宙或世界起源的神话，如盘古开天辟地）、人类起源神话（是宇宙起源神话的延续或补充，主要是对人类是如何出现的所进行的解释，如女娲造人）、英雄神话（又称战争先秦神话，主要讲述的是神族之间的战争，如黄帝与蚩尤大战）、洪水神话（以洪水为主题或背景的神话，如鲧、禹治水）、发明创造神话（远古时期一切与文化因素有关的新发现和新发明的神话，如燧人氏钻木取火等）。

中国古代神话，源远流长，不仅记载早、品类多，而且不少古老的神话至今依然在民间口头流传。特别是在中原地区，中国远古时期一些著名的神话，如关于黄帝（轩辕氏）、女娲、伏羲、盘古、夸父、大禹、王母、黄帝、嫦娥等神话，大多仍以口头形式流传于河南等地区。还有关于舜、蚩尤、后羿、启的神话，迄今仍在河南、河北以及一些南方省份流传着。《山海经》《左传》《国语》《楚辞》《吕氏春秋》等公元前的先秦古籍中就记载了中国著名的古典神话。之后的《淮南子》《史记》《汉书》《吴越春秋》《三五历纪》《搜神记》《述异记》等书中也都有许多古典神话的记录。其中，《山海经》保存的神话最为丰富，而且接近古代神话的原貌。不同时期的文献所记载的古典神话，以部族神话为主体，具有地域性和部族差异性，各有不同的产生区域和传承范围。按地域系统，大体可分为西方昆仑神话、东方蓬莱神话、南方楚神话及中原神话等。按所表现的内容划分，有关于天地开辟、人类起源的；有关于日月星辰、自然万物的；有关于洪水和部族战争的；还有关于工艺文化的。这些神话说明了古人对天地宇宙、日月星辰、山川草木及人类、民族由来的思索，体现出我国古代人民对天地万物的天真美丽、富有趣味的艺术想象。

中国古代神话是丰富多彩的，它们是远古历史的回音，真实地记录着中华民族在它童年时代的瑰丽的幻想、顽强的抗争及步履蹒跚的足印。同样，先秦神话作为中华民族的文化源头，在很大程度上影响了民族精神的形成及其特征。

首先，古代神话是对远古社会生活的一种浪漫化记录。从盘古开天辟地到女娲补天造人，从燧人氏取火到有巢氏造屋，从黄帝的部落统一之战到有虞氏舜帝的民族进一步融合，从精卫填海到大禹治水等，都在向我们讲述远古人类发展史，只不过其中充满了浪漫主义的描写，因此可以说古代神话是远古人类的发展史。

其次，古代神话为后来的文学创作提供了素材。世界上很多民族都有自己的史诗，其创作的主题即是神话中的英雄故事。例如，《诗经·商颂·玄鸟》有"天命玄鸟，降而生商"的商祖神话故事；《诗经·商颂》中有大禹治水的描述；后世的志怪小说中，很多题材更是直接从上古及晚出的神话传说中吸纳而来。可以说，古代神话作为原始先民意识形态的集中体现，凝结着先民自身和外界的思考和感受，包含着浓郁的情感因素，所形成神话意象在历史中固定下来，在文学宝库中占有着非常重要的地位。

二、哲理丰富的散文

春秋时期，分封制度受到越来越严重的破坏，王室衰落，各诸侯国不但不再听命于周天子，还相互争夺土地，自主分封新国。日趋混乱的社会秩序，致使一些贵族士大夫产生了深深的恐惧，于是一些文人借助一些叙事散文来引起人们对礼乐文明和礼乐精神更为深刻的阐发和反思，这种行为大大促进了叙事散文的兴起，也推动了《左传》《春秋》《国语》等的兴起。战国时期，以宗法封建为支撑的礼乐制度完全崩塌，各诸侯国开展了以兼并为目的的争霸战争，社会处于极端混乱的状态之中。由于社会主流意识形态的衰颓、社会现实的极端恶劣，一些有识之士凭着自己对社会和人生的理解，或批评时弊，或阐述观点，并通过传授、论辩等方式，发挥自己的理论，出现了不少说理散文，如《论语》《孟子》《庄子》《墨子》等，这些散文所探讨的问题，包括了自然、社会、人生、政治、学理等各个方面，所论述的深度也是罕见的，因而也成为后世不少文学流派的渊源。

先秦散文中所反映出的文艺思想理论丰富多彩，给我们留下了许多有价值的东西。例如，孔子关于"兴、观、群、怨"的诗论："质胜文则野，文胜质则史"（《论语·雍也》）、"辞达而已矣"（《论语·卫灵公》）的文论；孟子关于"以意逆志"（《孟子·万章上》）、"尽信书，不如无书"（《孟子·尽心章句下》）的作品阅读和评论的观点，以及"充实之谓美"（《孟子·尽心章句下》）、人类有共同美感等美学观；老子和庄子主张朴素自然的文艺观，庄子言不尽意、得意妄言的言意关系等思想，不仅对古代文艺美学思想的发展和作品创作产生了不可估量的影响，而且今天仍然对发展文艺有借鉴作用。

此外，先秦散文中包含的哲学思想十分丰富，《周易》《老子》《庄子》《论语》等，或者在宇宙观，或者在认识论方法论，或者在历史观方面，都各有某方面的突出成就，像《周易》的辩证方法、老子和庄子的思辨能力与认识方法、孔子的中庸哲学、孟子的人性论、荀子的唯物论、公孙龙的诡辩论，其中都有可贵的哲学遗产，这些遗产虽然各式各样，却存在一个共同的精神追求，即"重高尚的精神追求，轻物质财利的占有"，如孔子说"君子喻于义，小人喻于利"（《论语·里仁》）、"朝闻道，夕死可矣"（《论语·里仁》）、"君子有杀身以成仁，无求生以害仁"（《论语·卫灵公》）；孟子主张"舍生而取义"（《孟子·告子上》），保持"富贵不能淫，贫贱不能移，威武不能屈"（《孟子·滕文公下》）的气节；庄子视官位、权势如腐鼠；墨子把"义"作为自己行为的准则，这些都视精神的价值大于物质的价值。

这种以获得高洁的精神满足和实现美好的社会理想为人生最高追求的价值观，经过秦汉以后仁人志士的不断丰富发展，形成了民族精神的重要特色。例如，司马迁认为，"人固有一死，或重于泰山，或轻于鸿毛"（《报任安书》），因而宁愿为坚持自己的节操而死，也不愿苟且偷生；陶渊明"不为五斗米折腰"（《晋书·陶潜传》）；李白拒绝"摧眉折腰事权贵"（《梦游天姥吟留别》）；文天祥以身侍宋，留下"留取丹心照汗青"（《过零丁洋》）的名言；明代方孝孺即使被杀头灭族，也不愿为篡位的明成祖朱棣起草诏书；清代"戊戌六君子"为改变国家境遇奋起变法，即使最后惨遭屠戮也不后悔；等等。这些数不尽的民族精英，他们无不是为了实现自己崇高的精神价值，而置荣华富贵、身家性命于度外。直至今日，一般中国人的人生信念还是"人要有志气""要有骨气""人得有点精神"。其实，人主要就是靠这种不受制于物欲的精神，去创造自身、创造世界、创造未来，成为主宰宇宙的万物之灵的。所以这种人生价值观，是一笔最宝贵的、永远使我们受益无穷的民族财富。

除了上古神话与先秦散文外，先秦时期我国还出现了最早的诗集——《诗经》。它收集了上自西周初年（公元前11世纪）下迄春秋中叶（公元前6世纪）约500年的诗歌，内容涉及历史、政治、军事、农牧业生产、宗教、伦理观念、地理知识、动植物知识、生活常识等，这些内容大多来源于生活、来源于现实，因此，诗歌表现出强烈的关注现实、积极面对人生态度，这种"风雅"精神影响了一代又一代的中国人。可以说，"风雅"精神已经成为后世诗歌健康标准，引导后世诗歌向着积极、健康的方向发展。

第二节 汉赋与六朝骈文

一、汉赋

公元前221年，秦灭六国，建立了统一的中央集权国家，结束了先秦百家争鸣的局面，也扼杀了士阶层的文化创造精神。秦代实行文化专制，加之统治时间短暂，只有为数不多的刻石之文和诏令奏议一类的应用文字，文学上可说的东西很少，直到汉朝建立后，尤其是汉武帝即位后采取了一系列相对宽松的文化政策，文学创作重新获得了生机，开始出现一种新的文学形式：汉赋。

汉赋介于诗与散文之间，是一种铺张激扬的用韵散文。奠定汉赋在汉代文坛主导地位的代表性作家是司马相如，其代表作是《子虚赋》和《上林赋》。

《子虚赋》假托楚国使臣子虚向齐国的乌有先生夸耀楚王游猎云梦的盛况，

乌有先生批评子虚"不称楚王之德厚，而盛推云梦以为高，奢言淫乐而显侈靡"，然后顺势讲出了齐国地域之辽阔、物产之丰饶。这篇洋洋数千字的鸿篇巨制，是司马相如的呕心沥血之作。在文中，司马相如设计了一组三人关系，使自设问答的文学手法更为严密和生动。开篇即写楚国使臣"子虚先生"奉命使齐，在参加齐国国君游猎盛举之后，与齐国大夫"乌有先生"及天子代表"亡是公"相遇，各逞谈锋。子虚夸言楚国云梦巨泽的规模及楚王游猎的壮观场面，褒楚而贬齐。乌有先生则反唇相讥，盛赞齐境之辽阔非楚人所可想象，一句"吞若云梦者八九于其胸中，曾不蒂芥"，使子虚瞠目结舌。在座的亡是公器度更是不凡，以举重若轻之势，极力渲染天子上林苑的巨大规模、天子出猎的皇家盛仪。在极尽描摹之能事之后，笔锋顿转，又写了一段天子对奢侈行为自行反省的文字，使皇帝在精神境界上又具备了凌驾于诸侯藩王之上的资格。亡是公自然可以嘲笑楚、齐两国"以诸侯之细，而乐万乘之所侈"的失于节制之举。结果使得"二子愀然改容，超若自失，逡巡避席"以示谢罪。此赋情节生动，气魄宏大，精彩纷呈，高潮迭起。他写上林苑的河流，竟夸张为"荡荡乎八川分流，相背而异态"；他描述天子观乐的场面，是"千人唱，万人和，山陵为之震动，川谷为之荡波"（《汉书·司马相如传》）。司马相如作为一代文豪，其在开局谋篇、遣词造句方面的天才，在此赋中一展无遗。

《上林赋》紧承《子虚赋》，先写亡是公对子虚、乌有的批评，认为其"不务明君臣之义、正诸侯之礼，徒事争于游戏之乐、苑囿之大，欲以奢侈相胜，荒淫相越，此不可以扬名发誉，而适足以贬君自损也"。之后，又借亡是公之口大肆铺陈上林苑的壮丽以及天子射猎的盛况，以压倒齐楚，渲染大一统帝国的无比繁荣富庶。最后，又写天子幡然悔悟，发布了一系列崇德爱民的措施。

这两篇赋不仅是司马相如的代表作，也是汉赋的代表作。从两赋内容的宏阔、用事的广博、结构的雄伟、文采的绚烂上，可以看出它们很好地体现了司马相如"合綦组以成文，列锦绣而为质"和"包括宇宙，总览人物"的作赋主张。

司马相如之后的重要赋家则有扬雄、班固、张衡、蔡邕等人。在这些作家的作品中又可区分为西汉时歌功颂德、描写汉朝赫赫声威的大赋与东汉时以抒情比兴为主的小赋。值得指出的是，从歌功颂德的大赋到抒情小赋的转变，其文学价值无疑大大地提高。因为大赋往往以铺叙颂扬为主，较少个性色彩，而小赋则多能反映个人的情感和艺术风格，故其文学特征更为鲜明。

二、工整典雅的六朝骈文

魏晋南北朝时期，散文逐渐向骈文转变。从时间发展上来看，早在曹魏时期，散文的骈化倾向已经出现端倪，当时我国文学开始步入"文学的自觉时代"，曹丕对"诗赋欲丽"的肯定，进一步影响到整个文坛崇尚辞藻华美的文风，各种文体都开始趋向骈化。散文的骈化，渐渐形成骈文。例如，曹丕的《典论·论文》《与吴质书》、曹植的《与杨德祖书》《求自试表》、诸葛亮的《出师表》、李密的《陈情表》、阮籍的《大人先生传》、嵇康的《与山巨源绝交书》等，大多以散带骈、骈散兼行、气势流畅。论述事理则纵横捭阖、快人视听，抒发情意则抑扬往复、俳恻动人。

到了西晋时期，散句的数量逐渐减少，对偶也更加追求工整，同时语言力求典雅、用典日趋繁富，基本上结束了曹魏时期亦骈亦散、骈散结合的文章风格，标志着骈文逐渐走向成熟。例如，东晋著名书法家王羲之是魏晋南北朝时期骈文的代表作家，他的文章多用骈句，且以情韵取胜，最有代表性的作品就是《兰亭集序》。在这篇文章中，作家描绘了晋穆帝永和九年（353）三月三日那天，自己与谢安、孙绰等人在会稽兰亭聚会的情景。文中具体叙述了会稽聚会的缘由和盛况，并即事抒怀，发出人生聚散无常、年寿不永的深沉感慨。诗序不仅展现了王羲之对万物与人生的死之悲哀、生之欢乐的关系，也表达了他自己对人生之乐的理解以及对"死、生"这种人生哲理的否定。诗序受到东晋玄言诗风的影响较大，充满玄学，因此苏辙在《次韵题画—山阴陈迹》自注中称"逸少知清言为害，然《兰亭记》亦不免于清言耳"。然而需要注意的是，诗序虽然是在说理，但所说之理都有拔新领异之处，因此袁宏道说："晋人文字如此者，不可多得。"

进入西晋时期以后，骈文进入其成熟阶段，这种成熟主要表现为四个方面：一是在单篇文章中骈俪句式明显成为文章主要部分；二是骈句对仗工整，用语精丽；三是用典日渐繁富，但运用贴切，不见痕迹；四是声律上极为和谐，流转自然。这时期，骈文作家也大量涌现，骈文的体式迅速扩展为序、论、颂、议、碑、书、策、诔、连珠等许多种类。例如，潘岳的《马汧督诔序》叙述汧城督守马敦衔冤而死的经过，赞颂他临危不惧、保护全城的忠勇和智慧，为他"功存汧城，身死汧狱"的遭遇鸣不平，对这位边城守将的冤魂表示深切的悼念，通篇洋溢着真挚而强烈的激情。文中仍旧是骈散相间，但骈句极为精丽，且音韵和谐、工整流利。又如，陆机的《豪士赋序》是针对齐王冏的矜功自伐、专擅朝政而发的议论，文章说理绵密，引喻精切，句式工整。其中如："存夫我者，隆杀止乎其域；系乎物者，丰约唯所遭遇"；"我之自我，智士犹婴其累；物之相物，昆虫皆有此情"；"好荣恶辱，有生之所大期；忌盈害上，鬼神犹且不免"；"祛服荷戟，立于庙门之下，援旗誓众，奋于阡陌之上政由宁氏，忠臣所为慷慨；祭则寡人，人主所不久堪"；"君夷鞅鞅，不悦公旦之举；高平师师，侧目博陆之势"等，都是整齐的四六句式。一篇文章之中，出现这样多的四六句，在魏与西晋文章中是罕见的。此外，这篇序文中还有一些长隔句对，也非常工整，如"见百姓之谋已，则申宫警守，以崇不畜之威；惧万民之不服，则严刑峻制，以贾伤心之怨"。除四六句式之外，文中四言、五言、六言乃至九言对句都有，参差不一，错落有致。

到了南北朝时期，骈文的繁荣仅次于诗歌，除了史学著作和少量的奏疏议论之外，几乎所有不同题材的文章都是语句骈偶、声调铿锵的骈文，总的来说，这一时期的骈文有两个方面的特点，一是骈偶更加严格、对仗更加工整，而且出现了"四六"之体，即骈四俪六、隔句作对；二是典故的运用更加缜密。例如，北朝时期最杰出的骈文作家庾信，他的《春赋》不仅对偶工致精细，又特别讲究声韵和谐之美，诵读其文句，声转于口，泠泠如振玉；辞摩于耳，累累如贯珠，有如歌曲，富于音乐美，确实能给人以听觉上美的享受。

从文体特点上来看，六朝骈文作家大多注重文章气韵的自然天成，虽不厌雕琢，却注重自然圆活、潜气内转，使文章气势顺畅，造妙自然，摇曳生姿。例如，南宋鲍照的《登大雷岸与妹书》是一封用骈体文写成的家书，也是文学史上较早地以书信形式写景的骈文之一。文中娓娓叙说行旅生活，其间写山川风物可谓烟云变灭，尽态极妍，独步千载。如"积山万状，负气争高。含霞饮景，参差代雄"；如"寒蓬夕卷，古树云平。旋风四起，思鸟群归。静听无闻，极视不见"。在纵横排戛之中，见奇丽峭拔之致，与一般骈文的华靡萎弱显得很不一样。其《石帆铭》也是广为传诵的名篇。文中不仅善于捕捉雄浑奇特的景象加以描绘，而且下字新警，属对精切。许链评论说是："奇突古兀，锤炼异常"（《六朝文絮》卷十评注）。

六朝以后的骈文作家当然也注意声韵和谐、平仄搭配，其作品也不乏音乐美，但这一是受六朝骈文的影响，在六朝作家开拓的路子之上加以取法与发挥；二是效颦者多而当行本色者少，很少有人能达到六朝骈文作家的水准，往往是得其皮毛，难以进入六朝骈文的老成之境，像王勃、李商隐那样得六朝骈文精髓的作家实在是凤毛麟角。

第三章 蔚为壮观的古典文学

第三节 唐诗与宋词

一、大气磅礴的唐诗

"有唐一代，为文学美术最盛之时"。在中国文化史上，最能代表盛唐文化成就的就是诗歌。社会经济的高度繁荣、国力的强盛、各种文化的融合、思想文化意识形态统治的相对宽松自由、科举进士科考中以诗赋为主的考试内容等诸多方面因素，有力地促进了唐代诗歌的发展与繁荣。

唐代诗歌创作盛况空前，仅《全唐诗》录存的诗作就有5万余首，有姓名可考的作者就有2200余人。多种风格、流派百花齐放，题材内容的丰富和艺术表现手法多样，显示了唐代诗歌创作的全面成熟。在唐代众多诗人中，最为著名的有王维、岑参、李白、杜甫、白居易、杜牧、李商隐等。

王维（701—761），字摩诘，出身官僚地主家庭，盛唐山水田园诗的代表作家，有"诗佛"之称，与孟浩然合称"王孟"。作为山水田园派诗人，王维状写山水田园的诗歌很多，如《田园乐七首》《渭川田家》《辋川闲居赠裴秀才迪》等。但他更为出名的作品却是那些以"入禅之作"为主，诗风自然淡泊，表达了自己的隐逸情怀的作品，如《鹿柴》《竹里馆》《秋夜独坐》《终南别业》《过香积寺》等。王维在这些作品中通过虚实关系的巧妙处理，将事物的精细刻画与更富于艺术想象的境界结合起来，使五绝这种最短小的诗歌形式具有极高的概括力，让每一处景物都能表现出最美的意境，引起穷幽入微的联想。例如，《鹿柴》，空山里寂静无人，只能听到人语的回响，那回响宛如来自另一个世界。一缕夕阳的返照透过密林射在青苔上，更点缀了环境的凄清。诗人正是通过虚实关系的巧妙处理，将山水形貌的精细刻画与更富于艺术想象的境界结合起来，使这首五绝以短小的形式高度概括了山中的空明境界和宁静之美。

岑参（约715—770），唐边塞诗人，他前后两次在边塞共生活了6年，"万里奉王事，一身无所求。也知边塞苦，岂为妻子谋"（《初过陇山途中呈宇文判官》），边塞生活虽然没给诗人带来太多实质性的好处，却为他的诗歌注入了独特的审美特性。他的诗原本题材就很广泛，除一般感叹身世、赠答朋友外，出塞之外写下了不少山水诗，诗风颇似谢朓、何逊，意境新奇。出塞后，在安西、北庭的新天地里，在鞍马风尘的战斗生活中，他的诗境空前开阔起来，好奇的一面有了更加突出的表现，因此，雄奇瑰丽的浪漫色彩成为其边塞诗的主要风格。例如，他的代表作《白雪歌送武判官归京》，诗人以宏大的气魄描绘出了边塞风光，以雄奇浪漫的风格反映了边塞的战争生活，把所描写的事物同送行的内容糅合为一个有机的整体，没有表现出离愁别绪，反而表现出一种浪漫的情感和豪迈的气概，形成气脉贯通、浑融无间的完整艺术意境。整首诗大气磅礴，奇情逸发，"梨花开"这一意象令人拍案叫绝。此意象在作者第一次出塞时写的诗里就出现过，但均为写实，如《登凉州尹台寺》："胡地三月半，梨花今始开。"而此次所写乃是雪花似梨花的感觉，不仅体现了戍边将士不畏严寒的乐观精神，也使边地风光更显神奇壮丽。

李白（701—762），字太白，号青莲居士，在我国诗歌史上他是艺术个性最鲜明的一位；在中国诗歌史上，他的作品的艺术个性也是独一无二的。他的诗，常以奔放的气势贯穿，讲究纵横驰骋，一气呵成，具有以气夺人的效果，诗中颇多吞吐山河、包孕日月的壮美意象，如"山随平野尽，江入大荒流。月下飞天镜，云生结海楼"（《渡荆门送别》）。在这不凡的浩大气势里，李白诗作体现的是自信与进取的志向和傲世独立的人格力量，形成了天马行空、飘逸不群的艺术风格，成为后人追摹难及的典范，因此他也被尊称为我国诗歌史上的"诗仙"。

李白的诗歌传世近千首，从内容题材来说，已涉及盛唐诗的所有领域，而他最擅长的是七言歌行和七言绝句，歌行的篇幅一般比较长，容量也大。其句式长短错落，形式自由灵活，又常换韵，更便于作者纵横驰骋。因此，李白常用它表达热烈奔放的思想感情，塑造雄伟壮阔的艺术形象，《远别离》《将进酒》《日出入行》《梦游天姥吟留别》等都是最能体现其七言歌行语言特点的典范之作。

杜甫（712—770），字子美，他经历过安史之乱旋涡，有着坎坷的人生经历，又长期沦落下层，因而能够逐渐走向人民，为人民大声呼吁。他最主要的成就是写出了许多深刻反映大唐由盛而衰的社会现实的诗歌，因而他被后人称为"诗圣"，他的这些诗也被人们称为"诗史"。

杜甫善于用盛唐出现的新题歌行反映时事，直接开启了中唐和北宋的新乐府创作。在新乐府的创作中，杜甫吸取了汉魏至北朝乐府民歌用对话和片段情节来反映现实的特点，从自身经历的情境出发，以深沉的感情、高度概括的场面描写，从而使每首新乐府诗歌都蕴含着深刻的历史容量。例如《兵车行》开篇便描绘了一幅送别图：兵车隆隆，战马嘶鸣，官吏押解着被强行抓来的征夫

第三章　蔚为壮观的古典文学

开往前线,在这生死离别之际,征夫的父母妻儿大声呼号,哭声遍野,从而引出了全国田园荒芜、百姓妻离子散的根源,即"点行频"之后,诗人将矛头直指最高统治者,表现出心中怒不可遏的悲愤。紧接着诗人描绘了华山以东原田沃野荆棘丛生、人烟萧条的景象,并将这种景象延伸至全国,表现了上层统治者穷兵黩武给下层百姓带来的灾难。"长者虽有问,役夫敢申恨"二句则换了一个角度,从"民口"的角度揭示出人民对统治者敢怒不敢言的痛苦心理,写出了统治者对百姓所施加的精神桎梏。全诗由点到面、由现象到本质地勾画出安史之乱前的一个历史时期里社会的真实状况,表现了诗人反对"开边"战争的坚定立场,愤怒控诉了统治者穷兵黩武的扩边政策带来人民死亡、农村凋敝的罪责。

白居易(772—846),字乐天,中唐时期"新乐府运动"的主要推动者。他曾亲身体验过、看到过民生之艰,而文人的自觉性会促使其自觉不自觉地向写实讽喻靠拢,因此在诗歌创作上主张将现实与政治相结合,将艺术写实与政教讽喻相结合,通俗地表达出社会现实,这部分作品主要体现在他的讽喻诗上。白居易的讽喻诗多为揭露和抨击黑暗现实,反映民生疾苦,如其名作《卖炭翁》以一个终年劳作的老翁、赖以为生一车炭被宦官掠夺而去,只给了半匹红绡一丈绫的事情,将皇权所庇护的罪恶的反人性本质彻底暴露无遗。又如《杜陵叟》描写了长安附近一户自耕农的遭遇,描写了地方官吏欺上瞒下、狼狈为奸、贪污腐化的现实,以及对不关心百姓疾苦的天子投以强烈的反讽,深刻地揭露了"苛政猛于虎"的悲惨现实。由于白居易的诗歌以突出的现实针对性和通俗性,达到了更真实地反映社会现实、干预政治的目的,因此《新乐府序》言"其辞质而径,欲见之者易喻也;其言直而切,欲闻之者深诫也;其事核而实,使采之者传信也;其体顺而肆,可以播于乐章歌曲也"。

杜牧(803—852),字牧之,唐代杰出的诗人、散文家,是宰相杜佑之孙,杜从郁之子。受人格和政治抱负的影响,杜牧一直关注社会重大问题,针对安史之乱、藩镇割据、战乱连年的社会现象,创作了《感怀诗》。杜甫的《自京赴奉先县咏怀五百字》和《北征》,熔抒情、叙事和议论于一炉,具有"史诗"的价值。杜牧的《感怀诗》深受其影响,在叙事中熔铸了更多的抒情和议论,具有了自己的鲜明特色。杜牧站在历史的巅峰来评论唐肃宗以后诸朝在藩镇问题上的功过得失,尽管对唐宪宗有过誉之处,但表明了他渴望明主、渴望恢复"贞观之治"的迫切心情。"藩镇割据是一幅群盗劫杀图"(范文澜语),是直接危害国计民生的毒瘤。杜牧对此有深刻的认识,对藩镇割据、战乱不休恨之入骨。他在诗中愤懑地写道:"誓肉房杯羹!"又信心十足地认为:"荡荡乾坤大,瞳瞳日月明。叱起文武业,可以豁洪溟。"只要君臣振作,重整朝纲,就可以由黑暗转为光明,转危为安。这充分表现了他的抱负、气概和积极向上的精神。但现实"韬舌辱壮心,叫阍无助声",他的美好愿望不能得到朝廷的重视,也不能得到一般人的支持,"聊书感怀韵,焚之遗贾生",饱含着对朝廷的激愤和对现实的不满。

李商隐(813—858),字义山,号玉溪生、樊南生(樊南子),一生郁郁不得志。他关心朝政,而职位卑微,对于弊政空有愤慨。在诗歌创作上,李商隐善于使用意象曲折抒情,他常借助环境景物的描绘烘托情思或暗寓情事,大量运用比兴寄托的手法,或借古喻今,或托物咏志,使诗歌作品具有了特殊的朦胧美,"深情幽怨,意旨微茫,令人测之无端,玩之无尽"(沈德潜《唐诗别裁》),获得了"包蕴密致"(《韵语阳秋》引杨亿语)、"绮密瑰妍"(敖器之《诗评》)、"深情绵邈"(刘熙载《艺概》)、"沉博绝丽"(朱鹤龄《李义山诗集笺注序》)、"顿挫曲折"(何焯《义门读书记》)的评价。

在李商隐的诗歌中,名气最大的当属他的爱情诗,他所写的爱情大多为悲剧性的爱情,在与客观现实环境的冲突中、在恋爱者之间的情感纠葛中,使抒情主人公的理想追求、忠贞品质、执着意志和缠绵情思得到极为动人的表现。即便如此,却依然难以索解,他往往想得很深、很多,但又吝于表露。他所表现出来的只是他的曲折情思的若干环节,或者说若干个点,情思的整体则若隐若现,难以猜度。例如《锦瑟》,这首诗是诗人一种感伤情绪的表达,而这种感伤情绪与诗人自己的爱情是有所关联的。诗的首联写诗人埋怨锦瑟,不知道它为什么要有那么多条弦,并且每一弦、每一柱都让人去感叹年华的易逝。颔联用庄周化蝶和望帝化为杜鹃两个典故,间接地描写了人生的悲欢离合。颈联以鲛人泣珠和良玉生烟的典故,隐约地描摹了世间风情迷离恍惚。最后抒写生前情爱漫不经心,死后追忆已经惘然的难以排遣的情绪。诗中借用庄生梦蝶、杜鹃啼血、沧海珠泪、良玉生烟等意象,运用联想与想象,采用比兴的手法,创造出了朦胧的境界,传达出了诗人自己真挚浓烈而又幽约婉转的深思。

二、情文并茂的宋词

宋词是中国古代文学皇冠上光辉夺目的一颗巨钻,在中国古代文学的阆苑里,它是一座芬芳绚丽的园圃。它以千姿百态、姹紫嫣红的风韵,与唐诗争奇,与元曲斗艳，与唐诗并称双绝，都代表一代文学之盛。作为宋代文学之胜的宋词，在中国词史上占有无与伦比的巅峰地位。

宋词流派众多，名家辈出，自成一家的词人就有几十位，如柳永、晏殊、李清照、苏轼、辛弃疾等，他们在词的创作上都取得了独特的艺术成就。

柳永（987？—1053？），初名三变，字景庄，后改名永，字耆卿，崇安（今福建武夷山市）人。柳永生长在世代书香的士大夫门第，但仕途坎坷，经常混迹于歌楼妓馆，对生活在社会底层的歌妓和市民大众的生活、心态相当了解。而且，他又经常应歌妓的约请作词引，供歌妓在茶坊酒馆、勾栏瓦肆里为市民大众演唱。因此，在词里流连山光水色、表现洒脱情怀的同时，柳永把眼光投向都市生活，一改文人词的创作路数，而迎合、满足市民大众的审美需求，取材于都市生活，用他们容易理解的语言、易于接受的表现方式，着意描写都市中平时所遇到的事物，着力表现他们所熟悉的人物、所关注的情事，抒发个人感受。

柳永词通俗流利，极富音乐性，其流传之广、影响之大，在北宋词人中是少有的。《后山诗话》说柳词"天下咏之"，《能改斋漫录》说曾"传播四方"，叶梦得在《避暑录话》中更记载在西夏，也"凡有井水处，即能歌柳词"。究其原因，正是柳词通俗。他充分运用现实生活中的日常口语和俚语，反复使用诸如动词"看承""都来""抵死""消得"等，副词"恁""怎""争"等，代词"我""你""伊""自家""伊家""阿谁"等。这些富有表现力的口语入词，不仅生动活泼，而且像直接与人对话、诉说，使读者和听众既感到亲切有味，又易于理解接受。这一艺术选择，于文人士大夫的作词传统是一种背离，但对于当时汹涌的市民文化潮以及整个宋代文学的发展大势，则是一种适时适势的顺应和推动。当时的文人士大夫之流一方面不满意于他"骫骳从俗"的艺术倾向和流连市井坊曲的"冶荡"行为，另一方面却不得不暗中钦佩和认可他在艺术体制、艺术手法上的杰出创造与开拓，几乎"照单全收"地学习、汲取和继承下来。南北宋之交的王灼在《碧鸡漫志》卷二曾说，沈唐、李甲、孔夷、孔集、晁端礼、万俟咏等六人"皆有佳句"，"源流从柳氏来"。即使是苏轼、黄庭坚、秦观、周邦彦等著名词人，也无不受惠于柳永。

晏殊（991—1055），字同叔，临川（今江西抚州）人，人称"大晏"。晏殊是在北宋前期歌舞升平的都市文化环境中，过着优裕贵族生活的太平宰相。他极喜交游唱和，主办诗酒之会，所从游者多为文学之士。他的文学活动聚集了众多的追随者，领导着上层文人士大夫圈子里的歌词文学创作，形成了代表那个阶层审美倾向的文学流派，造就了北宋前期和婉温雅、轻愁淡恨的词风情思，柔美沉静、含蕴清隽的情韵风调，明丽婉妙、细腻清华的语言风貌。

抒写男女之间的相思爱恋与离愁别恨是晏殊绝大部分词作的内容。首先，晏殊的一些描写女性的作品表现得轻盈细腻，虽然通篇不着一句俗艳语，却能将女性的神态写得活灵活现。例如《浣溪沙》中"玉碗冰寒滴露华，粉融香雪透轻纱。晚来妆面胜荷花。鬓弹欲迎眉际月，酒红初上脸边霞。一场春梦日西斜"。词人写夏日黄昏丽人昼梦方醒、晚妆初罢、酒脸微醺的情状。整首词婉转有致，犹如一幅别具韵味的、优美的彩照。再如《玉堂春》："帝城春暖，御柳暗遮空苑。海燕双双，拂扬帘栊。女伴相携，共绕林间路，折得樱桃插鬓红。昨夜临明微雨，新英遍旧丛。宝马香车，欲傍西池看，触处杨花满袖风。"

李清照（1084—1155），号易安居士，她出身书香门第，早年生活优渥，南渡之后生活孤苦，极尽凄凉痛苦。因此，她的词也大致可分为前后两个时期，前期以女子的身份自言闺情，其词内容与风格总未超越从南唐、宋初到小晏、秦观这条"婉约正宗"之流的艺术范式，以自写心灵隐衷、自抒个人生活中的愁苦悲痛感受来间接反映那个时代，也充溢着其他词人所不可能有的女性的本色，清新隽雅。例如《如梦令》："常记溪亭日暮，沉醉不知归路。兴尽晚回舟，误入藕花深处。争渡，争渡，惊起一滩鸥鹭。"这首小令用"溪亭""日暮""藕花""鸥鹭"诸意象勾勒出一幅五彩斑斓的《荷湖日暮图》，又用"回舟""误入""争渡""惊起"等动词渲染出迷离动荡的欢悦氛围，景、物、人、情四者融为一体，形成一种耐人寻味的意境，语言明白晓畅，笔调轻松活泼，唤起读者的美好想象。

后期李清照过着颠沛流离的生活，身心遭受了极大的威胁与摧残，这使她的后期词境也发生了变化，变得凄凉哀怨，交织着国破家亡之深悲巨痛。所以后期李清照的词中所描写的女性多是饱经忧患、多愁善感的。例如《声声慢》："寻寻觅觅，冷冷清清，凄凄惨惨戚戚。乍暖还寒时候，最难将息。三杯两盏淡酒，怎敌他、晚来风急！雁过也，正伤心，却是旧时相识。满地黄花堆积。憔悴损，如今有谁堪摘？守着窗儿，独自怎生得黑？梧桐更兼细雨，到黄昏、点点滴滴。这次第，怎一个愁字了得！"这首词上阕连用十四个叠字开头，极富音乐美，徘徊低迷，婉转凄楚，如同一个伤心至极的人低声倾诉，一种莫名的愁绪在心头及空气中弥漫开来，久久不散。下阕由秋日高空转入自家庭院，园中菊堆满地，从前见菊花，虽人比花瘦，但不失孤芳自赏的潇洒，而今黄花憔悴凋零，则隐含着生命将逝的悲哀。尤其是"怎一个愁字了得？"表面虽是"欲语还休",实际却已倾泻无遗,淋漓尽致。全词运用惊人的白描手法,语言朴素清新,接近口语,却一气贯注,在结构上打破了上下阕的局限,着意渲染愁情,一字一泪,如泣如诉,缠绵哀怨,感人至深。

苏轼(1037—1101),北宋文学家、书画家。字子瞻,又字和仲,号东坡居士。苏轼在文学艺术方面堪称全才,集文、诗、词、书法、画于一家。其文汪洋恣肆,明白畅达,为唐宋八大家之一;诗清新豪健,与黄庭坚并称苏黄;词开豪放一派,对后代影响深远,与辛弃疾并称苏辛;书法擅长行书、楷书,用笔丰腴跌宕,自成一家,与黄庭坚、米芾、蔡襄并称宋四家;画与文同齐名,比文更加简劲,且具掀舞之势,论画主张神似。

苏轼的词大多数是有关壮志、哲理、送别、怀古、旅怀、悼亡、乡村、闲适、风光、贺寿、嘲谑等题材的。这种题材上的巨大变化,实际上是苏轼在继承五代温庭筠、韦庄、冯延巳、李煜之风的基础上开拓的新境界,开始时影响并不突出,至南宋则适逢其会,直接影响了辛词派,如《江城子·密州出猎》《念奴娇·赤壁怀古》《定风波·三月七日,沙湖道中遇雨》等。

自晚唐五代以来,词一直被视为"小道"。词在宋初文人心目中的地位,不能与"载道""言志"的诗歌等量齐观。苏轼是第一个从理论意识上将词提升和纳入士大夫主流文化之内,用"以诗为词"为主要手段在传统应歌佐欢小词之外自立一家、自创一体的。"以诗为词"是要突破音律对词体的制约和束缚,让词不再从属于音乐,而是变为一种独立的抒情诗体。苏轼写词,主要是供人阅读,不求人演唱,虽也遵守词的音律规范而不为音律所拘,故苏词有着浓重抒情言志的自由奔放色彩。例如名作《水调歌头·明月几时有》,运用形象描绘手法,词人勾勒出一种皓月当空、亲人离散、孤高旷远的境界氛围,月的阴晴圆缺中渗进了浓厚的哲学意味,表达了词人对胞弟苏辙的无限怀念。全词体现出奔放豪迈、倾荡磊落如天风海雨般的新风格。

辛弃疾(1140—1207),原字坦夫,后改字幼安,号稼轩。辛弃疾志在"恢复",因此他大多以词为武器来表达自己强烈的爱国热情。宋人谢仿得《祭辛稼轩先生墓记》评价辛弃疾说:"公有英雄之才,忠义之心,刚大之气。"他时刻以抗金复土为己任,鞭策自己与朋友:"算平戎万里,功名本是,真儒事,君知否?"(《水龙吟·渡江天马南来》)还有在《贺新郎·同父见和再用韵答之》中写道:"正目断,关河路绝。我最怜君中宵舞,道男儿到死心如铁,看试手,补天裂。"在《满江红》里写道:"袖里珍奇光五色,他年要补天西北。"在《水调歌头》里写道:"要挽银河仙浪,西北洗胡沙。"在《水龙吟·渡江天马南来》

中写道："绿野风烟，平泉草木，东山歌酒，待他年、整顿乾坤事了，为先生寿。"这些都表现了词人的豪情飞扬，显示出英雄特有的勇毅和豪迈自信。而《八声甘州·广事赋以寄之》的"看风流慷慨，谈笑过残年"，《贺新郎》的"白发空垂三千丈，一笑人间万事"则是英雄的淡然。

辛弃疾在创作中有意使词诗化，使词具有诗的表现功能。他在词中多次提到伟大的爱国诗人屈原的浪漫主义的政治抒情诗《离骚》，如："细读《离骚》还痛饮，饱看修竹何妨肉。有飞泉、日日供明珠，三千斛。"（《满江红·山居即事》）"山头明月来，本在高高处。夜夜入清溪，听读《离骚》去。"（《生查子·独游西岩》）"手把《离骚》读遍，自扫落英餐罢，杖屦晓霜浓。"（《水调歌头·赋松菊堂》）"未堪收拾付薰炉，窗前且把《离骚》读。"（《踏莎行·赋木樨》）"千古《离骚》文字，芳至今犹未歇。"（《喜迁莺·赵晋臣敷文赋芙蓉词见寿，用韵为谢》）不仅对《离骚》极为推崇，而且在创作中借鉴骚体风格。如"余既滋兰九畹，又树蕙之百亩，秋菊更餐英"（《水调歌头·壬子被召，端仁相饯席上作》），用《离骚》来抒发内心的悲愤。

第四节 元曲与明清小说

一、俗而不俚的元曲

在中国诗歌史上，唐诗、宋词、元曲，是中古以来的三座高峰。三峰毗连，形态殊异，却各呈其美。其中，元曲恰好应承了马致远"青山正补墙头缺"之语，弥补并丰富了中国古代韵文文学的形式和内涵。

元曲又称夹心，是盛行于元代的一种文艺形式。一般来说，人们所说的元曲，包括剧曲与散曲。剧曲指的是杂剧的曲辞，散曲则是韵文大家族中的新成员，是继诗、词之后兴起的新诗体，它可以像诗词一样用来抒情写景，又可以兼作元杂剧的曲辞。而南戏兴起于元末明初，它不仅综合了杂剧体制所长，又能扬弃其所短，因此，逐渐取代了杂剧，成为剧坛的主流。

元曲具有以俗为尚和口语化、散文化的语言风格。传统的抒情文学诗、词的语言以典雅为尚，讲究庄雅工整，精致细腻，一般来讲，是排斥通俗的。元曲的语言虽也不乏典雅的一面，但从总体倾向来看，却是以俗为美，充满了俗语、蛮语（少数民族之语）、谑语（戏谑调侃之语）、市语（行话、隐语、谜语)、方言常语等。因而，元曲语言明显地具有口语化、散文化的特点，这一特点的出现与元代的统治环境有很大关系。元代是中国历史上第一个由少数民族蒙古贵族统治集团用铁蹄征服和建立起来的大一统的封建政权，在政治（抑制汉人、重实轻文）、思想（宽容各种宗教思想）、经济（重工商、兴贸易）、文化（中外文化、汉民族文化和各少数民族文化广泛交融）以及社会生活（胡汉杂居，市民阶层及其生活突出）诸方面与以往历朝历代均有明显不同，而这正是有着北方质朴自然、俚俗粗犷情致的元曲成熟兴盛的文化土壤。换言之，元代的文化背景最适宜元曲（包括杂剧中的剧曲和散曲）这一具有"蛤蜊"或"蒜酪"风味的、"主慷慨，其变也为朴实"的、以自然本色为主流的新的诗体的成长与发展，从而成了有元一代文学的代表。这是元代诗人们在当时的文化环境下自为生命活动的文化存在与元曲历时性文化存在的有机统一的结果。

  关汉卿、马致远、郑光祖、白朴并称为"元曲四大家"。

  关汉卿（1297—1307），是元代剧坛最杰出的代表之一，是他推动了元杂剧脱离宋金杂剧的"母体"从而走向成熟。关汉卿一生创作的杂剧多达67种，今存18种，即《窦娥冤》《鲁斋郎》《救风尘》《望江亭》《蝴蝶梦》《金线池》《谢天香》《玉镜台》《单鞭夺槊》《单刀会》《绯衣梦》《五侯宴》《哭存孝》《裴度还带》《陈母教子》《西蜀梦》《拜月亭》《诈妮子》。其中，《窦娥冤》《蝴蝶梦》《鲁斋郎》等是关汉卿社会剧的代表作，而《窦娥冤》的思想艺术成就最高，堪称彪炳一代的悲剧杰作；《救风尘》《望江亭》《拜月亭》《诈妮子》等是爱情婚姻剧的代表作，这些作品从未孤立地描写男女恋情，也很少直接地、细致地刻画青年男女缠绵曲折的情感，而总是将爱情婚姻故事同现实生活、社会矛盾紧密结合，着力展示现实生活中青年男女对幸福生活的追求和向往，并通过这种追求和向往彰显道德的力量；《单刀会》《西蜀梦》《哭存孝》等是历史剧的代表作，这些历史剧作品，继承宋代说话艺术和杂剧艺术"多虚少实"的创作传统，往往随意捏合历史史料，歪曲历史事实，从现实出发去缅怀历史英雄人物，曲折地表达作家的现实感受和金元之际的时代精神，借历史之酒杯，浇心中之块垒。因此，这些历史剧往往流溢着悲凉凄怆的时代情绪。关汉卿的杂剧作品题材广阔，广泛地表现了下层人民的生活和命运，意蕴深远，丰富多彩，极大地开拓了中国戏曲多方面的表现功能。

  其中，《窦娥冤》名气最大，它以元代的社会现实和时代精神作为叙事的背景和内涵，既属于社会剧，也属于悲剧。《窦娥冤》中的故事渊源于《列女传》中的《东海孝妇》。但关汉卿并没有局限于这个传统故事去歌颂为东海孝妇平反冤狱的于公的阴德，而是紧紧扣住当时的社会现实，用这段故事，真实而深刻地反映了元蒙统治下中国社会极端黑暗、极端残酷、极端混乱的悲剧时代，表现了中国人民坚强不屈的斗争精神和争取独立生存的强烈要求。它成功地塑造了"窦娥"这个悲剧主人公形象，使其成为元代被压迫、被剥削和被损害的妇女的代表，成为元代社会底层善良、坚强而走向反抗的妇女的典型。

马致远，生卒年不详，字千里，一说字致远，号东篱，元大都（今北京）人。马致远年轻的时候，曾经热衷于功名，希望在仕途上有所作为，但奋斗多年未能如愿。他曾经在江浙行省做过提举官，晚年的时候过着隐居的生活。马致远在元代梨园声名很大，有"曲状元"之称。他既是当时名士，又从事杂剧、散曲创作，亦雅亦俗，备受四方人士钦羡。所作杂剧15种，现存7种，即《汉宫秋》《陈抟高卧》《任风子》《荐福碑》《青衫泪》《岳阳楼》，以及《黄粱梦》（与人合作）。

除了杂剧之外，马致远在散曲创作上也很成功。但他仕途很不得意，长期的沉抑下僚，使他饱受屈辱，并对现实的黑暗有了清醒的认识，心中郁结的愤懑不平之气充溢于他散曲的字里行间："夜来西风里，九天雕鹗飞，困煞中原一布衣。悲，故人知未知？登楼意，恨无上天梯！"（《金字经》）"叹寒儒，漫读书，读书须索题桥柱，题柱虽乘驷马车，乘车谁买《长门赋》，且看了长安回去。"（《拨不断》）这里表面上看，乃是抒发英雄失路之悲、壮志未酬之叹，更深层的意蕴则是宣泄传统价值在现实中无法实现的悲愤。

郑光祖，生卒年不详，字德辉，他从小受到戏剧艺术的熏陶，青年时期置身于杂剧活动，享有声誉。他一生写过杂剧18种，今存《倩女离魂》《㑇梅香》《王粲登楼》等8种。其中，《倩女离魂》的名气较大，它取材于唐人陈玄祐的传奇小说《离魂记》，讲的是张倩女因父母不许自己嫁给未婚夫王文举而魂灵悠然离体，追赶文举并与其成婚的故事。《㑇梅香》是一部模仿《西厢记》而作的爱情剧，戏中处处可见《西厢记》的影子，但又有所不同。这不仅表现在它将《西厢记》五本的内容压缩于一本之中，还在于它只写青年男女发乎情止乎礼，虽对爱情有所追求，却又没有逾越礼教伦理范围。它磨去了《西厢记》那种反封建精神，只传播传统社会所允许的文人风流趣事。《王粲登楼》根据东汉末王粲在荆州依附刘表，意不自得，作《登楼赋》的故事，加以虚构敷演而成。该剧与阙名《冻苏秦》《举案齐眉》两部杂剧，同为故辱穷交、逼使进取的类型故事。《王粲登楼》的情节平淡，人物塑造一般，但曲文挺拔，颇具感人的力量。

白朴（1226—1307），字仁甫，又名太素，号兰谷。他是最早以文学世家的名士身份投入杂剧创作的重要作家，他一生共创作杂剧16种，现存《梧桐雨》《墙头马上》2种，《绝缨会》《赶江江》《梁山伯》《银筝怨》《崔护谒浆》《高祖归庄》《赚兰亭》《斩白蛇》《幸月宫》《钱塘梦》《凤凰船》等11种已佚失，《流红叶》《箭射双雕》2种仅存曲词残文。另有《东墙记》，可能经过明人增饰修改，已非其原貌。

《梧桐雨》是白朴最重要的一部作品，它是一部描写杨玉环、李隆基爱情生活和政治遭遇的历史剧。取材于白居易的长篇叙事诗《长恨歌》和陈鸿的传奇小说《长恨歌传》。在《梧桐雨》里，白朴把梧桐与杨、李的悲欢离合联系起来。李隆基对着梧桐回忆："当初妃子舞翠盘时，在此树下；寡人与妃子盟誓时，亦对此树；今日梦境相寻，又被它惊觉了。"这点明了梧桐在整个剧本艺术构思中的作用。在我国的诗文中，梧桐的形象本身即包含着伤悼、孤独、寂寞的意蕴。白朴让梧桐作为世事变幻的见证，让雨湿寒梢、敲愁助恨的景象，搅动了沉淀在人们意识中的凄怨感受，从而使剧本获得了独特的艺术效果。加上作者以十多支曲子，细致地描绘李隆基哀伤的心境；沉痛伤悲的语言，也使人荡气回肠，更能透过人物的遭遇感受到江山满眼、人事已非的怆痛。

二、走向成熟的明清小说

源远流长的古代小说发展至明清时期达到顶峰；从明洪武（1368）至清宣统（1911），历经20多朝，近550年，共产生了约2000多种白话小说和文言小说，其中名家辈出，经典著作不胜枚举，古典小说中的长篇和短篇的各种形式体制在这一时期都已成熟并稳固下来。同时，明清小说在创作方法和具体的表现手法上，都已走向成熟，小说这种文学体式也充分显示出它的社会作用和文学价值，打破了正统诗文的垄断地位，在文学史上，取得了与唐诗、宋词、元曲相并论的地位。

明清时期，小说在前期发展的基础上开始成熟，小说开始模仿说书技艺和形式编写故事，供人阅读，而且篇幅加长，已不限于短篇的作品。如此一来，小说的含义便发生了相当大的转变，不仅包括明清以前的短篇作品，而且包括各种中篇、长篇作品，如此一来，小说的内涵更为丰富。同时，由于文人士子的参与，小说已经不再像明清以前那样只是民间父老、乡里小儿的浅陋读物，而是逐渐承担起与诗词一样的反映社会现实、描摹理想抱负的文学体裁，这样一来，"小说"这个名词给人不入流不正经的印象逐渐成为过去，众多文人争相以小说来展现自己的抱负，在这样的背景下，小说自然迅速蓬勃起来。

在其发展的初期，由于统治者实行文化专制政策，进行愚民统治，因此明初的小说以文人创作的白话短篇小说称为"拟话本"为本，它是对宋元话本的直接模拟。从明初到嘉靖年间，出现了瞿佑的《剪灯新话》、李祯的《剪灯余话》等文言小说，它们只是对唐宋传奇的模仿，成就并不高。

明中叶以后，一些进步的思想文人开始重视宋元时期的通俗小说创作，并对其给予高度评价，为小说争得了文学地位。天启年间冯梦龙编辑的《喻世明言》《警世通言》《醒世恒言》，合称"三言"，每集收话本40篇，作品较多，对后世产生了较大的影响。

"三言"是中国历史上著名的话本小说，也是宋元明三代最重要的一部白话短篇小说的总集，编著者是冯梦龙。冯梦龙（1574—1646），字犹龙，一字子犹，别号龙子犹、墨憨斋主人、顾曲散人等。据《苏州府志·人物》卷八十一记载，冯梦龙"才情跌宕，诗文丽藻，尤明经学"，但因出身于传统的儒家家庭，深受儒学的影响，因而热衷科举，但始终未得功名，最后转身投入文学编纂的行列。"三言"的编纂是他最大的成就。

"三言"中的作品，有些是对宋元明以来旧本的辑录，但作了不同程度的修改；有些是依据传奇小说、文言笔记、戏曲、历史故事乃至社会传闻等进行的再创作。因此，"三言"实际上是包容了旧本的汇辑和新的创作，也是我国白话短篇小说在说唱艺术的基础上，经过文人的整理加工到文人进行独立创作的开始。笑花主人在《今古奇观序》中称其"极摹人情世态之歧，备写悲欢离合之致"。

"三言"有着丰富的思想内容，其中，有很多作品描写了爱情婚姻生活，歌颂了婚恋自主。例如，《乔太守乱点鸳鸯谱》中的乔太守，认为青年男女之间的接触和相爱就像"移干柴近烈火，无怪其燃"，故而主张"相悦为婚，礼以义起"。这种对于"情"的尊重，可以说是对封建礼教"男女之大防"和包办婚姻"父母之命，媒妁之言"的反抗。

"三言"中也有一些作品表现了文人和市民对科举制度的矛盾心态。对于当时的文人和市民来说，科举及第是他们命运的转机，而且要想"洞房花烛"婚事如意，也必须"金榜题名"，故而"三言"中的作品很多都流露出渴望科举及第、衣锦还乡和光宗耀祖的心态。但是在现实的生活中，能够真正实现这一愿望的人少之又少，而且由于科举制度存在的弊端，很多有才智和真学识的人可能会名落孙山，及第者也不一定就有真学识。因此，"三言"中的作品很多又揭露了科举制度的虚伪性，表现了失意文人和市民对科举制度的矛盾心理。例如，《老门生三世报恩》生动体现了科举考试中人才选拔没有客观的标准，也不看文章的好坏，而是全凭阅卷官主观的好恶，就如同儿戏一样。

此外，"三言"中还有为数不少的作品对社会的黑暗以及官场的腐败进行了深刻揭露，但主要是通过知识分子的一颗正直的良心来观照和鞭挞奸臣、贪官、酷吏及种种的社会恶势力，而且在对一些"清官"形象进行刻画时带有较多的市民化色彩，他们通常对人的价值十分重视，也承认人情人欲的合理性，故而有的不拘礼法，以"官府权为月老"成全有情人的越"礼"行为，如《乔太守乱点鸳鸯谱》《玉堂春落难逢夫》等；有的在公正精明、为民做主的过程中不忘给自己捞点实惠，如《滕大尹鬼断家私》等。这些官吏不像以前的官吏那样正统、死板、僵化、冷酷，因而在一定程度上体现了新兴市民的意志与愿望。

从嘉靖以后到明末，宋元说话中的讲史、说经演化为长篇小说。长篇小说从丰富的史籍、民间故事中吸取素材和营养，出现了大量的历史演义、英雄传奇以及神魔小说。其中名气最大的当属《三国演义》《水浒传》《西游记》。

《三国演义》以描写战争为主，大致可以分为黄巾之乱、董卓之乱、群雄逐鹿、三国鼎立、三国归晋五大部分，全书大约可以归纳为五条线：以汉亡为引线，以晋国一统天下为终局，中间的主线是魏、蜀、吴三方的兴衰。这几条线，此起彼伏，构建了一个完整的艺术整体，反映了魏、蜀、吴三个政治集团之间的政治和军事斗争。小说在叙事时，将各个空间分头展开的故事化成以时间为序的线性流程。小说人众事繁、矛盾复杂，却组织得主次分明、井井有条，充分显示了作者的叙事才能，又兼用了顺叙、倒叙、插叙、补叙等不同笔法，时而实写、明写、正写、详写，时而又虚写、暗写、侧写、略写，使全书的故事详略得当、摇曳多姿。另外，在这部小说中，作者将兵法三十六计融于字里行间，既有情节，也有兵法韬略，采用不以敌我叙述方式对待各方的历史描述，对后世产生了极其深远的影响。

《水浒传》一般认为是施耐庵创作的，讲述的是北宋时期由宋江领导的一群好汉因朝廷腐败被逼上梁山的故事。它是一部由宋代说话中的"小说"，中经"讲史"发展而来的长篇，换句话说，《水浒传》是一部以"讲史"为框架、汇集"小说"话本而创作出来的作品。它在中国文学史上产生了重大的影响。它刊行后不久，嘉靖间的一批著名文人如唐顺之、王慎中等就盛赞它写得"委曲详尽，血脉贯通，《史记》而下，便是此书"。李贽则把它和《史记》、杜诗等并列为宇宙内的"五大部文章"。作为一种新的文体，《水浒传》开始逐步改变以诗文为正宗的文坛面貌,从此在文学领域内确立了应有的地位。《水浒传》盛行以后,各种文学艺术样式都把它作为题材的渊薮。以戏剧作品而言,明清的传奇就有李开先的《宝剑记》、陈与郊的《灵宝刀》、许自昌的《水浒记》、沈璟的《义侠记》、金蕉云的《生辰纲》等30多种。在昆曲、京剧和各种地方戏中,也有许多深受群众欢迎的剧目,如陶君起的《京剧剧目初探》就著录了67种。至于以"水浒"故事为题材的绘画、说唱及各种民间文艺等,更是不可胜数。清代又出现了《水浒后传》《后水浒传》《结水浒传》(《荡寇志》)等续书。当然,《水浒传》作为英雄传奇小说的典范,对于诸如《杨家府演义》《大宋中兴通俗演义》《英烈传》等作品同样具有明显的影响。

《西游记》是由吴承恩(约1500—1582)创作的一部神魔小说,讲述的是孙悟空、猪八戒、沙悟净保护唐僧西天取经的故事。《西游记》创造了一个光怪陆离、神异奇幻的故事环境——天上地下、仙地佛境、龙宫冥府、险山恶水,人物形象是身奇貌异,似人似怪,神通广大,变幻莫测;故事情节则是上天入地,翻江倒海,兴妖除怪,祭宝斗法。这种将奇境、奇人、奇事熔于一炉的大手笔,为故事的展开提供了广阔的空间。但这些变幻莫测、惊心动魄的故事,或如现实的影子,或含生活的真理,表现得那么入情入理,如富丽堂皇、至高无上的天宫,就像人间朝廷在天上的造影;那等级森严、昏庸无能的仙卿,就如当朝的百官;长得一副毛脸雷公嘴的猴相孙悟空身上也具有凡人的弱点,如信奉"一日为师,终身为父",遵守"男不与女斗"的规则,言谈中时见市井粗话、江湖术语和商人行话等,都深深地打上了社会的烙印;等等。这同时也体现出吴承恩严肃的创作态度,他在诙谐风趣、诡谲多幻的文字中映射了现实,十代冥王的作威作福、欺软怕硬,玉皇大帝的昏庸专横,四海龙王的怯懦平庸,太白金星的狡黠,西天神佛也要收受贿赂,地上的妖魔几乎无一不和天上的神仙有关系,它们无不依仗天上诸神的法宝和权势,到下界胡作非为,这些描写不难使人想到人间的种种不平和黑暗。对孙悟空上天入地、无拘无束的生活歌颂实际上也寄托着作者挣脱束缚、追求自由的理想。

清代是中国古代小说盛极而衰并向近现代小说转变的时期。清代小说的创作在很大程度上受到了社会环境的影响,从清初到乾隆时期是小说发展的全盛时期,其中《红楼梦》就是这一时期最高的成就。它具有民主倾向,并对社会现实进行了真实的反映。

《红楼梦》是由曹雪芹(1715?—1763?)创作的一部世情小说,它以贾府与贾宝玉为中心,写随着贾府这一封建大家族的不断衰落,贾府中的人,尤其是那些纯洁美丽、惹人怜爱的"女儿"一个个无可挽回地酿成悲剧。《红楼梦》的创作采用了现实主义的真实描写,这种现实主义是一种在现实生活的基础上提炼出的艺术真实。作者直接取材于现实社会生活,以十年之功,通过自己独特的方式去感觉与把握现实人生,又将自己观察到的、体验到的丰富的社会生活进行高度的凝练,以独特的方式把自己的感知艺术地表达出来,形成了独特的叙事风格,不仅是高度的写实而且充满了理想的光彩,谱写出了一曲蕴蓄着青春激情和幽深思考的悲凉慷慨的挽歌。作品"如实描写,并无讳饰",保持了现实生活的多样性、现象的丰富性,渗透着作者个人的血泪感情。此外,小说采取了多条线索齐头并进、交相联结又互相制约的网状结构,以梦开始,又以梦告终,形成了一个严密的、契合天地循环的圆形结构,人生如梦、世事无常的旋律一直在字里行间回荡。小说在神话世界的统摄之下,以大观园为舞台,着重展开了宝玉、黛玉、宝钗婚姻爱情的产生、发展及其悲剧的结局。同时,体现了贾府及整个封建社会,从"烈火烹油,鲜花着锦",到"白茫茫大地真干净"、由盛而衰的没落过程。贾府的衰败与没落促进了叛逆者爱情的滋生,而叛逆者的爱情又加速了它的没落。这样一来,全书形成了一个立体的交叉重叠的宏大结构。在这个结构中,小说中众多的人物、事件如宝玉悟禅机、黛玉葬花、情悟梨香院、闷制风雨词、联诗悲寂寞等情节,一环又一环,环环相扣,互相影响、互相制约、纵横交错、层次分明、有条不紊。

到了嘉庆、道光时期,儒林小说在这一时期异军突起,其专门描写读书人的精神状态,以《儒林外史》最为经典;以才学见长的杂家小说、从古代神话寓言演化而来的荒诞寓意小说、由侠义和公案小说合流而成的侠义公案小说、由才子佳人小说和英雄传奇相互影响而成的儿女英雄小说,在这一时期也兴起或产生,其代表作分别是《镜花缘》《常言道》《野叟曝言》等;历史演义小说在这一时期如苍烟落照,缺乏新意,日渐枯竭;英雄传奇小说在这一时期是比较兴盛的,《双凤奇缘》《粉妆楼》等是较有意义的作品;文言小说创作在这一时期又出现了一个繁荣局面,以《阅微草堂笔记》的影响最大,它在体制上有意与《聊斋志异》相抗衡,成为拟晋派小说的代表作;这一时期的话本小说沿袭了前代劝善惩恶的创作宗旨,除了空泛的说教,几与现实无涉,不复有生趣。

《儒林外史》是由吴敬梓(1701—1754)创作的,小说涉及的社会面虽然很广,但正如鲁迅所说,"机锋所向,犹在士林"。居于画卷中心位置的是形形色色的儒士和名士,可以称为封建末世士林百态的浮世绘。通过对一代文士生活和思想的现实主义描写,深刻揭示了封建末世精神道德和文化教育的严重危机,并探求疗救的出路。《儒林外史》把我国古典小说的讽刺艺术发展到了极致，它的讽刺服从于客观地、真实地再现现实生活的原则，服从于严肃的社会批判的任务。作者充分运用讽刺以加强批判揭露的力量，同时也就将讽刺提高到近代现实主义美学的高度，极大地扩展了讽刺的美学功能，为讽刺艺术在我国小说中的发展做出了卓越的贡献，丰富了世界讽刺艺术宝库的财富。

《阅微草堂笔记》是由纪昀（1724—1805）创作的，它包括《滦阳消夏录》六卷、《滦阳续录》六卷、《槐西杂志》四卷、《如是我闻》四卷、《姑妄听之》四卷，凡一千一百九十六则。记事广泛，间有揭发社会、反映现实、讽刺腐败等作品。在《阅微草堂笔记》中，纪昀对理学家虚伪的言行、苛察的议论、拘迂的见解、空谈的学风，往往"有触即发"，痛加驳斥和抨击，如第九卷第七十一则，记一未婚先孕的女子，两次找某医生买堕胎药，医生以"岂敢杀人以渔利"回绝，迫使那女子自缢而死。后女子在阴司告了他，冥官喟然曰："宋以来，固执一理，而不揆事势之利害者。独此人也哉？"谴责了理学家的迂腐和不知权变。对宋儒的攻击，构成《阅微草堂笔记》中最精彩的内容。

第四章 虚实相生的古代艺术魅力

古代艺术也是中国传统文化的重要组成部分。在我国悠久的历史长河中，中华民族建构了一个巨大的艺术体系。在这个体系中，艺术门类众多，品种齐全，雅俗共存，成就璀璨，各类艺术充分地体现了中国古代人民对美的理解和追求，也充分体现了我国独特的艺术特点与艺术精神。尤其是"虚实相生"这一源于中国古代哲学的虚实观。在我国古代艺术中有着突出的体现。它既传达了我国古代人民追求空灵之美的美学理想，又传达出我国古代人民讲究虚实并用、以实为虚、借虚见实的"尚实"情结。如今，在"一带一路"倡议的背景下，探索我国古代的一些典型艺术类别，并将其发扬光大，是一件具有重要意义的事情。本章就着重来探讨下我国古代艺术体系中的建筑、雕塑、书法、绘画、音乐、舞蹈、服饰、舟车、手工艺器物等。

第一节 古代建筑与雕塑

一、古代建筑

建筑是一种以一定物质材料与结构形式，与一定自然环境相结合，兼具多种社会功能的科学技术载体。它原本是为了满足人们住的需要而出现的，但是随着社会的不断发展，建筑的功用越来越多，也越来越能体现一个民族的历史特点、审美意识和文化传统。于是，建筑艺术就诞生了。古代的中国建筑与古代埃及、古代西亚、古代印度建筑同属东方建筑体系。但在复杂漫长的历史发展过程中，其他的几个古建筑体系都已中断，只有中国建筑一脉承袭。如今，中国古代建筑以其独具特色的建筑结构和建筑外观，与后起的伊斯兰建筑和欧洲建筑并称为世界三大建筑体系，不断散发着自身的光芒。

我国最早的先民为了避风、防野兽，会利用天然的洞穴来栖身。后来，随着历史的推进以及气候等自然环境的影响，先民们被迫离开山洞，并根据各地自然环境的特点来建造栖息地。新石器时代，黄河中游的氏族部落，就利用黄土层做墙壁，用木构架、草泥建造半穴居住所，进而发展为地面上的建筑，并形成聚落。长江流域，由于潮湿多雨，常会遇到水灾或野兽的攻击，因而发展为杆栏式建筑。同时，这一时期也出现了木构架的形制，房屋平面形式也多样，如圆形、方形、"吕"字形等。这是中国古建筑的初步成形阶段。

夏、商、周时期，随着国家的建立，建筑有了较大的发展。这主要表现在以下几个方面：首先是随着王权的确立，出现了以台基式建筑为标志的官式建筑；其次是随着夯土和版筑技术的发明推广，出现了以天子都城、诸侯都城和大夫采邑为代表的城邑群；再次是随着制陶技术的逐步成熟，发明了砖、瓦等新型建筑材料；最后是木构技术得以提高，已有斧、刀、锯、凿、钻、铲等加工木构件的专用工具。

春秋战国时期，各诸侯国大兴土木，大范围内营造起了以宫室为中心的都城。这些都城大多是用夯土方法修筑的，墙外一圈有护城河，并设置了高大的城门。城内则修筑宫殿，主要建在夯土台之上。此时，建筑的结构方式已经以木构架为主，而且木构架用彩绘进行装饰，屋顶已开始使用陶瓦。这标志着中国古代建筑已成形。

秦朝建立中央集权的大帝国后，秦始皇在下令拆除各国都城、毁其宗庙的同时，又命令广造宫室台榭。因此这一时期，我国出现了一系列伟大的建筑工程，如长城、兴乐宫、阿房宫等。其中最著名的当属秦长城和阿房宫，长城今天仍然留存，从中可以对当时的建筑工艺略窥一二。而最具神秘特色的阿房宫据传被项羽焚毁，至今我们只能从一些文献记载中略微了解一下。据《三辅黄图》载：阿房宫"规恢三百余里，离宫别馆，弥山跨谷，辇道相属，阁道通骊山八十余里，表南山之巅以为阙，络樊川以为池"。这段文献资料与唐代杜牧的《阿房宫赋》中"覆压三百余里，隔离天日。骊山北构而西折，直走咸阳。二川溶溶，流入宫墙。五步一楼，十步一阁；廊腰缦回，檐牙高啄；各抱地势，钩心斗角。盘盘焉，囷囷焉，蜂房水涡，矗不知其几千万落？长桥卧波，未云何龙？复道行空，不霁何虹。高低冥迷，不知西东。歌台暖响，春光融融；舞殿冷袖，风雨凄凄。一日之内，一宫之间，而气候不齐"的描写互为表里，极言阿房宫宏伟壮观，堪为一代宫苑建筑之冠。在此时期，秦始皇陵也是非常值得一提的建筑。其位于陕西省临潼县骊山北麓，是秦始皇亲自选址建造的。据《水经注》

记载,"丽戎之山,其阴多金,其阳多玉,始皇贪其美名,因而葬焉。"秦始皇借丽山美名修建陵墓,前后共用了38年,动用70余万人,所耗财物大得惊人,造就的秦始皇陵真可谓至高至大,一陵独尊,整个皇陵的总体布局就是一幅完美的宫城都邑图。

西汉立国之初,由于经济萧条、社会残破,汉高祖刘邦没有另外兴筑都城,只是将秦朝的兴乐宫更名为长乐宫,并建起了未央宫、北宫和武库。汉惠帝时对长安城墙进行了补筑,并建成了东市和西市。中国建筑再掀修建高峰是在汉武帝称帝后。汉武帝先后五次大规模修筑长城,又兴建长安城内的桂宫、光明宫和西南郊的建章宫、上林苑。王莽托古改制时期,在城南修建起明堂、辟雍、宗庙等大型礼制建筑。东汉光武帝时期,又营建了洛阳城及其宫殿。

秦汉之后,中国古建筑结构主体的木构架已趋于成熟,重要建筑物上普遍使用斗拱;屋顶也出现了庑殿、歇山、悬山、攒尖、囤顶等形式;制砖及砖石结构和拱券结构有了新的发展。到了魏晋南北朝时期,佛教进入了建筑艺术领域,所以出现了不少佛教建筑,包括寺、塔、石窟等。著名的石窟有敦煌莫高窟、天水麦积山石窟、大同云冈石窟、洛阳龙门石窟、太原天龙山石窟等。此外,这一时期的中国建筑还融进了许多来自印度乃至西亚和中亚的建筑形制与风格,如当时流行的卷草纹、须弥座、鸱尾等装饰纹样。

隋唐时期,中国古代建筑艺术发展进入了一个发展高峰。首先,建筑材料(包括土、砖、瓦和琉璃、木材、金属等)的应用技术已达到较高的程度。例如,西安市现存的两座唐代砖塔——大雁塔和小雁塔就是用木楼板搭成的。现存的有五代时所铸巨大的铁狮,及明代铸造的千佛双铁塔,方形、七级,各高2丈余(约7米),都显示了当时金属铸造技术的发展情况。其次,建筑技术有了前所未有的发展。例如,这一时期的单体建筑基座已经有了方台基、上下坊台基、须弥座台基三种。又如,这一时期的建筑屋顶,除硬山顶尚未出现,其他几种屋顶,如庑殿、歇山、悬山、攒尖以至盝顶等,均已齐备。敦煌唐代壁画还展现出大型寺庙组群中屋顶组合的丰富景象,画面中庑殿顶多用于居中的正殿,歇山顶多用于两侧的配殿,表明屋顶组合的等级规制也已形成,说明这一时期的屋顶从单体形态到群体组合都已臻成熟。

宋元时期是中国古代建筑的转变期。在建筑艺术方面,自北宋起就一改唐代宏大雄浑的气势,而转向细腻、纤巧,建筑装饰也更加讲究。为了适应商业经济的发展,宋代还打破了大城市里封闭性街坊建筑格局,使得活跃的城市商业建筑纷纷出现。北宋崇宁二年(1103),官府专门颁行了《营造法式》,用来加强对宫殿、寺庙、官署、府第等官式建筑工程的管理。这部典籍的颁行，标志着中国古代建筑到了宋代，在工程技术与施工管理方面已达到了高度成熟的历史水平。元代时，随着封建专制的加强和蒙古人汉化政策的推行，元大都少了汴京的商业气息，整个都城规划整齐、严整，分外城、皇城、宫城，街道也清晰，一目了然。元大都的特别之处在于其北部有一片仿草原，以供皇家贵族骑马射箭，具有蒙古族特色。而且这座都城的规划设计者除汉人刘秉忠，还有尼泊尔人阿尼哥、阿拉伯匠师也黑迭尔等外籍专家。这一时期由于朝代更替频繁，并立的政权比较多，因此宫殿建筑也比较多，而且日益豪华，装饰更加绚丽多彩，玻璃瓦、雕刻花纹及彩画等的恰当运用使宫殿更加富有艺术感。可惜的是这些宫殿在战乱中都遭到了破坏，没有保存下来。

明清处于我国封建社会的末期，是中国古建筑发展的集大成时期。这一时期，建筑的主要特点就是官式大型建筑完全程式化、定型化，而民用建筑却追求不同的艺术风格，如北方大量的四合院、南方的大型宅院。在官式建筑方面，明清营造的北京城及其宫庙、郊坛和苑囿，布局更为精致、合理，如北京宫城与外城的中轴线几乎完全重合。明清两代的许多建筑佳作都得以保留至今，如都城北京的宫殿、坛庙，京郊的苑囿、园林，明十三陵和清东、西二陵，承德的避暑山庄和外八庙，沈阳和抚顺的"一宫三陵"等。

作为一种"凝固的音符"，每一种建筑总是有着自身的独特之处。纵观中国古代建筑，其主要呈现出以下四个方面的鲜明艺术特征：一是独特的平面布局，即总是先以"间"为单位构成单体建筑，然后以单体建筑组成庭院，最后以庭院为单元构成组群建筑；二是普遍采用独特而实用的"木构架"；三是讲究宏伟高大，讲究气势，追求平稳、整齐、对称；四是偏爱高台大顶造型。

就类型上来说，我国古代建筑种类是非常多的，限于篇幅，这里主要对宫殿建筑和园林建筑进行简要说明。

我国宫殿建筑以高大威严为突出特征。商、周时期，木结构技术已有很大发展，王宫中的"六宫六寝"秩序严整，等级分明，建筑艺术首次被注入了绝对君权的思想。春秋战国时期，各诸侯国的君主都修建了"美轮美奂"的建筑，以夸耀自己的权力和强盛。秦汉建筑以宫殿为代表，气势磅礴，雄伟壮观，达到了前所未有的高度。据《史记·秦始皇本纪》描述，秦始皇统一六国后修建的阿房宫，东西五百步，南北五十丈，"上可以坐万人，下可以建五丈旗；周驰为阁道，自殿下直抵南山；表南山之巅以为阙"，极其壮观。后来历代宫殿都富丽堂皇，但很多都和阿房宫一样，在战火中化为灰烬。北京故宫是宫廷建筑的杰作，也是世界上现存最大、最完整的木结构建筑群。其布局严谨规则，主次有序，空间丰富多变。封建宗法的等级制度，帝王权威至高无上的观念，都在这里得到充分的渲染和体现。

　　园林建筑是中国建筑艺术的瑰宝，为世界各国所赞赏。我国最早兴建园林始于殷商，汉代关中地区开辟的上林苑成为历史记载中规模最大的专为皇帝游乐服务的自然保护区。上林苑中有巧妙修建的人工湖，还有穿插其间的宫台楼榭，栽植了大量的奇花异树，聚纳了无数珍禽异兽。上林苑也因此成为后世帝王园林的典范。除上林苑，历史上著名的皇家园林还有曹魏的芳林苑、隋唐的西苑和芙蓉苑等。这些园林重视利用纤巧清雅的风格创造秀美的意境，与秦汉时期对宏大规模的追求已有所不同。魏晋南北朝时期形成了中国园林建筑的基本风格，一直延续到明清。现存的古代园林多为清代所建或在清代改建，大致可以分为两大类：一类是皇家园林；另一类是私家园林。皇家园林规模宏大，典雅端庄。有"万园之园"之称的圆明园，是一座聚集封建帝国文化与艺术精粹的宝库，园中景区或以开阔取胜，或以幽静见长，各景点、建筑群风格绝不雷同，又相互陪衬，是世界上最壮观的皇家园林。河北承德的避暑山庄则是现存规模最大的帝王宫苑，山庄的营建布局，光水景工程就有泉、瀑、河、池、湖等，动静交呈；又因山构势，顺势辟路，山水建筑浑然一体。风景秀美的颐和园中，昆明湖、万寿山的山石花木与地形配合，形成一种富丽堂皇的艺术美。从汉代起，贵族、富商纷纷营建私家园林，仅苏州一带就有古典园林近200处。以拙政园、网师园、留园、沧浪亭、狮子林为代表的苏州园林，被公认为我国江南古典园林的代表。古典园林中的建筑，如殿、阁、楼、厅、堂、馆、轩、斋、亭、廊、榭、桥等和山水异石、花卉树木、书画墨迹相映生辉，融为一体。这些园林多以风景为骨干，格局较小，精巧素雅，畅人心曲，美不胜收。

二、古代雕塑

　　雕塑艺术是通过形体传达精神的艺术。中国古代的雕塑源于原始社会的石器和陶器制作，最初主要是一种实用的工艺，而不属于纯粹的艺术品，后来随着社会的不断发展，雕塑的艺术性才越来越强。圆雕与浮雕是中国古代雕塑的主要形式，除此之外还有透雕、线刻等。依材料可分为泥塑、陶塑、瓷塑、木雕、玉雕、石刻、砖雕、骨牙雕刻、竹雕、金属铸像等众多品种；按用途大致可区分成纪念性雕塑、工艺装饰雕塑、建筑雕塑、园林雕塑、陵墓雕塑、明器雕塑、宗教造像、案头雕塑等不同门类。总之，中国古代雕塑在各个历史时期都涌现出很多优秀作品。

旧石器时代晚期，中国就已出现雕刻艺术品，如河北兴隆县的一处洞穴堆积中，曾出土两截刻画着复线水波纹及斜格纹的鹿角化石，刻纹清晰优美，经测定距今约1.3万年，是旧石器时代晚期骨雕艺术的珍贵实例。进入新石器时代后，陶塑与泥塑成为当时古代中国最流行的雕塑品种，此外还有玉雕、骨牙雕、木雕等品种。仰韶文化、马家窑文化及大汶口文化的陶塑作品，多属工艺装饰雕塑，甘肃札县高寺头出土仰韶文化的陶塑少女头像、陕西洛南出土人头形器口红陶壶、天水柴家坪与陕西扶风姜西村出土仰韶文化浮雕陶人面等，都是当时非常优秀的雕塑作品。

夏商周时代，除陶塑、玉石骨牙雕刻继续发展，青铜雕塑的成就也很突出，东周的彩漆木雕亦颇足称道。商代和西周的雕塑，不论是圆雕还是装饰性浮雕都讲究左右对称，格调神秘瑰奇。到了战国时代，这种程式才得以改变，开始向着生动活泼的方向发展。夏代的陶塑以河南偃师二里头出土的陶羊、陶虎、陶龟及陶蟾蜍为代表，用捏塑加锥划方法制成，形象朴拙，特征鲜明。商代前期的陶塑以郑州二里岗出土者为代表，有踆坐人像、陶虎、陶羊、陶猪、陶龟及陶鱼，品种增多。商代铸铜技艺卓越，青铜雕塑成就辉煌。1989年冬，江西新干商墓出土长着特角的青铜双面神头像，也是具有地区特色的商代铸铜杰作。鸟兽形铜尊、卣，更是商周时代青铜工艺雕塑的优秀典范。西周则有陕西宝鸡出土的牛尊、西安出土的邓仲牺尊、那县李村出土的盠驹尊等。这些动物造型上均有华丽的纹饰，看起来庄重典雅。战国时的作品如河北平山出土的错金银猛虎噬鹿铜器座、安徽寿县出土的错银铜卧牛及云南江川出土的牛虎形铜祭案，则以生动活泼见长。战国时代，建筑装饰雕塑有了初步发展。齐国流行树木对兽纹半瓦当，燕国流行对兽、饕餮纹半瓦当，秦国流行奔鹿纹与凤鸟纹圆瓦当，皆模印而成，浮雕式的动物图案生动有致。

进入秦朝以后，随着中央集权制封建国家的建立与巩固，雕塑艺术被统治者视为宣扬功业的有力工具，因而得到了蓬勃发展，在陶塑、大型石雕及青铜铸像等方面，成就斐然。秦代陶塑艺术的代表作是1974年至1976年在陕西临潼西杨村秦始皇陵从葬坑发现的陶塑兵马俑，有武士俑7000多个、驷马战车100多乘、陶战马100多匹。形体与真人真马等大，用模制与手塑相结合的方法制成，外施彩绘，手法写实。武士俑分为步兵、骑兵、弩兵等兵种，多数为威武刚强的形象。它们被埋藏在3个俑坑中，构成军阵场面，是秦始皇"示强威、服海内"思想的产物，气势磅礴。汉代存世的较为有名的雕塑作品是西安汉长安城遗址出土的铜羽人，兴平出土的鎏金铜马，广西贵县、贵州清镇平坝、河北徐水等地出土的大型青铜马，甘肃武威出土的青铜车马仪仗俑等。武威雷台东汉墓还出土一件三足腾空、一足踩在飞鸟背上的铜马，造型精绝，被誉为青铜雕塑史上的奇葩。

魏晋南北朝是中国历史上封建割据、战乱连绵的时代。在这一时代，随着佛教的传播，开窟雕像之风极盛。江苏、浙江一带的东吴凤凰、天玺纪年墓，西晋元康及东晋永昌纪年墓，均出土贴塑佛像的越窑青瓷罐。模印而成的佛像，皆着通肩袈裟，衣纹在胸前下垂，双手执衣裾，结跏趺坐。其形象与四川彭山及绵阳东汉崖墓出土摇钱树上的坐佛像相仿。北魏时期，雕造于文成帝兴安二年（452）至和平年间的云冈"昙曜五窟"，是北魏早期佛教造像的杰出代表，雕刻题材基本沿袭十六国晚期，增加千佛、十大弟子等内容，佛像造型风格亦同前期，较多地保留着犍陀罗雕像特征。

中国雕塑艺术在隋唐五代时期进入了鼎盛时期。山西五台山唐建中三年（782）重建的南禅寺大殿保存着17尊彩塑，体态安详，丰腴得度。从唐高宗与武则天合葬的乾陵开始，唐陵石刻形成定制。石刻品种有华表、翼马、鸵鸟、石马、控马人、文武侍臣、客使、蹲狮等，格调庄严肃穆。五代十国的陵墓雕刻以精细见长，而气势不如唐代。典型遗例有成都前蜀王建墓，包括陵前的石刻侍臣、墓室内的王建坐像、抬棺武士石像及雕饰伎乐图像的石棺床等。唐代陶瓷雕塑最出色的代表，是西安、洛阳、扬州、山西、甘肃等地唐墓出土的三彩釉陶塑，其绚丽色彩与优美造型最能体现盛唐气象。

宋元时期，由于城市商业的发展和儒家理学思想的推崇，开窟造像之风不再盛行。不过，这一时期的寺庙雕塑遗迹还是很丰富的。河北正定隆兴寺大悲阁宋开宝四年（971）铸造的四十二臂观音立像，高逾22米，为中国现存铜像之冠。宋辽金元时代，雕砖艺术成就卓著。河南偃师酒流沟宋墓镶嵌的雕砖，以平面浅浮雕形式，刻画侍女砍绘、厨炊、抱瓶等家务劳作及杂剧角色，刀法道劲，形象生动，非常出色。故宫博物院收藏定窑白瓷孩儿枕，曲阳定窑遗址文物保管所收藏的白瓷仕女枕，内蒙古哲里木盟收集的定窑白瓷罗汉，北京元大都遗址出土的影青瓷塑观音等，也都是宋元瓷塑精品。

明清时期，建筑雕饰有所发展，技艺提高。工艺小品雕塑有不少卓越的创造。杭州岳飞墓有明洪武四年（1371）复建时雕造的石羊、石虎、石马、武将、文臣、武臣等神道石刻，武将呈惊愕悲戚神态，文臣表情恭肃安详，堪称明代石刻最优秀的作品。明清不少公共建筑物的门户、阶陛、檐柱、照壁、额纺及屋脊，运用金属铸像、石刻、琉璃彩塑、砖刻及木雕等做装饰。雕刻题材有龙凤云水、珍禽瑞兽、松竹花卉、历史故事及吉祥文字等，力求雅俗共赏；雕刻形式多种多样，技艺很高，如太原崇善寺门口有明代铸造铁狮，北京颐和园门口有清代铜铸鎏金蹲狮，做成对称布局，以壮门户观瞻。明清的工艺雕刻与案头小品雕塑蓬勃发展，能工巧匠层出不穷，出现流派纷呈、百花竞艳的景象。

就中国古代雕塑艺术来看，其显示出了以下几个突出的特征。第一，具有突出的装饰性。无论是人物还是动物，无论是明器艺术、宗教造像还是建筑装饰雕刻，中国古代雕塑都普遍反映着传统悠久的装饰趣味。第二，具有明显的绘画性。从彩陶时代起，塑绘便互相补充、紧密结合。到二者都成熟之后，仍然"塑形绘质"，在雕塑上加彩（专业术语称作"妆銮"）以提高雕塑的表现能力。显著的绘画性表现为不是注意雕塑的体积、空间和块面，而是注意轮廓线与身体衣纹线条的节奏和韵律。第三，具有意象性特点。中国古代雕塑的装饰不求再现，只追求表现物象，因此发育出中国雕塑与绘画不求肖似的共同品格，意象性特点非常显著。第四，注重含蓄之美。中国古代雕塑受多种文化因素的影响，在造型艺术上注重含蓄美、内在美。其不像西方古典雕塑那样一览之下、历历在目，而是神龙露首不露尾、含不尽之意于象外，没有剑拔弩张、向外张扬的火气。

第二节　古代书法与绘画

一、古代书法

中国古代书法艺术在传统文化中具有悠久的历史和特殊的地位。一方面，它是随着文字的产生、字体的发展而产生、发展的；另一方面，作为写字的艺术，它几乎成了所有古代读书识字者自觉的行为方式。汉字形体的发展是按甲骨文、金文（钟鼎文）、篆书、隶书、楷书、行书、草书等顺序演进、发展的。书法艺术也正是伴随着这个演进过程而发展。

甲骨文是中国最早的较为成熟的文字，这些文字在书写上是以刀代笔，而

第四章　虚实相生的古代艺术魅力

刀有钝、有锐，甲骨有坚硬与疏松之别，自然形成笔画精细方圆的变化；而在字体的结构上，甲骨文虽大小不一，但讲究均衡对称，初步展露了中国书法的早期美学艺术追求。到了夏商周时期，钟鼎文出现，这类文字由于先写字后刻模型，能够斟酌修饰，其线条特征与甲骨文显然不同，它呈现出工整、稳定、体势恢宏而凝重的风格。例如，出土于陕西岐山的《大盂鼎铭》，字体庄严凝重，古朴浑厚，将书写的气韵与铸和捶拓所产生的古朴雄浑的气势表现得淋漓尽致，是西周金文的代表作之一。

春秋战国时期，由于竹木简之类载体的使用，字体日趋简化。例如《虢季子白盘铭》《秦公簋铭》等，从其笔法和结体来看，已开辟了向小篆演变的道路。

秦代是我国书法发展史上的一个重要时期，由于秦王嬴政统一六国后的"书同文"政策，秦代书法走上了多样而统一的发展道路，全面推行小篆字体。秦小篆以秦系文字为基础，同时兼收并蓄六国文字的优点，取长补短，为汉代书法的更大发展开辟了道路。这一时期重要的书法家为李斯，他的书法艺术水平很高，其书写的小篆，风格朴茂端庄，通达圆畅，被后人称为"天上神品"（杨守敬语）。秦代的金文、刻石，大多是他的手笔，秦始皇玉玺上面"受命于天，既寿永昌"八个鱼鸟形的大篆，也是李斯写的。李斯的字迹，除刻在金属上的尚流传下来一些，刻在石上的多已无存。从现存的李斯秦代刻石《泰山刻石》与《峄山碑》中可以看到，李斯的小篆，笔笔中锋，藏头护尾，行笔不疾不徐，写出的笔线圆匀劲健、刚柔有度，将南方人的审美趣味和流媚的书风融入端庄、雄浑的秦国大篆中去。

进入汉代以后，隶书成熟并出现变化，发展而成为章草，行书、隶书也已萌芽。书法艺术的不断变化发展，为后来流畅的行草及狂草的发展开辟了道路。汉隶上承前代篆书的法则，下启魏晋南北朝、隋唐楷书的风范。其形体方正、结体扁平、笔画平直，恢宏古朴。到东汉时，撇、捺等点画美化为向上挑起，轻重顿挫富有变化，具有书法艺术美，极具艺术欣赏的价值，这一点从诸多汉代碑文中都可以发现。这些碑文阵容庞大、风格各异，或方整挺劲、爽利痛快，如《张迁碑》；或端庄典雅、法度森然，如《礼器碑》《华山碑》；或拙朴厚重、大气磅礴，如《衡方碑》《校官碑》，还有舒展、峭拔、奇纵多姿的《石门颂》和茂密朴拙、浑厚雄强的《西狭颂》等，展示了汉代书法的辉煌成就和高超的艺术水平。

魏晋是我国书法艺术群星璀璨的辉煌时期。此时的所有书体已全面问世，而草书、楷书、行书已开始独立门户。这一时期的书体变化也最复杂多变，几种书体大规模地交轨并行，书法中的艺术因素也空前活跃，出现了书法史上顶级的书法家，如钟繇、王羲之、王献之等，为后世留下了大量的书苑瑰宝。钟繇隶法学曹喜、蔡邕，青出于蓝，独探神妙。真书古雅绝妙，刚柔具备，点画之间有异趣。结体朴茂，出乎自然，形成了由隶入楷的新貌，为正书之祖。后人评价他的书法"如云鹄游天，群鸿戏海；行间茂密，实亦难过"。萧衍《古今书人优劣评》将其与汉代草圣张芝并称"钟张"，与晋代王羲之并称"钟王"惜其真迹无存，世传《宣示表》《荐季直表》《贺捷表》等皆出于后人临摹。王羲之初以卫夫人为师，后改学张芝、钟繇，博采众美、推陈出新，一变汉魏以来质朴的书风为妍美流便的新体。其书备精诸体，尤擅正行，自成一家之法。其所措意皆自然万象，"飘若浮云，矫若惊龙"（《晋书·王羲之传》，唐太宗亲撰）；"烟霏露结，状若断而还连；凤翥龙蟠，势如斜而反正"（《王羲之传论》）。其书刚柔相济，虚实相生，动静结合，达到了完美的境界，为书法创立了至高的准则。其小楷有《乐毅论》《东方朔画赞》；行书有《兰亭序》及保存在唐代怀仁和尚所集《圣教序》中的文字，还有双钩廓填本《快雪时晴帖》；草书有《十七帖》等。王献之的书法英俊豪迈，"既雄且媚"，进一步扭转了当时古拙的书风，变"古质"为"今妍"，对后世影响很大。其书兼精诸体，尤以行草为擅长。其行草导源秦篆，妙接李斯，若孤峰四绝，回出天外。行书《鸭头丸帖》是其仅存的墨迹。

唐代时期，中国古代书法诸体皆备，楷、行、草、篆、隶各体书中都出现了影响深远的书法家，犹以楷书、草书的影响为甚。楷书在这时已十分成熟，最主要代表人物有颜真卿和柳公权。颜真卿突破了自"二王"至初唐400年间流美趋逸的书风，开创了雄强刚健、大气磅礴的新风格，开创了自成一家的"颜体"。柳公权以楷书名世，其书本于颜，然能自出新意，骨力遒劲，结体严紧，为后世楷模，有"颜筋柳骨"之称。除了这两位书法家，这时还出现了张旭、怀素、孙过庭等著名的书法家，他们分别在草书方面开创了新的境界。其中以张旭、怀素最为著名。张旭的草书字字有法，效法张芝草书之艺，潇洒磊落，变幻莫测，其状惊世骇俗，史称张旭为"草圣"。怀素是书法史上领一代风骚的草书家，他的草书称为"狂草"，用笔圆劲有力，使转如环，奔放流畅。

宋代的书法开创了以"意"取胜的一代新风。由于经过魏晋南北朝和唐代的发展，书法的线条、结体、笔法等都已基本完善，尚意之风在宋代得到了大力提倡。宋代书法尚意的代表人物有苏轼、黄庭坚、米芾及尚古的蔡襄，四人被称为"书法四大家"。苏早年取法二王,兼学徐浩,故其书姿媚,中年之后专师颜真卿,晚年喜李邕,因又转豪劲,能出新意予法度之中,寄妙理于豪放之外,开有宋"尚意"之书风。其书肉丰骨劲,态浓意淡,藏巧于拙,有天真烂漫之趣,代表作有《答谢民师论文帖》《赤壁赋》《黄州寒食诗帖》等。黄庭坚学草书多年,初以周越为师,后得张旭、怀素墨迹,遂窥笔法之妙。擅长行、草,其书以侧险取势,以横逸为功,结构舒展大度,意态纵横。代表作有《华严疏》《松风阁诗》《王长者、史诗老墓志铭》及草书《廉颇蔺相如传》等。米芾草隶篆兼能,尤长于行草。行草得力于王献之,用笔迅猛健劲,有"风樯阵马,沉着痛快"之评。所书《箧中帖》,气韵酣畅,字字道劲;《华佗帖》《多景楼诗》,豪放俊迈;《鹁鸰颂》圆劲而时露锋颖,超逸绝尘。蔡襄行书则以温淳婉媚为特色,代表作有《自书诗卷》等。

元初书法崇尚复古,创新不大。元文宗时,书法一度出现兴盛现象,赵孟頫、鲜于枢等便是这个时期的名家。赵孟頫主张严守古法,一丝不苟,复古潮流兴起。赵孟頫的书法集前代诸家之大成,后世赞誉很高,代表作有小楷《汲黯传》、行书《洛神赋》、楷书《福神观记》等。虽然有赵孟頫和鲜于枢这两大名家,但元代的书法艺术确实没有获得较大的发展。

明代时期,法帖传刻十分活跃。由于科举取士与书法的联系比较密切,明代出现了"台阁体",这是一种无生机、无个性、规矩刻板的应试书体,它的出现阻碍了中国书法的进步。这一时期的书法大家主要有董其昌、文徵明、祝允明、唐伯虎、王宠、张瑞图、宋克。

清代是我国书法史上书道中兴的一个时期,邓石如、陈鸿寿、何绍基、包世臣,还有"扬州八怪"(金农、黄慎、汪士慎、郑燮、罗聘、高翔、李鱓、李方膺),他们打破馆阁体的"墨乌黑,字方整,笔光润"僵死书风,弃帖学而走碑学,超越前朝,各自融入个性,创造出一代崭新的书风,自出新意,别具风格。蒋宝林在《墨林今话》中说,郑板桥"诗词书画,皆旷世独立,自成一家"。郑板桥的书法,隶楷参半,自称六分半,书极瘦硬,而且间以画法。这种书体在当时影响很大,至今200年来一直不衰。他不仅书法自成一体,诗画也一样,他的诗、书、画并称"板桥三绝",其所以称三绝是因为有"三真":"真气,真意,真趣。"这一风格,用他自己的话是"随手写去,自尔成局,其神理具足也"。

书法作为中国传统文化的重要组成部分,源远流长,在历经数千年的发展后,已经构成了中国特有的书法美学思想与书法审美意识。总的来说,中国书法艺术主要呈现出以下两个方面的特征。

第一，运笔取势特征突出。根据程裕祯的理解，"运笔取势"就是指起笔要注意"逆"，结体要注意"违"，章法要注意"侧"，也就是说要形成一定的势态。总体来说，中国书法的运笔取势就是字要讲求变化，不能雷同，不能呆板；要讲求相互间的差异；要讲求主次分明、虚实相间、刚柔并济；要讲求正中有奇、连中有断、连断自如的自由神态。

第二，书体丰富多样。中国有着相当成熟的汉文字体系，在几千年的发展中形成了丰富多样的书体，最终定型的有篆书、隶书、楷书、草书和行书。通常而言，篆书古雅朴茂、隶书丽姿端庄、楷书雍容典雅、草书流畅飘逸，而行书则遒劲恣肆。

二、古代绘画

中国绘画的历史可追溯到原始社会新石器时期的彩陶纹饰和岩画，原始绘画技巧虽幼稚，但已掌握了初步的造型能力，对动物、植物等动静形态也能抓住主要特征，用以表达先民的信仰、愿望以及对于生活的美化装饰。彩陶纹饰的画家们捕捉住花、鸟、鱼、虫等形象的形态特征，以写实或夸张的手法有力地表现出来，使我们感受到天真、稚拙的画风和浓郁的原始气息，如半坡型彩陶纹饰有鱼纹、鹿纹等。岩画是指一种刻凿在岩石上的图像。在表现形式上，岩画有实体的图像、符号和少量文字；在内容上，有的岩画直接表现生产活动和社会生活的场景，有的是崇拜和祭祀的图像。而且，大多数岩画所处的位置奇特而诡秘：狭长的山道上，陡直的崖面、石壁上。

经过原始时期绘画的萌芽，我国的绘画艺术于夏商周时期进入雏形阶段。在夏、商、西周及春秋时期，中国绘画艺术处于雏形阶段，主要表现于壁画、章服以及青铜器、玉器、牙骨雕刻、漆木器的各种纹饰上。商纣王时的"宫墙之画"是见诸文献的最早壁画。文献的记述包括设计画迹、画法、画家故事、画家风格、绘画主张等许多方面。车服旗章上刻有各种含义深刻的纹饰，即当时的统治阶级在服装和旌旗、器物上分别绘有各种图案，以标示等级身份的差别，后来这种做法一直沿袭下来。青铜器、玉石雕刻和彩绘雕花木器上出现各种装饰纹样，其中青铜器的纹饰中还出现了一些写实的形象，如山西灵石旌介村1号商墓出土的铜器，圈足底部以阳线铸出的骡子形象，俯首、长颈，突出地表现出骡子的形体特征。这一时期的绘画作品均带有强烈的装饰意味。绘画

第四章 虚实相生的古代艺术魅力

手法古拙质朴，以线条为主要造型手段，已具备一定的表现力。能代表这一时期绘画艺术的作品有《人物龙凤图》《人物御龙图》。

经过先秦时期绘画的萌芽与夏商周时期绘画的雏形阶段，中国绘画进入秦汉时期，此时，绘画艺术在战国绘画的基础上，随着封建社会的巩固和社会经济的繁荣发展，已呈现出新的面貌。这一时期，宫殿壁画建树非凡。东汉的皇帝们为了巩固天下，控制人心，鼓吹"天人感应"论及"符瑞"说，祥瑞图像以及标榜忠、孝、节、义的历史故事成为画家的普遍创作题材。汉代厚葬习俗，使得我们今天可以从陆续发现的壁画墓、画像石及画像砖墓中见到当时绘画的遗迹。这一时期，中国绘画艺术的代表作品有《二桃杀三士图》《天象图》《庭院建筑图》。

魏晋南北朝时期，中国绘画艺术发展获得了初步的成熟。由于长期的南北对峙，时局经常动荡不安，所以寄望于未来，解脱今世的苦痛成为当时人们思想意识的主流。再加上佛教的影响，本来简略明晰的绘画进一步变得繁复起来。壁画从技法到形式都趋于高潮，如新疆克孜尔石窟、甘肃麦积山石窟、敦煌莫高窟等都保存了大量的该时期壁画，艺术造诣极高。此外，绘画走向成熟的标志，就是南方出现了顾恺之、戴逵、陆探微、张僧繇等著名的画家，北方也出现了杨子华、曹仲达、田僧亮等诸多大家，画家这一身份逐渐进入了历史书籍的撰写之中，开始在社会生活中扮演越来越重要的角色。在这一时期，绘画题材范围进一步扩大，除了宗教内容外，还有与文艺佳篇相配合的故事画、描绘现实生活的风俗画等。南朝刘宋之际，以王微、宗炳为代表所创作的山水画比较流行。此时，山水画不再仅仅作为人物画的背景，而成为一个独立的画科。画家们画山水都是借此寄托其"山水之好"，并作为一种"畅神"的手段，抱的是"学不为人，自娱而已"的态度。南朝刘宋时，中国花鸟画摆脱了自古以博物多识为目的的《本草图》《尔雅图》式的说明性，而被赋予了某种寓意性。例如，一种专以蝉雀为题材的绘画就主要赋予了"螳螂捕蝉，焉知黄雀在后"这样一种寓言。

隋唐时期，国家统一，社会相对稳定，经济比较繁荣，对外交流更加广阔。社会经济文化的繁荣，使我国绘画艺术逐渐步入繁荣阶段，在题材、内容和表现手法等方面均取得了高度的成就，成为中国绘画史上的高峰。此时，人物画、山水画、花鸟画都比较成熟，还涌现出了众多名家，各领风骚。隋代的绘画风格，承前启后，有"细密精致而臻丽"的特点，且山水画开始独立出来，代表作有展子虔《游春图》之类的刻意求工之作。初唐的人物鞍马画取得了非凡的成就，青绿山水与水墨山水先后成熟，花鸟与走兽也作为一个独立画科引起了人们的注意，可谓异彩纷呈。初唐时人物画的水平发展最快，山水画则沿袭隋代的细密风格，花鸟画已经出现个别名家，宗教绘画的世俗化倾向逐渐明显。从已发现的乾陵陪葬墓壁画的山水画中，我们已经可以看到比较简单的斧劈皴。玄宗开元至德宗建中年间，社会经济繁荣、文化昌盛，文学艺术一变六朝细润之风，崇尚雄健清新，人物、山水、花鸟画都蓬勃发展。在题材上，宗教绘画更趋世俗化，以"丰肥"为时尚的现实妇女进入画面。以吴道子、张萱为代表的人物仕女画，从初唐的政治事件描绘转为日常生活描写，造型更加准确生动，在心理刻画与细节的描写上超过了前代的画家。而山水画在此时已经获得了独立的地位，代表画家有李昭道、吴道子和张璪，分工细和粗放两种。泼墨山水也开始出现。唐德宗之后，经过安史之乱，社会经济遭受了很大破坏，绘画艺术也受到一定影响。这一时期的绘画艺术，一方面完善盛唐的风格，另一方面又开拓了新的领域，开始向专门化方向发展，如山水画的瀑布、海涛、松石，人物画的婴儿、仕女，动物画的龙、兔、犬、马、鹤、雀、鸳鸯，乃至水、火、云霓、盘车之类，无不有专家。

北宋绘画艺术发展出现了重要的转折。这个重要的转折主要表现在以下几点：在内在的审美意趣上，北宋时期的绘画开始由雄迈开张的盛唐尚武之音转向"郁郁乎文哉"的宋人审美理想；在题材上，北宋时期的绘画开始由鞍马人物转向山水花鸟；在表现语式上，北宋时期的绘画开始由工笔重彩转向水墨浅绛；而最显著、最重要的绘画现象则是文人画的崛起。文人画至元代达到了鼎盛，并从此在中国画坛一枝独秀。北宋是山水画史上的黄金时代。这一时期的山水画强调"师法造化"，注重图真和格法，描绘地域风貌、气候变化具体精细，同时也发扬"中得心源"的传统，对景造意融入真切感情。继山水画之后，在北宋绘画领域占主导地位的就是花鸟画，人物画次之。这一时期的花鸟画以工整精细的画法为主，注重写生，状物真实。故事画和风俗画在北宋也十分盛行。在画法上，北宋时期的故事画和风俗画承唐代传统，工整写实，又有一定的创新。另外，文人画在北宋也有一定发展。其以老庄哲学为理论内核，后又与南宗禅的蔚兴有着深刻的关联。

南宋绘画不同于北宋绘画，其始终维持着以院体画为主、士大夫文人僧禅画为辅的格局。画院在画坛上占绝对的主导地位，画风以马远、夏圭为标志。南宋山水画注重意境创造和感情抒写，大多表现江南景致的一角，多为烟雨迷蒙的"残山剩水"，画法简练、泼辣，代表画家为李唐、刘松年、马远、夏圭的

"南宋四家"，创南宋"院体"；也有继承唐以来传统的"青绿山水"，著名的有赵伯驹、赵伯骕兄弟。此外，文人水墨花鸟画在南宋也开始兴起，它强调传情达意、抒发主观情感，喜绘梅兰竹菊四君子题材。南宋院体花鸟画沿袭了北宋末年宣和时期工细写实的画风，但也不像北宋时期那样有显著的阶段性的变化。从现存的南宋绘画作品来看，当时的绘画很少有北宋时期那种大幅的卷轴画，大多是圆形、方形和异形的小幅扇面，且多是折枝花鸟，构图简洁别致，描绘富丽精美，没有很明显的风格流派的区分，只是大致分成两种画法：一种淡色勾勒，以敷粉晕色为主，不露笔迹；另一种勾勒精到、墨色工细。

元代取消了五代、宋代的画院制度，绘画在继承唐、五代、宋绘画传统的基础之上进一步发展，标志就是"文人画"的盛行，绘画的文学性和对于笔墨的强调超过了以前的所有朝代。此时，人物画相对减少了，山水、竹石、梅兰等成为绘画的主要题材。此外，社会的急剧变化也促使社会审美趣味发生了转变，在绘画上强调要有"古意"和"士气"，反对"作家气"，摒弃南宋院体即所谓的"近体"，转而主张师法唐、五代和北宋。绘画理论上进一步强调神的重要作用，把形似放在了次要的地位，以简易为上，重视绘画创作中主观意兴的抒发，把对自然景物的描写当作画家抒发主观思想情趣的一种手段。元代最重要的画家有赵孟頫、元四家等。

明代在我国古代书画史上是一个重要的阶段，画风迭变、画派繁兴。这一时期的绘画，沿着宋元传统演变发展。在绘画的门类和题材方面，传统的人物画、山水画和花鸟画盛行，文人墨戏画的梅、兰、竹及杂画等也相当发达，表现手法上有所创新。

清代画坛占据主导地位的是文人画，山水画和水墨写意画法盛行，更多画家追求笔墨情趣，在艺术形式上翻新出奇，并涌现出诸多不同风格的流派。具有较大影响的有被称为"正统派"的"四王"画派，他们承董其昌衣钵，以摹古为主旨，讲究笔墨形式；号称"清初四僧"的弘仁、髡残、石涛、朱耷，强调抒写主观情感，个性鲜明，艺术上也不拘一格，独特经营；南京地区以龚贤为首的"金陵八家"，形成了极富地域特色的画风。乾隆至嘉庆年间，宫廷绘画活跃一时，内容和形式都丰富多样。此外，这一时期扬州地区出现以"扬州八怪"为代表的新思潮，崇尚水墨写意画法，追求狂放怪异，擅画"四君子"题材和花鸟画。道光至光绪年间，画坛以新兴的商业城市——上海和广州最为活跃，上海地区涌现出赵之谦、虚谷、任熊、任颐、吴昌硕等名家，形成所谓"海派"；广州以居巢、居廉发轫，近代高剑父、高奇峰、陈树人继之，逐渐形成"岭南派"。

中国绘画艺术是中国传统文化的重要组成部分，它根植于中华民族文化土壤之中。中国绘画以其特有的笔墨、艺术形式和美学追求，独树一帜，显示出优美而鲜明的民族风格，体现了悠久而又深刻的中国文化精神内涵。

第一，平面色彩，用线造型。中国古代绘画使用的主要是水质颜料，即以水墨和水彩为主。中国画家作画时，通过色彩的浓淡、深浅变化，来表现景物的明暗与凹凸。另外，画家作画时，需要准确地使用线条，勾勒出景致和人物的轮廓、相貌。同时，还要通过对线条的粗细、刚柔、曲直等的处理，来表现景物轮廓、相貌的特点与质感。因此，中国传统绘画具有线条感强的特点。线条使得中国画家在作画时对运笔的要求非常严苛。在运笔时，每一笔都要准确到位，每一线条自始至终的力度和速度均要保持一致，而且必须一气呵成，既不能中途停顿，也不能出现轻重、缓急的变化。否则，线条就会出现不连贯和僵硬的现象，这会直接影响表现的效果。

第二，散点透视，突破时空。中国古代绘画的构图不像西洋画那样采取静止的焦点透视，而常常大胆地打破时间、空间的限制，采用"移动透视"的表现手法来处理构图，主张只有仰观俯察、远近游目，才能味象观道。中国绘画的透视方法有"六远"之说，即高远、深远、平远、迷远、阔远以及幽远。这种透视方法能使各种景物有机地结合在一个画面上来，或叠岭连绵，或奇峰突起，或烟波浩渺，或溪谷幽深，彼此之间衔接自然，大小、高低、远近、起伏，和谐统一，使有限的画面表现出无限的景色来。

第三，以形写神，抒情达意。中国绘画表现物象传统的美学法则是"外师造化，中得心源"（出自唐朝的画家张璪），采用的方法是"目识心记，以形写神"。可以说，中国绘画艺术从一开始就不单纯地拘泥外表形似，而更强调神似，强调表现内在的本质精神。中国传统绘画对于描写的对象，不是作纯客观的描摹，而是从形体结构方面找出它的法则，并将客观物象与画家的艺术思维融合在一起，把自然形象变为"艺术的形象"，遗貌取神，追求神似。中国画家在创作一件作品的时候，不是具体景物、事物的写生，而是常常带有强烈的主观感情色彩，采用象征的创造写意手法去描绘对象，用来表现自己对客观事物的认知和感情。

第三节　古代音乐与舞蹈

一、古代音乐

古代音乐是古代文化中一门富有特色且产生较早的艺术。

我们可以从河南舞阳县贾湖裴李岗文化墓葬中发掘出的八九千年前的21支随葬骨笛中得到证实。音乐一般被认为产生于人们的生产劳动和日常生活之中。我们的祖先在长期的狩猎生活中，产生了喜、怒、哀、乐等感情，当这些感情不足以用言语来表达时，便开始呼号与低吟。这些呼号与低吟便是最早的音乐。例如，《毛诗序》中说："情动于中而形于言，言之不足故嗟叹之，嗟叹之不足故歌咏之，咏歌之不足，不知手之舞之，足之蹈之也。"这句话生动、形象、简要地概括了音乐的起源过程。

远古时期的音乐是以远古人的劳动生活为基础而存在的。音乐内容主要有关于狩猎生活方面的、关于农牧业方面的、关于宗教活动方面的、关于婚姻爱情方面的、关于战争方面的、关于与自然灾害作斗争方面的、关于图腾方面的。这些音乐的内容是以歌、舞、乐的形式而表现出来的。这一时期的乐器主要有骨笛、骨哨、陶埙、陶钟、土钟、石磬、离磬、土鼓、陶铃、陶角、苇角、跷、管等。

夏朝建立，我国进入阶级社会后，音乐也被烙上了阶级的痕迹。夏代音乐以乐舞为主，《大夏》是其代表。《大夏》歌颂了大禹率众治水，三过家门而不入的高风亮节。商周两代音乐达到了更高的水平，出现了《桑林》、《漫》（音"户"）、《械》（音"节"）、《大武》等乐舞。这个时期产生了多种音阶调式，创立了十二律，已经有了绝对音高、半音观念，并对旋宫转调有了初步认识，还举办了一些音乐教育活动。

春秋战国时期"礼崩乐坏"，代表皇权的雅乐走向衰落，民间音乐兴起。《诗经》中的十五国"风"，许多都是各地优秀的民歌。南方有些地区，如楚国的音乐文化相当发达。屈原根据"楚声"填写了"九歌"等作品。这时期的歌曲，根据歌词推测，已包括了多种曲式，并出现了"乱""少""倡"这样一些不同分类，具有相当强的艺术性。乐器方面，此时又产生了筝、筑、笛等新型乐器。乐律方面也得到新的发展，出现了"三分损益法"。"三分损益法"是用数学运算而求得乐律关系的方法，它是按振动体长度来计算的。

秦汉至南北朝是我国民间音乐艺术从创作到表演以及乐器制作、乐律、音乐思想等方面均获得飞跃发展的时代。这一时期的音乐艺术善于吸收外来的艺术经验，并使之获得更高的发展。这一时期音乐种类繁多，如乐府诗词、鼓吹乐、相和歌、清商乐、百戏、歌舞戏等。乐府本是管理音乐的一个机构，在秦朝建立后开始大规模收集整理民间音乐，并利用民间音乐创作新曲。后来人们将它采用过的诗歌以及后人拟作的，类似的民间诗歌或文人诗作被称为"乐府"，说明它已是一种独特的音乐形式，如《战城南》《上邪》《有所思》《江南》《陌上桑》等。相和歌是在汉代北方各地流行的民间歌曲的基础上，继承周代"国风"和战国"楚声"的传统上发展起来的，它经过了"徒歌""组歌""和歌"的发展过程。晋南北朝时期，随着佛教的传入，这一时期佛教音乐也大为盛行。最初的佛教音乐"法乐"大多来自西域的龟兹或天竺等国，到南朝的齐、梁两代，开始利用"清商乐"为佛教服务。它的进一步发展，就是唐代的"法曲"。此外，魏晋时期传统音乐文化的代表性乐器古琴也趋于成熟，汉代的司马相如、蔡邕和魏晋时期的阮籍、嵇康等都是著名的琴家。嵇康的琴曲《广陵散》、桓伊的《梅花三弄》流传甚广，对后世产生了较大的影响。

隋唐时期，燕乐广泛兴起，这是统治阶级享乐的宫廷俗乐总称，包括独唱、独奏、合奏、大型歌舞及歌舞戏等，以"燕乐大曲"为最高艺术形式，以《秦王破阵》和《霓裳羽衣》最为有名。燕乐的乐器运用也有较大发展，魏晋以来陆续从外国和边疆传入了很多新乐器，比如五弦琵琶、方响、腰鼓等，最有名的是被唐玄宗称作"八音之领袖"的羯鼓。唐代还出现了教坊、梨园、鼓吹署、大乐署等一系列音乐教育机构，这些机构培养造就了一批才华横溢的音乐家。

宋代的工商业发展带来了城市的繁荣，出现了汴梁、成都等国内贸易中心和杭州、广州、泉州等国际贸易中心，市民阶层迅速壮大。为适应市民阶层的文化需要，城市里出现了大量"勾栏"，这是民间艺人活动的重要场所，也推动了民间音乐的发展，使曲子、唱赚、诸宫调、杂剧以及七月独奏、合奏等音乐形式都得到了迅速的发展。

明清时期，说唱音乐极为流行，这一时期歌曲极为丰富，特别是民歌，在明末得到了很大发展。明清说唱音乐主要是南方的弹词和北方的鼓词。民歌中山歌、小曲、劳动号子得到较大发展。歌舞音乐方面主要有花鼓、秧歌、二人传、二人台、赛乃姆、麦西来甫、十二木卡姆、囊玛等。这一时期，器乐艺术也发展至高潮，以地方为中心的民间器乐曲种繁多，风格各异。乐种主要有十

第四章 虚实相生的古代艺术魅力

番锣鼓、西安鼓乐等，并形成了浙操徐门、虞山派、广陵派等。乐器方面，最可注意的是胡琴类拉弦乐器和唢呐类芦簧乐器的发展以及源于波斯击弦乐器扬琴（洋琴），重要的曲谱有《高和江东》《琵琶谱》等，古琴乐曲有《平沙落雁》《渔樵问答》《良宵引》等，琵琶乐曲有《十面埋伏》《霸王卸甲》《月儿高》等。乐律方面最大的成就为十二平均律的发明。

从我国古代音乐的整体发展来看，其主要体现出了以下几个方面的特点。

第一，中国古代音乐与诗歌、舞蹈结合紧密。诗、乐、舞在古代音乐中是浑然一体、不可分割的。从夏商时期的"六代之乐"到唐大曲及宋元杂剧，以及明清的戏剧艺术，无不体现了乐、舞之间的亲密关系；从《诗经》到唐诗宋词及元散曲，无不可以以歌唱之，体现了诗与乐之间的关系。

第二，中国古代音乐主要以旋律为主，注重将曲调单线化，音乐在以线性轨迹向前游动时，形成的起伏、虚实、强弱等方面的变化产生出节奏感。这与西方音乐是有着明显的区别的。西方音乐注重和声和配器，往往将乐曲的音响块面化、立体化，给人一种几何学的浑厚之美。中国传统音乐以旋律为主的特点，产生的是气韵生动的线条之美。音乐中除了潜藏着无限的景外，还有悠悠的情与绵绵的意。

第三，中国古代音乐有雅乐与俗乐两大体系，其各具特色。雅乐规模宏大，带有极强的政治色彩，易于停滞不前；而俗乐则通俗易懂，娱乐性强，清新活泼，富有极强的生命力、创造力，但缺少雅的意境。因此在中国古代音乐的发展中，两者共同存在，互相取长补短，取得共同进步。

第四，中国古代音乐注重理性精神。其不论是"通政合礼"类型的，还是抒发性情类型的，其都能够"乐而不淫，哀而不伤"，"发乎情，止乎礼"。独奏器乐和声乐最能体现这种精神。独奏器乐很多时候是士大夫们郁闷心境的写照，它没有激越的冲突和张扬、没有心灵的挣扎和对抗，只是用淡淡的惆怅与恬静的会意，在轻缓的旋律上淡化心灵的痛苦，在自由的节奏中恢复灵魂的平静。声乐中的歌词不仅能够表现人们内心细腻复杂的情感，还能再现社会道德品质和伦理规范要求，因而也能充分体现中国音乐的理性精神。

二、古代舞蹈

舞蹈是一门用身体的规则运动来表现人类感情的艺术，在我国古代文化中也产生较早。其大约在 5000 年前的新石器时代就产生了，这可以由 1973 年青海大通县上孙家寨出土的舞蹈纹陶盆得到证实。在陶盆内壁近盆口处，绘有三组舞人形象，人们手拉手，朝同一方向踏地而舞。这是我国迄今为止发现最早的有关舞蹈纹的遗迹，它揭开了我国舞蹈史的第一页。原始社会时期的舞蹈与生产生活是紧密相连的，比如《扶来》《扶犁》《葛天氏之乐》等与生产相关；《云门》《大章》《大韶》等及东部夷人的《九州》《九韶》等与祭祀相关。当然还有与求偶、战争、强身祛病相关的舞蹈。不管何种舞蹈，其形式都比较简单，是集体性的群众活动，且多伴随呼号和强烈的节奏，以战利品和生活用品作为道具，具有功利性和实用意义。

进入奴隶社会，舞蹈艺术获得了进一步发展，从自娱性、功利性向着娱人、娱鬼神的方向发展。奴隶社会的统治阶级都注重声色娱乐的追求，这在客观上促进了舞蹈向表演艺术的方向发展，并造就了大批技艺精湛的艺人，创作了具有良好观赏效果的乐舞。

秦汉时期，舞蹈有了显著的发展，尤其是汉代的"百戏"是这一时期舞蹈艺术高度发展的集中体现。百戏，是汉代为了政治上的需要，用来招待外国宾客的演出，内容主要包括杂技、幻术、武打、假形、舞蹈、歌舞戏等。其中，《总会仙倡》《东海黄公》等扮演特定人物或略带故事情节的表演，为戏曲的发展奠定了一定的基础。受到"百戏"的影响，汉代的舞蹈具有很强的技艺性，如汉代最负盛名的"盘鼓舞"，在表演时地面上放数个盘鼓，舞者踏盘鼓而舞，完成难度较大的动作技巧，最著名的舞者就是赵飞燕。

魏晋南北朝时期，各族乐舞文化不断交流与融合，形成了非常有影响力的乐舞文化。这一时期，南方与北方的舞蹈各自有着鲜明的特色。南方在继承汉代舞蹈传统的基础上，略有创新。例如，《清商乐》被传到南方后，吸收了南方原有的、温柔典雅情调的各种歌舞形式，经过加工，后变成了精致与优美的舞蹈；北方由于大部分是胡族地区，因而胡乐大盛，"胡乐胡舞"普遍盛行。此外，南北朝期间，丝绸之路畅通，中外的物质与精神文化交流日益频繁，龟兹、疏勒等西域诸国来朝，这大大促进了中原乐舞与外域乐舞的相互融合。例如，"西凉乐舞"就是中原乐舞与龟兹乐舞混合而成的。

隋唐时期，由于政治稳定，对外贸易发达，国家强盛，因而舞蹈艺术也出现了空前的大融合，达到了兴盛的顶峰。唐代继承隋代舞蹈成就，不仅有南朝的清商乐舞，也有北朝的龟兹、西凉、天竺、高丽、安国、康国以及疏勒等东、西方乐舞，尤其是接受了西域各族乐舞的影响。这使得隋唐乐舞呈现出了风格多样、壮阔欢腾的盛世特色。这一时期，燕乐的发展对舞蹈艺术的发展做出了重要的贡献。著名的《霓裳羽衣曲》被誉为唐代舞蹈之冠。它集中了唐代及前代的音乐、舞蹈艺术精华，受到了古今中外人们的称赞。

宋代舞蹈主要有宫廷队舞、民间队舞和百戏中的舞蹈三个方面。所谓"队舞"，就是一种以歌舞为主并包括舞蹈化、表演化的武术、杂技、说唱、带戏剧情节的民间游行表演，不仅规模大，名目也极多。宋代在唐代队舞的基础上发展为小儿队舞和女弟子队舞。民间队舞在宋代是十分兴盛的。每逢新年、元宵灯节、清明节、中秋以及天宁节（皇帝的生日）等重大节日，就会有大量的民间舞队出现，场面极为壮观。宋代百戏中的舞蹈主要出现在军旅中。

元代的统治者以蒙古族为主，而蒙古族历来都是欢歌喜舞的民族，无论是婚姻、庆典、宴会都有歌舞表演，而且民间舞、宫廷舞以及宗教舞等都具有浓郁的民族特色。不仅如此，元杂剧的崛起更是使元代舞蹈融入很多戏曲成分，因而呈现出一种新的气象。

明清时期的舞蹈大致可以分为宫廷队舞、民间舞队以及戏曲舞蹈。由于清代的统治者以满族为主，因此，清代舞乐具有浓厚的满族特色。在他们的队舞中，不仅有祖先狩猎的痕迹，而且有以弯弓骑射的雄姿，很多舞蹈更是着重表现清朝的强盛与历史功德。不得不说的是，在宋代以后，作为独立的艺术品种的舞蹈，并没有什么突出的成就，是呈衰弱趋势的。

中国古代舞蹈与音乐一直是如胶似漆的关系。其突出表现了以下一些特征。

第一，中国古代舞蹈以大型的群舞为主，动作整齐、统一，舞姿优美、旋律协调，且舞者以其变化多姿的舞蹈动作来表达其内心的情感，追求诗的意境。

第二，中国古代舞蹈常常执舞具而舞，因此许多舞蹈都是以舞具为名的，如《干戚舞》《帗舞》《羽舞》《旄舞》《干舞》等。现在仍广为流传的有《长绸舞》《花鼓舞》《腰鼓舞》等。

第三，中国古代舞蹈非常讲究意境之美，表演者需要用形态来营造一种意境，要用一举一动打动观众，让观众深陷舞蹈所营造的情境之中；它还非常注重传情达意，也就是说舞蹈者需以身体姿态为介质，展示自己的心灵与情感世界。

第四节　古代服饰与舟车

一、古代服饰

中国的古代服饰（以中原地区为主）具有强烈的大一统精神和严格的等级观念，历代王朝都对上自帝王公卿、下至庶民百姓的穿戴做了明确、严格的等级规定，任何人的衣着打扮都要符合自己的地位和身份。君臣、官民、男女、主仆，都可以根据服饰辨别得一清二楚。因此，中国的古代服饰常常被认为是等级和礼度的象征。

远在几万年前的原始时代，人们就已掌握了最简单的缝纫，即以兽骨为针，把几块兽皮连接起来，做成可以御寒的粗陋衣服。在北京周口店山顶洞人居住的洞穴里就发现了缝制兽皮的骨针。大约到了新石器时代，出现了农业和纺织，人们开始用麻布缝制衣服。这个时代大体上是传说中的黄帝时代。这时的衣服形制是上衣下裳，颜色是上玄下黄，其含义象征天地：天在未明时为玄色，故上为玄衣；地为黄色，故下为黄裳。这种由"天地崇拜"而来的服色观念，对后世的冠服制度产生深刻的影响。

在服饰发展的最初阶段，等级差别是不存在的。而进入阶级社会以后，服饰的政治色彩逐渐浓厚。随着宗法制度的形成和确立，服饰就成为区别尊卑等级的重要标志，用以"严内外，辨亲疏，明贵贱，别尊卑"，从而形成中国数千年的冠服制度。

根据文献记载和考古发掘可知，商代服饰还没有明确的等级差别。那时服装的基本形式还是上衣下裳两部分。一般的奴隶主贵族头戴扁帽，上衣为窄袖右衽交领，下裳为裙或裤，腰间束带，带上系一例（蔽膝）垂下，脚穿翘尖鞋。周代宗法制形成后，根据天子、诸侯、大夫的等级差别，其服饰也有了尊卑之分。具体来说，有冕服、弁服、元端、深衣等。"冕服"是一种最尊贵的礼服，结构复杂，装饰繁多，各种装饰都有象征意义，是天子、诸侯等在祭天地、先王等大礼时穿用的服饰。"弁服"较冕服为次，是天子视朝、接受诸侯朝见时穿用的服饰。"元端"是天子退朝以后穿的衣服，对诸侯而言是祭祀宗庙时穿的衣服，对士则是早晨叩见父母时穿的衣服。以上三种服装，形制都是上衣下裳，互不连属。只有"深衣"一种是衣裳相连的。它宽袍大袖，裳的左边相连，右

第四章　虚实相生的古代艺术魅力

边则用一块布裁成角形把下边缀起来，称为"续衽钩边"。这种服装上下通服，用途很广。战国后期流行"胡服"。这种服装上身为筒袖短上衣，下身为裤，腰间系皮带，穿起来活动方便、骑射灵活。这是中国服饰史上第一次有意义的革新。

进入汉代以后，人们喜欢把深衣当作礼服。不过，深衣下襟缀在身上，行动不太方便，于是后来逐渐出现一种直裙的襜褕，其下襟只到脚边而不缀于身上。至于平时，男子喜欢穿襦裤，女子喜欢穿襦裙。襦是一种短衣，长度只到腰间，裙则为长裙，配上高高的发髻，使女性的身段愈显苗条秀丽。此外，汉代盛行冠制，以其为区别尊卑的标志之一。古时是成年及冠，汉代改为尊者及冠、卑者戴帻。帻就是头巾。冠的名称和种类很多，如"通天冠"为皇帝接受朝贺时所戴；"远游冠"，为诸王所戴；"进贤冠"，为文儒者所戴；"法冠"，为执法者所戴；"武冠"，为诸武将所戴；"却非冠"，为宫殿门卫所戴；"却敌冠"，为卫士所戴等。由于冠的区别比较细微，所以汉代还用腰间的绶带来区别官阶的高低。绶带的颜色和织法不同，则其代表的官位等级也不同。

魏晋南北朝是一个中外文化交流融合的时代，南北服饰、中外服饰互相影响，形成这一时期服饰变化的两个流向：一是胡服更为广泛，南朝的汉族穿北方民族的"裤褶服"，褶就是比襦略长的短袍，圆领紧身，袖裤均窄，汉族穿时把袖裤加肥；二是北朝的帝王公卿（尤其是北魏孝文帝）醉心于穿戴汉族统治者的冠冕朝服。这样，从南北朝起，历代帝王公卿的服饰遂正式有"法服"（礼服）和"常服"之分。"法服"（宽袍大袖、高冠博带的冠冕服）主要在朝会祭享时穿；"常服"（圆领窄袖的"裤褶服"发展而来）则是在平常生活中穿。这种法服与常服并存的制度，一直延续到明代。

隋唐时期，中国服饰发展到了一个高峰期。一方面，服饰开始表现出大胆开放、积极吸收外来影响的精神；另一方面，官服制度有了更加明确具体的规定。唐代的长安是个国际大都市，大批外国和少数民族的商人、使臣、留学生云集长安，他们各式各样的服装给唐代社会以巨大影响。盛唐以后，人们多穿团领、窄袖袍。而妇女则多着衫、裙，肩上披帛，前胸外露。贵族妇女额上涂"额黄"，眉间贴"花钿"，两颊点"妆靥"。唐代的常服在继承前代基础上，又有重要变化。首先是头上以幞头代冠。"幞头"原本是用来系发髻的头巾，一般采用质地柔软的黑纱、黑罗。初时只用一方幅，以后于四角缀四带，后边两小带系发髻，前边两大带裹脑袋，在脑后收结，两带垂下，叫"软脚幞头"；中唐以后，用铁丝把下垂两带略略撑起，叫"硬脚幞头"帝王公卿着常服均可戴之。

69

其次是"品色衣"成为定制。所谓"品色衣",就是以服装的颜色区分官位的品级,即把颜色引入服饰等级制度。唐代规定:皇帝着黄袍衫;亲王及三品以上官员着紫袍衫;五品以上着绯(大红)袍;五品以下着绿袍、青袍;士兵着皂(黑色)袍;未进入仕途的士子和庶人着白袍衫。除服色之别,官员还以腰间所佩带銙区别等级;带銙是一种方形饰片,系于腰带之上。唐代规定:三品以上金玉带十三銙;四品金带十一銙;五品金带十銙;六品、七品银带九銙;八品、九品石带九銙;庶人黄铜铁带七銙。

宋代官服的变化在于幞头和鱼袋。宋代幞头,里边用木骨撑起,外罩漆纱,成了一种"幞头帽子",可以随时脱戴,后边的两脚向外侧展平,称"硬脚幞头",为文官所戴;两脚向上在脑后相交,叫"交脚幞头",为武官所戴。有的还在两脚上变些花样,因此,宋代幞头样式比较丰富。金鱼袋在唐代是五品以上官员佩戴的一种袋子,内装鱼符,上刻官职姓名,作为出入宫门的凭证。到宋代则在袋上用金银饰为鱼形,佩在官服腰带上面并垂之于后,用来分别贵贱。皇帝经常对恩宠的大臣赐"金紫银绯"。所谓"金紫",就是佩金饰的鱼袋和穿紫色的官服;"银绯",就是佩银饰的鱼袋和穿绯色的官服。臣子们未合官品而得赐金紫银绯,被视为一种殊荣。宋代的妇女服饰,变化主要在头上和脚上。贵族妇女喜戴花钗冠,皇后则戴九龙四凤冠。由五代末年兴起的缠脚之风至宋代而普遍流行,因此妇女以布缠脚,待成三寸金莲后着三角形小鞋。至于士、农、工、商的衣服,一般追求简朴,讲求实用,显示出平民化的特点。

元代是蒙古族统治的王朝,其服饰承袭汉族制度而又保留本族特色,皇帝、百官的冠冕服,均参古今制度增损。同时根据蒙古族特点,另定"质孙衣",汉人称为"一色衣",形制是上衣连着下裳,上紧下短,便于活动。头上冬天戴帽,夏天戴笠。帽为貂皮暖帽,前额露发,耳后下垂。笠如铉形,顶上缀珠。蒙古贵妇则喜欢戴用绒锦做的"姑姑冠",其冠高二尺,以木竹为骨包以绒锦,顶上用翠花或羽毛装饰。

明朝建立以后,服饰制度有了新的规定。冠冕只准皇帝、太子、亲王、郡王穿着,并且只在祭天地、享太庙、册立、登基时穿用。日常官服规定皇帝穿黄龙缎袍,头戴"翼善冠"(形似善字,故名),腰束玉带。百官则依品级穿着不同颜色并绣有其他花纹的宽大袍服,头戴乌纱帽,品级还用袍服上的"补子"加以辨别。

清代以高压政策推行满族服饰打扮。清代服饰最明显的特点,首先是官服穿"蟒袍"。蟒的数目因品级而异,但在蟒袍外,又加一外褂,也称"补服",

短袖，对襟，前后正中袭明代绣补子，以表示官衔。所绣鸟兽与明代大同小异。其次是礼服中的马蹄袖。再次是帽子上饰花翎。花翎尾部晶莹似眼，以单眼、双眼、三眼区分官位品级，以三眼最尊贵。最后是朝珠，挂在脖颈垂于胸前，数为108珠，源于佛教数珠，限五品以上朝官悬挂。普通百姓多用长袍、短褂和马褂。满族男子一般系腰带，长袍外面加背心或马褂。满族女子则喜穿旗袍，外面罩马甲。汉族的女子则多沿明制，上身穿袄、衫，下身着裙、裤。

中国古代服饰具有强大的生命力和艺术感染力，如汉服、唐装就经常登上时装舞台，被各国欣赏、借鉴。作为传统文化的一面镜子，中国古代服饰所显示出的人文文化大致可从信仰、礼制等方面理解。

从信仰方面来看，中国古代服饰图案寓意丰富，从帝后专用的龙凤，到平民百姓常用的月季、牡丹、松竹、鸳鸯、仙鹤等，都具有特定含义，体现了人们追求吉祥、崇尚权威的信仰。从礼制方面来看，中国古代服饰一开始就与道德、政治有着紧密的联系。衣冠等级制度对社会各阶层成员应该穿什么式样、什么颜色、什么质料、什么花纹的服饰都有严格的规定。此外，中国古代服饰还服务于人们日常生活的各种礼仪，如百姓的出生、成年、婚丧之礼等都有特殊的服饰要求。

二、古代舟车

我国古代陆行的主要工具是车马，水行的主要工具是木质的舟船。车船出现在何时并没有确切的证据，不过根据文献的记载和地下的发掘，可以断定，远在商代之前，车船就已经经过了一个很长的发展演变阶段。舟车的演变是随着科技的进步在不断发展的。一般情况下，舟车并不在艺术之列，但是我国古代的舟车因其独特的构造与审美价值也可以进入艺术之列。

（一）舟船

最原始的渡水工具是那些天然具有浮力的东西，如葫芦、树木等。"今子有五石之瓠，何不虑以为大樽而浮乎江湖。"（《庄子·逍遥游》）瓠即葫芦，几个连在一起就可以渡河过水了。筏也是远古常用的渡水工具。"道不成，乘桴浮于海"（《论语》），桴即筏。筏的做法很简单，将几根树木或竹子用绳子绑好就成了。

7000年以前的河姆渡文化遗址出土了6把木桨。有舟未必有桨，但有桨必定有舟，桨的出土肯定了舟的存在。所以，在这之前，也许是新石器时代早期就出现了舟。当时的舟就是将木头挖空而成。

商周时期，木板船开始出现，甲骨文的"舟"，从形状看是由若干块木材连接而成的木板船。那时的木船受技术的限制，还不能造得很大。受筏的制作原理的影响，人们将舟连接起来，这样可以增加负载的重量和平衡度。那时的船是组合起来的。舟船的类型丰富以后，注重礼制的周朝还制定了按官阶和身份等级乘船的制度。《尔雅》中记："天子造舟（用船搭浮桥），诸侯维舟（四船并成），大夫方舟（两船并成），士特舟（单船），庶人乘桴（筏）。"

秦汉时代，随着造船技术的发展，楼船出现了。汉武帝时期，经过60多年的修整，社会经济繁荣，财富积累雄厚。汉武帝为开辟海上航路，先攻百越，再征朝鲜，两次战争的主角都是以楼船为主的船队。当时的楼船结构为：甲板之下为舱，供士兵划桨，划桨的士兵在舱内有良好的保护，可以免受敌人弓箭石块的攻击；甲板上的士兵持刀剑，以便在短兵相接时作战，船舷边设半身高的防护墙，称为女墙，起防护作用；甲板上的第二层建筑称为庐，庐的周边再设女墙，庐上的士兵手持长矛，以便居高临下攻击；再上有第三层为飞庐，弓弩手藏于其中，是远距离的攻击力量；最上一层叫爵室，是警卫远眺之处。汉代楼船军的规模可达战船千艘，公元42年，东汉伏波将军马援在南征交趾时，就率有大小楼船2000余艘、战士20000余人，可以见其规模之巨。

隋朝历史虽短，造船能力却很强。隋炀帝凿运河，乘龙舟以游江南，挥霍民财。所乘龙舟有四层，高四丈五尺，长达20丈。最上一层是隋炀帝接受群臣朝拜和办公的地方，下面两层是寝房，一共有120间，用黄金美玉装饰。最下面一层是内侍居住。

唐代在船的动力上有了新的发明：轮桨出现。所谓轮桨，即将桨的叶片装在轮子的周边，这样，就由以往的木桨变为较为省力的轮桨，并且可以安装多个踏板，发挥多人的作用，提高了船速。装备轮桨的船被称为车船，车轮向前转船就前进，车轮向后转船就后退，机动灵活，提高了机动性，这对战船是很重要的，在当时世界是极为先进的技术。

到宋朝，我国古代车船进入大发展时期。1130年，造船匠人高宣为宋朝水军造桨轮战舰，在船的两边安装桨轮，大型船只多达23只桨，两边各11只，尾部有限只，能装载战士二三百人，船速极快。

明朝初年的造船业发展到了新的高峰。明代造船工场分布之广、规模之大、配套之全，达到了我国古代造船史上的最高水平。雄厚的造船工业基础，成就了郑和七下西洋的远航壮举。郑和下西洋时率宝船60余艘，下西洋的官兵人数有 27000 多人，宝船中大者长约 44 丈、宽 18 丈。郑和船只的规模和船队的规模让欧洲所谓"大航海时代"的船队黯然失色。1492 年出航的哥伦布船队，仅有船只 3 艘、乘员 88 名，旗舰圣-玛利亚号只不过 250 吨。

郑和第七次下西洋之后，明朝开始实行海禁，从此中国开始了长达 300 多年的闭关自守，中国的航海业和造船业遭到沉重打击。可见，郑和下西洋的壮举在中国古代不仅只是空前，也是绝后的。

（二）车舆

大约在 5000 多年前，我国人民就已经用木滚子来搬运重物，后来，这种木滚子变成车轮。最原始的车轮可能是用粗大原木锯成，非常笨重，为了使车轮更坚固，也更轻便，后来发展成为辐条式车轮。相传是黄帝制造了车子，而《左传》《墨子》《荀子》《吕氏春秋》等则记述了奚仲造车的事。《左传》说薛部落的奚仲担任夏朝的"车正"官职，"车正"主管战车、运输车的制造、保管和使用，是我国早期主管交通的专职行政人员。这种说法虽然有点勉强，但它表明车的发明和使用在中国有着相当悠久的历史。

中国古代的车辆多用木头制作，由车厢、车轮、车辕等部分组成。车厢又称"舆"，在"舆"的左右两边立有栏杆和木板，叫輢，可以凭輢远望。前面有一横木，当扶手用，叫轼。在车上对他人致以敬意时，应手扶轼，低头。舆后面有一横板或栏杆，中间留有缺口，用于乘车人上下。古人一般是从车的后边上下车，车身还拴有一根绳子，供上下车时使用。车的运转部分主要包括轮和轴，轮的中心是一个有孔的圆木，孔用来安轴，所以车的减震性能很差，为坐着舒服，古人要么在车轮上绑上柔软的草或布之类，要么在车厢上的坐板上铺上厚厚的垫子。

春秋时期，人们就已经很讲究车轮的制作。春秋末年齐国人的著作《考工记》对车轮制作提出了十分具体的要求：车轮要用规尺认真校准，使其外形为正圆形；要将轮子放在水中，看其浮沉是否一致，以确定轮子各部分是否均衡；要求轮子的直径要适中，太大则人上下车不方便，太小则马拉起来很吃力。显然，我国古代造车技术是十分精妙的。

古代车舆上可以有车盖，用一根木棍支撑，形似大伞。后来车盖被取消，在舆的四周围上布，上面加顶篷。此外，古代车马还常常有许多装饰性的附件，如装在衡上的响铃，叫"銮"，"銮"的实用功能相当于今天的汽车喇叭。

在古代车辆中，马车是非常典型的一种。商周时期代步、狩猎和作战所用的车一般用马牵引。后世王室富贾也多使用马车，所拥有的马车，车辆制作考究，装饰华美，是财富和地位的象征。牛车也是自古就有。牛能负重且耐劳，但速度慢，所以牛车多用于载物。在马车受重视的时代，牛车被认为是低贱的。但是魏晋以后坐牛车变得时髦起来，可能是因为当时的士族崇尚黄老之学，追求恬淡清闲的人生境界，而牛车的安稳闲适正合他们胃口。这种风尚甚至波及最高层的王室，连皇宫里都养起牛来。独轮车也是中国交通史上的一项重要发明。其小巧灵便，适合在山路崎岖狭窄的情况下使用。西汉末、东汉初已有独轮车，在四川成都杨子山出土的汉墓画像石上及四川渠县燕家村、蒲家湾的汉代石阙上，均有独轮车的形象，三国时诸葛亮发明的木牛流马，有可能是对独轮车的一种技术改进，使之更适合西蜀的山路。

自唐代开始，轿子成为贵族乘坐的工具。按开始的规定，文官自三品以上才能乘轿，后来，举人、监生及新进学的秀才等也可乘轿。坐轿和乘车一样有等级，因官员品级不同，轿子的装饰、抬轿的人数各朝代都有规定。例如，清朝官员，三品及以上，在京乘四人轿，出京八人；四品及以下轿夫两人，出京四人。古代社会里，工商贱民是不许乘车骑马的。汉高祖时就曾下诏禁止商贾乘车骑马。到了唐代，不仅工商不许乘车骑马，庶民僧道也在禁止之列。唐高宗时曾严令禁止，但事实上并未能执行，商人不但乘马，还雕鞍饰银，所以到唐文宗时又下令禁止。

可见，中国古代有比较严格的舆马制度。在统治阶级内部，乘车骑马是分等级的。皇帝至高无上，所用的车马排场也就最大。据记载，周朝承袭商代车辂制度，王有五部车子：祭祀用玉辂，册封同姓用金辂，朝封异姓用象辂，誓师兴兵用革辂，打猎游玩用木辂。汉朝和以后各朝代基本沿用周朝制度，只不过更加奢华。其余公侯百官依品级乘坐舆马。乘坐的舆马因品级不同在装饰上也会有不同。

第五节　古代手工艺器物

中国古代的手工艺器物也是散发着中国艺术魅力的重要组成部分。无数多姿多彩、内涵丰富、技艺高超、精美绝伦的器物，都充分显示了中华民族的发展智慧、创造能力，显示了中国人民独特的审美心态；显示了中国文化的博大精深。以下就几类最典型的手工艺器物进行阐述。

第四章 虚实相生的古代艺术魅力

一、青铜器

青铜，是一种红铜与锡、铅、锰、磷等化学元素的合金。由于它熔点低、硬度高、化学性能稳定等优点，因而可以铸造出用于生产和生活的各种器物。中国青铜器出现的时间虽然晚于世界上其他一些地方，但使用规模、铸造工艺、造型艺术及器物的品类等都具有超高水平。

中国青铜器约略可以分成形成期、兴盛期和衰落期。形成期大约在新石器时代晚期的龙山文化盛行期间，相当于传说中的尧舜时代，距今约 5000 年到 4000 年间。古文献上记载当时人们已开始冶铸青铜器。1975 年在甘肃省东乡林家村遗址出土的一种铜刀，年代大约在公元前 3000 年，这是中国迄今发现最早的青铜制品，是中国境内的先民开始使用青铜器的见证。兴盛期大体上处于夏商两代至春秋后期，这正是中国社会发展史上的奴隶制时代，是中国古代文明的早期阶段，这也正是中国历史上的"青铜器时代"。1959 年，在河南省偃师市二里头夏代都城遗址中发现了许多青铜器，包括生产工具、兵器和乐器等。其铸造技术相当成熟，已不是初始形态。进入商周时代，青铜冶铸技术进一步提高，制作工艺更加成熟，青铜制品种类更为繁多，而以制造大量青铜礼器、兵器和生产工具为最大特点。迄今已经出土的大型精美青铜器大多属于这一时期的产品。衰落期始于春秋后期至战国早期，原因是冶铁业兴起，生产出硬度更强、韧性更大、更锋利的铁器。自此中国历史开始进入"铁器时代"，青铜铸造总体上开始衰落，但是，冶铁技术又促进了青铜冶炼技术的提高，制作工艺更加精良，器物向日常实用发展。秦汉以后，青铜制品进一步减少，青铜礼器和乐器逐渐退出人们的视线，唯有铜镜、铜佛和铜币继续流行。后来铜镜也消失，剩下铜佛与铜币，到现在只有一些铜制工艺品了。

从艺术角度来看，商周早期青铜器纹饰奠定了浪漫主义艺术思想的坚实基础，中期纹饰反映了浪漫主义和现实主义两大艺术思想的互补性，晚期纹饰大大发展了现实主义的艺术思想。从单纯审美的角度来看，商代和西周早期青铜器纹饰繁复凝重，西周中期纹饰典雅华美，西周晚期纹饰简约大气，用比较的眼光来欣赏，不同时期的纹饰都能给人以强烈的美感。以下是我国古代青铜器上的几种典型的纹饰。

1. 饕餮纹

这种纹饰盛行于商代至西周早期。饕餮是一种想象中的神秘怪兽。这种怪兽没有身体，只有一个大头和一个大嘴。现藏于宝鸡青铜器博物馆的商代兽面纹带铃器，器身和方形器座上均饰饕餮纹，其中器物身上的饕餮纹做了夸张处理，鼻纹正中突出一个高高的"鼻梁"。

2. 蟠虺纹

这种纹饰又称蛇纹，是以盘曲的小蛇（虺）的形象，构成几何图形。其盛行于春秋战国时期。蟠虺纹的一般特征是突出的大圆眼，作蜷曲盘绕的形象，蛇的特征很明显。有的作二方连续排列，有的构成四方连续纹样。商末周初的蛇纹，大多是单个排列。春秋战国时代的蛇纹大多作盘旋交连状。

3. 云雷纹

这种纹饰的基本特征是以连续的"回"字形线条所构成。有的作圆形的连续构图，单称为"云纹"；有的作方形的连续构图，单称为"雷纹"。云雷纹常作为青铜器上纹饰的地纹，用以烘托主题纹饰，也有单独出现在器物颈部或足部的，盛行于商代和西周，春秋战国时期仍见沿用。

4. 涡纹

涡纹又称火纹。其特征是圆形，内圈沿边饰有旋转状弧线，中间为一小圆形，似代表水隆起状，圆形旁边有五条圆形的曲线，似水涡激起状。商代早期的涡纹是单个连续排列的，商代中晚期至春秋战国时期，一般与龙纹、目纹、鸟纹、虎纹、蝉纹等相间排列。涡纹多用于罍、鼎、斝、瓿的肩、腹部，盛行于商周时代。

中国古代青铜器的造型十分生动。比如，商周时期，大量的实用器物采用了各种动物造型，使得生活器物艺术化，摆在几上案头能够增添生活情趣。这样的设计充分表现了人们乐观向上的生活情趣与审美追求。现藏于山西历史博物馆的西周鸟尊高39厘米，长30.5厘米，宽17.5厘米，1992年出土于晋侯墓地的114号墓。整体造型为伫立回首的凤鸟，凤尾巧妙地下弯，与双腿形成稳定的三点支撑。造型写实生动，构思奇特，装饰精美，是一件罕见的艺术珍品。

迄今出土的最大的青铜鼎是1939年在河南省安阳市发现的"后母戊鼎"（原称"司母戊鼎"），此鼎器型高大厚重，气势雄伟，纹饰华丽，工艺高超。鼎腹为长方形，鼎足四根圆柱形，鼎高1.33米、重达875千克，是目前世界上发现的最大的青铜器。鼎在古代青铜器中占据着重要的地位。因为这种重要地位，"鼎"在汉语中组成了很多成语，如"一言九鼎""一代鼎臣""人声鼎沸""问鼎中原"等。它的意思主要是显赫、盛大。

二、玉器

　　古代玉器与中华文明起源有极为密切的联系，可以说是中华文明的基石。相关研究显示，在内蒙古自治区敖汉旗兴隆洼遗址和辽宁阜新县查海遗址中发现了玉玦和玉坠，距今至少有8000年的历史。不过，考古学界所称的"玉器时代"，要到新石器时代的中晚期才出现。远古先民在石器加工过程中，发现了硬度更高的玉石。它们质地坚硬，晶莹美丽。这种神秘的特性与当时先民的原始宗教意识和审美意识不谋而合，于是用来装饰自己、礼敬神灵，这就开始了制造和使用玉器的历史。当前，在中国境内发现的两大玉器时代的文化遗址，一是北方辽河流域的"红山文化"，它的钩形玉龙的身体蜷曲呈字形，符合早期龙的形象，其他玉兽形饰、玉箍形器等形象刻画栩栩如生；二是南方太湖地区的"良渚文化"，它的玉琮、玉璧、玉钺、三叉形玉器及成串玉项饰等，以浅浮雕的装饰手法见长，线刻技艺水平更高。

　　中国传统文化的本质特征是阴阳二元相辅相成，因而"阳刚与阴柔"就是它的主要内涵。玉的本质正集合了阳刚（坚利）与阴柔（温润）。可见，玉和玉器的文化内质，与中国传统文化的特质非常吻合。玉器除了用作各种佩饰而外，还用作部落图腾的标志，雕刻成"玉龙""玉凤""玉龟"等。随着奴隶社会的形成，又逐步用来表示等级和权力。《周礼·春官》说"以玉作六瑞，以等邦国"，就是以六种瑞器显示六等爵位标准：王执"镇圭"、公执"桓圭"、侯执"信圭"、伯执"躬圭"、子执"古璧"、男执"蒲璧"；"以玉作六器，以礼天地四方"，则是以六种礼器祭祀天地与东南西北四方，如祭天用"璧"气祭地用"琮"，祭东用"圭"，祭南用"璋"，祭西用"琥"和祭北用"璜"儒学出现以后，玉被用来承载儒家的伦理道德，使玉成为人格象征。孔子提出"君子比德于玉"。这种美玉载德的思想与人们的审美情趣相结合，逐渐为社会所接受，形成"君子必佩玉""君子无故，玉不去身"的社会风尚。长此以往，玉及玉器就成了高贵、纯洁、友谊、吉祥、平和、美丽的象征，最终形成了中华民族尊玉、爱玉、佩玉、赏玉、玩玉的文化传统。汉字中以"玉"为偏旁的数量之多，就充分说明了玉在中国的特殊地位了。

　　中国的玉器大约在原始社会的末期就已经成熟，成熟的标志是形成了主要的礼器，如圭、璧、琮、璜、璇玑、玉衡等。这些玉器具有明显的社会功能和精细的制作工艺。到了夏、商、周三代，用玉制度愈加完备，使用范围愈加广泛，用玉制作的礼器普遍见于各种礼仪场合。随着西周等级制度和礼乐制度的形成，玉器的社会功能持续加强，体现了当时的政治需要。这时的制玉工具得到进一步改善，雕刻工艺得到进一步提高，尤其是春秋战国时期，佩戴玉器成为一种社会风尚，制作技术已经出现了浮雕、半浮雕和透雕，采用的玉材主要是青玉和黄玉，白玉还十分少见。从战国到两汉时期，中国社会进入转型期，中央集权的确立、传统礼制的变革使得大型礼器向世俗化逐步发展。由玉制作的礼器开始淡出人们的视线，而各种玉制佩饰越来越受人们的喜欢，如玉璧、玉环、剑佩、带钩等。玉材多采用青玉、黄玉、墨玉，白玉以其洁白透明迅速升为玉中上品。秦始皇统一中国后，正式确立了号令天下的凭证是"玉玺""六方玉玺"成了最高统治者权力的象征。此时，玉器的礼仪功能还是比较强的，但再往后，玉器保护精气和防止尸身变腐的实用功能就越来越突出了。汉代王侯大墓中接连出土的"金缕玉衣"就是突出的例证。东汉以后，玉器的世俗用途更加明显。随着漆器、金银器和瓷器制作工艺的产生，玉器失去原有的独尊地位，雕刻工艺也向着现实主义和浪漫主义的方向发展。各种配饰和实用生活器具大大丰富起来，龙凤图案、人物花卉、瓜果鱼虫、飞禽走兽，纷纷被表现得栩栩如生。唐宋至明清，玉雕工艺达到了一个相当高的水平。玉雕作品无论是大件，还是小件，都是精雕细刻，活灵活现。佩戴玉器的品种主要为耳饰、腕饰、手饰、头饰。这时的玉器已基本上成为艺术、财富和把玩的代名词，尽管还有以玉佩辟邪护身的现象存在，但与以往社会的政治、文化和宗教用途已不能同日而语。玉器至此摘下了高贵、圣洁、无所不能的神秘面纱，走出神权、王权的殿堂，回到普通的世俗世界，还原为世人共同鉴赏的艺术作品。

玉器以玉石为材质，国际上通称的玉石分"硬玉"和"软玉"两种。硬玉主要指翡翠，按颜色和质地区分，有20多个品种。而软玉则包括了白玉、青玉、碧玉、黄玉和墨玉等品种，在世界上，我国使用软玉的历史最为悠久，历代雕刻的玉器基本上属于软玉。按产地区分，软玉有新疆"和田玉"、辽宁"岫岩玉"、陕西"蓝田玉"和河南"南阳玉"等。和田玉被称为"真玉"，一向被视为玉中珍品，产于新疆维吾尔自治区昆仑山北侧。和田玉温润细腻、光滑明亮，为其他玉所不及。其中，羊脂玉"精光内蕴，体如凝脂，坚洁细腻，厚重温润"，使和田玉古今独尊。岫岩玉又称岫玉，产于辽宁省岫岩满族自治县，是中国历史上的四大名玉之一。其广义上可分为老玉、岫岩碧玉两类，老玉质地朴实、凝重、色泽淡黄偏白，属于珍贵的璞玉；岫岩碧玉质地坚实而温润，细腻而圆融，多呈绿色至湖水绿，其中以深绿、通透少瑕为珍品。蓝田玉俗名

"菜玉"，产于陕西省西安市东南的蓝田县，颜色以翠绿居多。这种玉质地坚硬，色彩斑斓，光泽温润，纹理细密，适合雕刻各种配饰。南阳玉又名"独玉"，产于河南省南阳市的独山。早在 6000 年以前就已经开采，在安阳市殷墟妇好墓出土的玉器中，有不少就是独山玉的制品。

三、瓷器

　　我国是世界上最早发明瓷器的国家，也是瓷器制作技艺最早成熟的国家。在江苏溧水神仙洞、江西万年仙人洞、广西桂林甑皮岩等遗址出土了年代很早的陶片或陶器，这些陶器距今已有 8000 多年，甚至更早。新石器时代早期，黄河流域及长江流域的陶器均为手工制作，陶质疏松，火候不高，约在 900℃，少有装饰。陶质大部分为夹细砂的灰褐陶或红陶，还有少量的泥质陶。器物的种类少，器形简单，有三足或圜底钵和少量的深腹圈足碗。进入新石器时代中晚期，制陶技艺有了发展，出现了彩陶。商周时代，制陶技术有了新的提高，灰陶和白陶大量生产。各种灰陶器为夹砂灰陶和泥质灰陶，口部多为卷沿，纹饰主要是绳纹，盛器中的大口樽、圈足陶豆与陶簋开始出现。由于烧陶窑炉（主要是圆形馒头窑）的改进，烧制温度和质量都有了较大提高。

　　春秋末年，在长江下游一带的越国等地普遍使用印纹陶和原始瓷制品，这时的印纹硬陶坯泥含杂质和砂粒较少，烧成温度较高，成型手法以泥条盘筑法为主，陶上的印花纹饰一般有米字纹、方格纹、麻布纹、回文纹等，因质地粗糙，不宜用作餐具。

　　从三国到魏晋南北朝，瓷器烧制发展迅速，今江苏、江西、福建、湖南、四川等地都有窑场出现，但以越窑（主要遗址在今浙江省余姚市上林湖和慈溪市杜湖）为代表的南方青瓷生产处于领先地位。窑场分布广泛，质量独领风骚，产品以青瓷为主，间有黑瓷，品种繁多，式样新颖。约在北魏统一北方之后，今河南、河北一带开始生产青瓷和黑瓷；到北齐时出现了白瓷，这就为瓷器业的进一步发展开辟了一条广阔的道路。因为有了白瓷，才能有琳琅满目、色彩缤纷的彩瓷。白瓷的发明，开创了瓷器生产的崭新局面，并形成我国制瓷业的南北两大瓷系。

　　唐代在瓷器制作技术和艺术创造上达到了高度成熟。唐代出现了以浙江越窑为代表的青瓷和以河北邢窑为代表的白瓷两大瓷窑系，并出现了评品瓷器高下的专著——《茶经》，瓷器生产有了很大的发展。唐代烧造的白瓷，胎釉白净,如银似雪,标志着白瓷的真正成熟。目前已发现的河北、河南、山西、陕西、安徽等地的古窑都曾烧制白瓷。其中河北的"邢窑白瓷"(窑址在河北省内丘、临城两县境内)成为风靡一时的名瓷,并与越窑青瓷分别代表了北方瓷业与南方瓷业的最高水平。陆羽在《茶经》里如此评价这两大名瓷:"邢瓷类银,越瓷类玉。"值得一提的是众所周知的"唐三彩"。釉色呈深绿、泼绿、翠绿、蓝、黄、白、赭、褐等多种色彩,只有一种颜色的称单彩,带两种颜色的称为二彩,有三种以上颜色的才称三彩。唐三彩虽然属于低温烧制的陶器,但它伴随盛唐气象而出现,色泽鲜明亮丽,造型生动逼真,显示了盛唐文化的韵律,理所当然地成为中国古代陶瓷的精品。

宋代社会经济、文化的繁荣,带动了陶瓷业的发展,各地瓷业欣欣向荣。因各窑烧制产品的不同,大致可分为6个瓷窑体系:北方的定窑系、耀州窑系、钧窑系、磁州窑系,南方的龙泉古瓷系、景德镇的青白瓷系,在这个基础上又产生了汝、官、哥、钧、定五大名窑。宋代陶瓷由于受到文学艺术的影响,在造型、纹样、胎釉等方面形成了全新的风格。宋代瓷器的主要特征是釉质丰润,晶莹如脂,釉色多以单色为主,但又富于变化,绚丽的窑变开片富有创意。在造型总体风格上,此时的瓷器呈现出清新淡雅、凝重高贵的气质。到北宋中期,瓷器已经非常精美,瓷器胎薄质坚,造型幽雅,釉质纯净,几乎达到今天瓷器生产的科学标准。两宋时期,陶瓷的装饰题材内容丰富,手法多样。在工艺美术方面有两个重要的倾向:绘画性的装饰和思古、仿古的工艺制作。宋代的装饰工艺的技法已经无所不能,采用镂空、剔花、刻花、划花、印花、贴花、捏塑、绘画等,应有尽有。其中最为常见的是刻、划、印、绘,以至可以制作出非常细致的刻花、划花的局部细节。宋代瓷器的造型也较前朝更加丰富。日用器中饮食器形制虽然有变化,但是相对比较稳定。而其他的许多实用瓷器却变化百出,有些变化是因为实用的需要所造成,另一些变化则是出于审美的需求所致。这个时期日用瓷器的造型大多比较简练,清新疏朗、含蓄内敛而又不失高雅的风格,这些都成为宋代瓷器的主流。

宋代名士"斗茶"风日盛,而那时的茶色为白色,因此黑盏最适宜用作品茶之雅具,由此而来的兔毫、油滴、玳瑁斑、木叶天目、剪纸漏花、黑釉剔花等工艺更增添了黑色碗盏的风雅情致。黑色茶盏多为福建建窑烧制,最初为民窑,后来才为宫廷烧制,江西吉安、山西雁北等地区也有生产,所产碗、壶等粗朴自然,有些流落海外为现代收藏的绝品。

元代制瓷工艺在前代的基础上,继续生产传统的品种。但钧窑、磁州窑、龙泉窑等生产的制品已不如宋代，因为外销的增加，生产规模普遍扩大，大型器物增多，烧造技术日益成熟。景德镇在制瓷工艺上采用的瓷石加高岭土的"二元配方"，能减少器物变形，因而为烧造大型器物打下了基础。青花、釉里红的产生，使得中国瓷器与中国绘画有机地结合在了一起，开创了釉下彩的新阶段。

　　进入明清两代，中国的瓷器生产达到鼎盛，产品的数量之大和质量之高均是前所未有。明代青花瓷器在元代的基础上又有发展，成为景德镇乃至全国的主流，其间民窑迅速增加。永乐、宣德年间的官窑青花青料为进口"苏麻离青"，釉层肥厚，青花色泽艳丽，造型多样，纹饰优美典雅，成为我国青花瓷的黄金时代。成化年间的主要成就是成功烧制斗彩，设色丰富，一般有三种以上，色彩透亮鲜明。青花用釉进一步改进为用国产青料。因而消除了黑斑，色彩更柔和、淡雅，纹饰更具水墨画风格。清代青花、釉里红的烧造技术得到进一步发展，并且釉上彩的创新也更为丰富。康熙年间的青花呈宝石蓝，莹澈明亮。釉里红的成品率进一步提高，由于掌握了铜红的呈色原理，因此烧制的红、蓝两色都色泽鲜艳。彩瓷的生产也是突飞猛进，除传统的釉上彩，还在康熙年间创造了珐琅彩瓷器，胎质为瓷，缀以仿铜胎画珐琅，创造性地烧制了淡雅柔和的粉彩。

第五章　中国传统文化与德育教育

第一节　德育教育概述

德育教育学科建设经过40多年的建设，成果丰硕，成绩斐然。学术界一直对德育教育的概念进行深入的探讨研究和分析界定，使德育教育概念日趋合理完善。

自1984年德育教育专业设立起，诸多学者就开始对德育教育的基本概念，从不同视角进行了深入的探讨研究和分析界定，并取得一定的进展。

一些学者从德育教育的内容层面界定其概念，认为德育教育主要包括思想教育、道德教育和心理教育等。

例如，陈秉公教授在其著作《德育教育学》中是这样定义德育教育概念的："一定阶级或政治集团，为了实现其政治目标和任务而进行的，以思想教育为核心和重点的思想、道德和心理综合教育实践。"

再如，邱伟光认为："德育教育是培养、塑造一定社会新人思想道德素质的教育实践活动，受社会经济政治文化的制约和影响，包括思想教育、道德教育。"

郑永廷教授则从德育教育的性质方面对其做出了概括。他认为："我们可以对德育教育的性质做如下概括：德育教育是一种有目的性、具有超越性的实践活动。这种实践活动随着社会的发展和人们的主体性的增强，其作用越来越重要。德育教育在社会生活中，是一种多属性、多因素的特殊活动。"郑永廷教授这一观点突出了德育教育的可变性、多属性、实践性和社会功能的重要性。

还有一些学者从目标和内容相结合的角度，对德育教育概念进行了阐述。

例如，陆庆壬认为："德育教育这一社会实践活动，就是一定阶级或政治集团，为实现一定的政治目标，有目的地对人们施加意识形态的影响，以期转变人们的思想,进行指导人们行动的社会行为。"

再如,苏振芳教授认为:"德育教育可定义为:一定的阶级或政治集团,为实现一定的政治目标,有目的地对人们施加意识形态的影响,以期达到转变人们的思想,指导人们行动的社会行为。"

如果说,上述说法主要突出了德育教育的政治性、阶级性和意识形态性,那么,仓道来则是特别强调了德育教育的政治性、阶级性和意识形态性。首先,他认为,德育教育不属于人类社会的普遍活动,"因为在原始社会中,根本就不存在政治教育,在未来的共产主义社会中也没有现在含义的'政治教育'。其次,他认为,有些学者用"社会群体"这一词语来表达德育教育的主体,也是不恰当的,抹杀了德育教育的阶级性特征。最后,他认为,把德育教育的内容限定在"一定的思想观念、政治观点、道德规范"的观点过于狭窄。他认为,德育教育是一种教育实践活动,要将人们思想行为的变化放在教育的首位,其教育的侧重点就在于引导人们树立正确的政治思想观。因此,他将德育教育的概念定义为:"德育教育是指一定的阶级、政治集团为实现其根本政治目的和经济利益,而对人们进行有意识、有目的、有计划地施加本阶级、本集团德育等意识形态方面影响的社会活动。"

陈万柏、张耀灿等学者,则是从德育教育的本质、主客体关系、内容、目的和功能等方面的视角来对德育教育概念进行了界定。他们认为,德育教育是一种教育实践活动,"概括地讲,德育教育是指社会或社会群体用一定的思想观念、政治观点、道德规范,对其成员施加有目的、有计划、有组织的影响,使他们形成符合一定社会要求的思想品德的社会实践活动"。他们还进一步指出,"在任何阶级社会,德育教育都是一种客观存在。至于这种活动叫什么名称,则因社会制度的不同而各异"。因此,他们认为,德育教育这种教育实践活动是人类社会的普遍活动。

此外,一些学者认为,对德育教育概念的界定,除了可以从社会现象出发把握其研究对象和实质外,还可以从分析其语义逻辑和语言构造的角度,来把握德育教育的概念。从广义上而言,德育教育就是教育者依照教育规律对被教育者进行思想教育的过程和活动。从思想教育角度而言,不仅是世界观、人生观、价值观的教育,还包括道德观、审美观、健康观的教育。从政治教育的角度而言,不仅是政治观念的教育,还包括政治参与、政治权利、政治理想等的教育。

学者张耀灿教授在其《对"德育教育"的重新审视》一文中,提出"德育教育原理"发展要有新的思路,"要开展元理论研究,特别是要自觉推进研究范式的人学转向"。他认为,德育教育概念应当优化,并将其表述为:"德育教育是一定的阶级、社会、组织、群众与其成员,通过多种方式开展思想、情感的交流互动,引导其成员吸纳、认同一定社会的思想观念、政治观点、道德规范,促进其成员知、情、意、信、行均衡协调发展和思想品德自主构建的社会实践活动。"他认为,这样的定义"克服了'单一主体性'的弊端,体现了'交互主体性'的现代理念;体现了'以人为本'的原则,有利于德育教育的科学发展;体现了德育教育必须遵循人的思想品德形成发展规律,强调教育的引导、促进性质,落脚到受教育自教自律和思想品德的自主构建上去,'教是为了不教'"。

通过总结不同时期、不同学者对德育教育概念的不同界定。我们可知,随着时代的发展,经过40多年的德育教育学科建设,一方面,虽然我们对德育教育概念的探讨和研究在不断深入,但是对其概念的具体界定仍各有侧重并存在不少分歧。另一方面,虽然这些观点各有侧重并存在分歧,但是,它们并不是完全矛盾的;相反,不论是何种角度的界定,它们仍有不少相通之处并达成一些基本的共识,如普遍认为德育教育是一种指向人的发展的教育实践活动,普遍认同其阶级性和意识形态性等;除此之外,我们也可以看出,随着时代的发展和德育教育学科建设的不断发展,学界对德育教育概念的界定也在不断突破旧的范式,在理论上日趋科学完善,在内容上不断丰富充实,在表述上也更加严谨规范着。就应以人为本,注重人的全面、均衡、协调发展,注重人的思想道德发展的自觉性与主动性。

第二节 中国传统文化概念的梳理

通过对德育教育概念的梳理,我们可知,德育教育作为一种教育实践活动,有其阶级性和意识形态性,也就是说,德育教育最终是为一定的阶级或政治集团服务的,阶级性是其最重要且必要的属性之一。但是,德育教育要实现其最终目标,仅仅依靠其阶级性这一单一属性是远远不够的,因为"从广义上讲,德育教育首先是一种教育活动,是一项'树人'的工程"。也就是说,德育教育的对象是一定的阶级社会中的全体社会成员。这些社会成员都是生活在包括经济环境、文化环境,以及社会生活环境等在内的一定的环境之中,他们要接受并践行本阶级或本集团的思想,以及由此衍生出的各种思想、道德、文化等观念，离不开其所生活的环境，尤其是文化环境。这是因为，从心理学的层面上说，在人的成长过程中，当社会化过程把特定文化内化为人的精神素质时，便赋予主体一定的思想、观念、性格、感情等倾向性。在这种倾向性的作用下，人们会不可避免地带着一定的情感预设从事活动，其自身的文化素质会自觉或不自觉地表现出来，并表现于活动的结果之中，对活动的效能产生影响。德育教育的主体和客体都是人，这种属人的性质和其本身所具有的面向时代和社会的开放性决定了，其不可能离开整体文化环境的制约来进行封闭的教育。因此，我们可以说，文化性也是德育教育的重要属性之一；而作为由人类历史积淀下来的文化，正是思想教育得以实现其最终目标的丰富养料。本书着重探讨中国传统文化的教育传承，因此，本章我们对中国传统文化这一概念做一个简要梳理和阐释。

一、"文化"概述

对"文化"一词的定义，往往是"仁者见仁，智者见智"，不同国家、不同时代的专家学者对其有着不同的解释。

（一）"文化"含义的汉语古义考证

在中国，"文化"一词，古已有之。但最初，"文""化"二字均为单独使用，并各有其含义。"文"字本意是指各色交错的纹理。如《说文解字》曰："文，错画也，像交文。"其意思是说，"文"就是交错描画，由几种笔画交错而形成的图像就构成了文。又如《易·系辞》曰："物相杂，故曰文。"意即几种不同的物质交错混杂在一起，就叫作文。再如《礼记·乐记》曰："五色成文而不乱。"意即各种各样的颜色有规律而非杂乱无章地错落交织在一起，就形成了文。

在此基础上，"文"渐渐有了若干引申意义。

其一，引申为包括文字在内的各种象征符号，又具体化为文书典籍、文章、礼乐制度等。如《尚书·序》曰："古者伏羲氏之王天下也，始画八卦，造书契，以代结绳之政，由是文籍生焉。"意即古代的伏羲氏之所以能成为治理天下的大王，正始于他画八卦图，制造出文书和契约来代替结绳记事的统治方式，于是，文书典籍就产生了。可见，"文"在这里被引申为文书典籍之意。再如，《论语·子罕》曰："文王既没，文不在兹乎？"意即周文王虽然去世了，难道文王时代的礼乐制度就不存在了吗？也就是说，"文"在这里被引申为礼乐制度之意。

其二，引申为由伦理之说导出的人为加工、人为修饰及华丽文饰之意等，与"质""实"等对称。如《尚书》疏曰:"经纬天地曰文。"意即对天地进行改造、治理就叫作"文"。在这里,"文"即人为加工之意。又如《论语》曰:"质胜文则野,文胜质则史,文质彬彬,然后君子。"意即质地胜过文采则显得粗野,文采胜过质地则显得浮夸。文采与质地配合得当,即将外在表现与内在本质配合得恰到好处,这才能够称得上君子。在这里,"文"则取华丽文饰之意。

其三,在前两层意义上,"文"又被引申为美、善、德等之义。如《礼记》曰:"礼减而进,以进为文。"意即礼仪形式简化而使礼仪本身更加精进,此精进即为"文",郑玄注:"文尤美也,善也。"意即文就是美,就是善。

其四,"文"还被引申为与"武"对应的文治、文事、文职,与"德行"对应的文学艺能等。如《尚书》曰:"王来自商,至于丰,乃偃武修文。"意即周王虽然是从好武之商朝而来,然而其到丰地之后,仍然能够做到停止使用武力,修明文治。此外,条理义的"文"又被引申为自然现象的脉络或人伦秩序之意,用以表述自然界之脉络,组成"天文""地文""水文"等词。"天文",即天道自然规律;"地文",即地理、地质的发展变化规律;"水文",即河流、湖泊、江海的发展变化规律。用以表述人伦秩序,则组成"人文"。

"人文",即指人伦社会规律,亦即社会生活中人与人之间纵横交织的关系,如君臣、父子、夫妇、兄弟、朋友之间的关系等,他们构成复杂网络,具有纹理之表象。

"化。古字为"匕",从二人,二人相倒背之形,一正一反,以示变化。本意为变化、改变、变易、生成、造化。如《说文解字》曰:"匕,变也。"《庄子》曰:"化而为鸟,其名曰鹏。"意即(巨鲸)变化为一只大鸟,其名字就叫作银鹏。在此,"化"即变成、变化之意。《易传》曰:"男女构精,万物化生。"意即男女交配,生儿育女,各种雄性与雌性交配,就产生新的万事万物。在此,"化"即产生、生成之意。又如《礼记》曰:"可以赞天地之化育。"意即可以帮助天地化生长育万物。在此,"化"即化生、生成之意。

由上可知,"化"本指二物相接,其一方或双方改变形态性质,进而生成一种新的事物。因此,"化"又被引申为教化、教行、迁善、感染、化育等诸义。例如《周礼·大宗伯》曰:"以礼乐合天地之化。"意即用礼乐来配合天地之道的教化。在此,"化"即教化之意。

又如《黄帝内经》曰:"化不可待,时不可违。"意即化育繁生不可替代,时令季节不能够违背。在此,"化"即化育之意。

"文""化"二字并联使用,则最早见于《周易·贲卦·象传》:"观乎天文,以察时变；观乎人文，以化成天下。"其意思是说：观察天象的条理，我们就可以考察到时令季节的变化；观察人间条理，就可以据此来教化世人，成就平治天下的大业。

而最先将"文""化"二字合为一词来使用的则是西汉的刘向，他说："凡武之兴，为不服也，文化不改，然后加诛。"其意思是说，凭借武力来征服人们，只是让大多数人懂得服从的道理，而对少数通过教化而仍然冥顽不化的人施以重刑，则一定能够取得良好的治理效果。可见，这里的"文化"之意是与武力相对应而言的人文教化之意。

再如，晋代束皙说："文化内辑，武功外悠。"意即对待国内的人民要通过人文教化来团结他们，对待外来侵略者要用武力征服他们。这里，"文化"仍为与"武力"对应的人文教化之意。可见，上述两句话中的"文化"一词，均是作为动词来使用的，它是一种与武力征服相对应的社会治理方法和主张，指对人的性情、品德等精神方面的陶冶教化，属于精神范畴领域。它既与武力征服相对立，但又与之相联系，相辅相成，所谓"先礼后兵"、文治武功。此外，还有与相对应的意义上使用的"文化"一词，如南齐王融说："设神理以景俗，敷文化以柔远。"其意思是说，设置神坛利用神的道理影响风俗，发展文化以怀柔远处的民族，吸引他们来投靠自己。

由上可见，在中国古代，"文化"一词属精神领域的范畴，它是"文治"与"教化"的合称，其含义为"人文化成""文治教化"等。

（二）"文化"含义在西方的演变发展

世界各地诸多学者在研究过程中，因为研究视角、认识方法、语言表达等的不同，对于文化概念的界定亦是众说纷纭，莫衷一是。

据法国社会心理学家 A. 莫尔统计，到 20 世纪 70 年代，世界文献中的文化定义已达 250 多种，到 20 世纪末期这个数字已上升到四位数。因此，对英语"culture"一词的含义进行梳理，有助于我们进一步明确"文化"一词的内涵。

在现代汉语中，"文化"一词直接对译英语"culture"一词，从词源上讲，英语的"culture"一词源于拉丁文的"culture"，其原意包含注意、耕作、培养、景仰、敬神等，可见，其初始意义在于人对土地的保护、耕耘，以及对自然力或自然神的尊重和崇拜等。可见，在西方"culture"一词应是一个派生于自然的概念。直到十六七世纪，其含义才逐渐由耕种引申为对树木禾苗的培养，进而被引申为对人类心灵和知识的化育；大约到 17 世纪以后，其古义才渐渐淡化；而"从18世纪末开始，英语'culture'一词的词义和用法发生了重大的变化"，其古义消解，进而转化为专指精神方面范畴的含义，即对人的培养、教养或人的修养、修为等。1950年，英国学者雷蒙德·威廉斯在其《文化与社会》一书中认为，在18世纪末至19世纪初以前，文化一词主要指"培养自然的成长"。

19世纪下半期以来，文化概念则成为社会学、人类学、文化学等不同人文学科学者所共同关注讨论的热门话题之一。例如，1871年，英国人类学家爱德华·泰勒在其所著的《原始文化》一书中，对文化的表述为："就其广泛的民族学意义来说，是包括全部的知识、信仰、艺术、道德、法律、习俗，以及作为社会成员的人所掌握和接受的任何其他才能和习惯的复合整体。"康德在其《判断力批判》一书中指出："在一个理性生物中，一种对任意选项的目的（因而也就是按照他的自由选定的目的）的有效性的产生，就是文化。"黑格尔则认为："文化是绝对精神对自我外化出的人的教化过程，也即是绝对精神对自我认识的过程。"日本小学馆出版的《万有大百科事典》（1974年版）中对文化的表述为："日语的文化即文明开化。"《法国大百科全书》（1981年版）中对文化的表述为："文化是一个社会群体所特有的文明现象的总和。"

（三）"文化"含义在近代中国的发展转变

日本是汉字文化圈的成员之一，在古代已接受并广泛使用包括"文化"在内的成批汉字词，用"文化"一词对接英语的"culture"等，就始于日本。19世纪中后期，日本进行了被称为"明治维新"的社会变革。在此期间，日本大量翻译介绍西方学术，且多借助汉字词翻译西洋术语。其中，"文化"对译英语词"culture"便是一例。日本吸纳了西方"文化"一词的新义后，在近代中国西学东渐的时期，中国学者便沿用了这一译法输入中国，并对其概念进行了多方面的探讨。梁启超认为："文化者，人类心能所开释出来之有价值之共业也。"这"共业"包括众多领域在内，诸如认识的、规范的、艺术的、器用的、社会的领域等。梁漱溟说："文化，就是吾人生活所以靠之一切……文化之本义，应在经济、政治，乃至一切无所不包。"可见，"文化"一词在经历了"中—西—日"之间的概念旅行之后，发生了意义上的巨大变化。这样，"文化"一词在汉语古义的基础上，又注入了来自西方的新内涵，即在近代中国，"文化"一词的基本意义已然不仅是"人文教化""文治教化"等了，而且转化为一切人类文明成果对人的教化与影响。

（四）文化的一般定义

综合"文化"一词的含义在中西方的演变历史，以及中西方不同学者对"文化"概念的描述，我国《现代汉语词典》将"文化"一词定义为："人类社会历史发展过程中所创造的物质财富和精神财富的总和，特指精神财富，如文学、艺术、教育、科学等。"

文化有广义和狭义之分。就广义而言，文化是一个非常宽泛的概念，是人类生活的总和。它着眼于人类与动物、人类社会与自然界的本质区别，着眼于人类卓立于自然的独特生存方式。其涵盖面非常广泛，包括众多领域，诸如认识领域：语言、哲学、科学、教育等；规范领域：道德、法律、信仰等；艺术领域：文学、美术、音乐、戏剧等；器用领域：生产工具、日用器皿及其制造技术；社会领域：制度、组织、风俗习惯等。正如梁漱溟先生所说，是"人类生活的样法"它包括精神生活、物质生活和社会生活等极其广泛的方面。

而就狭义而言，文化排除了人类社会生活中关于物质创造活动及其结果的部分，专注于精神创造活动及其结果，特指人类的全部精神创造活动，是意识、观念、心态和习俗的总和。

一般而言，我们更多地是在狭义文化的意义上使用"文化"这个概念，以把握不同文化形态的特征。

笔者在本书所研究的"文化"，也是就其狭义而言。

二、中国传统文化的基本内涵

"传统"由"传"和"统"两个字构成。在汉语中，"传"字本有传承、传递之意，"统"则指事物的连续状态，即一以贯之之意。《现代汉语词典》将"传统"一词解释其为："从历史上沿传下来的思想、文化、道德、风尚、艺术、制度，以及行为方式等。它通常作为历史文化遗产被继承下来，其中最稳固的因素被固定化，并在社会生活的各个方面表现出来。如民族传统、文化传统、道德传统等。"美国著名社会学家爱德华·希尔斯认为，传统最明显、最基本的意义，是指世代相传的东西，即从过去延传至今或相传至今的东西，其决定性的标准是："传统是人类行为、思想和想象的产物，并且被代代相传。"当然，希尔斯也强调了这种"代代相传"在逻辑上并没有强制性、规范性。也就是说，传统的这种"代代相传"并非由各个历史时代的统治阶级以一套规范性的东西强制其社会成员在思想、观念、行为等方面接受或践行，反而是由各个历史时代的特殊自然地理环境、经济形式、政治结构、意识形态等综合作用而自然形成、积累并流传下来的。因此,我们可以说,传统就是指由各个历史时代的特殊的自然地理环境、经济形式、政治结构、意识形态等综合作用而自然形成、积累并世代相传直至今天的,且在当代仍时时刻刻对我们的社会和生活方式产生巨大影响、起着重要作用并表现于社会生活各个方面的思想文化、制度规范、风俗习惯、文化艺术乃至思维方式、行为方式等的总和。

由此可见,传统文化就是指在一个民族中绵延流传下来的反映民族特质和风貌的文化,是民族历史上各种思想文化、观念形态的总体表征。它既体现在有形的物质文化中,也体现在无形的精神文化中,比如人们的生活方式、风俗习惯、心理特性、审美情趣、价值观念等。任何民族都有自己的传统文化,都是在其历史发展过程中形成和发展并流传下来的。著名学者庞朴先生在其《传统文化与文化传统》一文中指出:"传统文化的全称大概是传统的文化(Traditional culture),落脚在文化,对应于当代文化和外来文化而谓。其内容当为历代存在过的种种物质的、制度的和精神的文化实体和文化意识。例如说,民族服饰、生活习俗、古典诗文、忠孝观念之类;也就是通常所谓的文化遗产。"他认为,传统文化具有时代性和民族性。他说:"传统文化产生于过去,带有过去时代的烙印;传统文化创成于本民族祖先,带有自己民族的色彩。文化的时代性和民族性,在传统文化身上表现得最为鲜明。"

因此,就广义而言,中国传统文化就是指中华民族在生息繁衍的漫长历史发展过程中,逐步形成并流传下来的比较稳定的反映中华民族整体特质和整体风貌的文化形态,是影响中华民族发展进程的一切物质和精神成果的总和。

就狭义而言,中国传统文化特指在中华民族历史上绵延流传下来的影响整个中华民族发展进程的,具有稳定的共同精神、心理状态、思维方式和价值取向的全部精神成果,亦即中华民族传统意识、观念、心态和习俗的总和。本书所言中国传统文化特指后者。

三、中国传统文化的基本精神

(一) 什么是文化精神

精神是指天地万物的精气、活力,事物运动发展的精微的内在动力。文化的基本精神就是所有文化现象中最精微的内在动力和思想基础,是指导和推动民族文化不断前进的基本思想和基本观念。在中国传统文化中,长期受到人们

第五章　中国传统文化与德育教育

尊崇，成为生活行动最高指导原则的思想观念或固有传统，在历史上起推动社会发展作用，成为历史发展的内在思想源泉，就是中国文化的基本精神。

它具有两个特点：一是具有广泛的影响，感染熏陶了大多数人民，为他们所认同所接受，成为他们的基本人生信念和自觉的价值追求；二是具有维系民族生存和发展，促进社会进步的积极作用。中国文化的基本精神，实质上是凝聚于传统文化之中的中华民族的基本精神，是在中国文化中起主导作用、处于核心地位的那些基本思想和观念，是我们大家熟悉的、而不是高深莫测的玄思妙想。中国历史绵延悠长，中国文化丰富多彩，中国的传统文化精神也极其浓厚。

（二）中国传统文化精神之各家说法

关于中国文化的基本精神，学者们众说纷纭。

张岱年先生在其《论中国文化的基本精神》一书中，将中国传统文化的基本精神主要概括为刚健有为、和与中、天人协调等方面。具体而言，他认为：首先，中国的民族精神基本凝结于《周易大传》的两句名言之中，"天行健，君子以自强不息；地势坤，君子以厚德载物"。换言之，"自强不息""厚德载物"是中国传统文化的基本精神。其次，对于"中庸"观念，张岱年先生认为虽然"中庸"观念在过去广泛流传，但是，实际上并未起到推动中国文化发展的作用，因此"不能把中庸看作中国传统文化的基本精神"。最后，中国传统文化的基本精神还表现为"以德育代替文化"的优良传统。

张岂之先生在其《中华人文精神》一书中，则认为，中国文化的基本精神有7个要点：一是人文化成——文明之初的创造精神；二是刚柔相济——穷本探源的辩证精神；三是究天人之际——天人关系的艰苦探索精神；四是厚德载物——人格养成的道德人文精神；五是和而不同——博采众家之长的文化会通精神；六是经世致用——以天下为己任的责任精神；七是生生不息——中华人文精神在近代的丰富与发展。

刘纲纪先生认为，中国的民族精神大体上可以概括为4个相互联系的方面。一是理性精神。集中表现为：具有悠久的无神论传统，充分肯定人与自然的统一和个体与社会的统一，主张个体的感情、欲望的满足与社会的理性要求相一致。总的来看，强烈主张人与自然、个体与社会的和谐统一，反对两者的分裂对抗，这就是中华民族的理性精神的根本。二是自由精神。这首先表现为人民反抗剥削阶级统治的精神。同时，在反对外来民族压迫的斗争中，统治阶级中某些阶层、集团和人物，也积极参加这种斗争。说明在中国统治阶级思想文化传统中，同样有着"酷爱自由"的积极方面。三是求实精神。先秦儒家主张"知之为知之，不知为不知"，知人论世，反对生而知之；法家反对"前识"，注重"参验"，强调实行，推崇事功；道家主张"知人""自知""析万物之理"。这些都是求实精神的表现。四是应变精神。许思园认为，"中国传统文化之根本精神为融和与自由"。杨宪邦则认为，以自给自足的自然经济为基础、以家族为本位、以血缘关系为纽带的宗法等级伦理纲常，是贯穿于中国古代的社会生产活动和生产力、社会生产关系、社会制度、社会心理和社会意识形态这5个层面的主要线索、本质和核心，这就是中国古代传统文化的基本精神。

司马云杰则把中国传统文化的基本精神概括为："尊祖宗、重人伦、崇道德、尚礼仪。庞朴认为，中国传统文化的精神是人文主义。这种人文主义表现为：不把人从人际关系中孤立出来，也不把人同自然对立起来；不追求纯自然的知识体系；在价值论上是反功利主义的；致力于做人。

第三节　中国传统文化中的"以人为本"与德育

"天地之性人为贵"，中国传统文化特别注重人，尤其关注的是人的精神发展，发展出了重人生、讲人世的人文主义文化传统。

一、中国传统"人文"思想

"人文"一词，最早见于《周易》："文明以止，人文也。观乎天文，以察时变。观乎人文，以化成天下。"孔颖达将"人文"解释为诗书礼乐之教，他说："言圣人观察人文，则诗书礼乐之谓。观乎人文以化成天下者，言圣人观察人文，则诗书礼乐之谓，当法此教而化成天下也。"在此，"观乎人文以化成天下"意即用诗书礼乐之教来教育百姓化成天下。

唐代吕温认为，"人文"当指圣人指定的礼乐法度。他说："《易》曰'观乎人文以化成天下'，能讽其言盖有之矣，未有能明其义者也？尝试论之。夫一二相生，大钧造物，百化交错，六气节宣，或阴阖而阳开，或天经而地纪，有圣作则，实为人文。若乃夫以刚克，妻以柔立，父慈而教，子孝而箴，此室家之文也；君以仁使臣，臣以义事君，予违汝弼，献可替否，此朝廷之文也；三公论道，六卿分职，殊流异趣，百揆同归，此官司之文也；宽则人慢，纠之以猛，猛则人残，施之以宽，宽以济猛，猛以济宽，此刑政之文也。乐胜则流，遏之以礼，礼胜则离，和之以乐，与时消息，因俗变通，此教化之文也。"可见，吕温认为，圣人制定的规则就是：人文具体而言，它的内容包括"家庭之文""朝廷之文""官司之文""刑政之文""教化之文"等，体现了人在不同的关系中所应遵守的道德规范、行为准则、规章制度等。故牟宗三说："古有'人文化成'之成语，此可为儒家人文主义之确界。"唐君毅说："《易传》之说'观乎人文，以化成天下'，应当是指周代礼乐之盛所表现的人文中心的精神。"上述这些关于"人文"的解释大致一致，指礼制法度之意。

不过，对于"人文"的解释亦有其他不同的解读。如王弼就认为："文"为纹理之意，也即事物发展变化的趋向、走势；"人文"即人之文，亦即人的生存、生活秩序，或社会的发展秩序。再如李贤认为，"人文"即"人事"，即人世间的事态、状况。

综上可知，在中国传统文化中，"人文"即"人之文"，它或指社会的道德规范，或指人世间的事态、状况，或指文字、文章、典章制度等。

二、中国传统文化对"人"的关注

总体而言，中国传统文化十分关注人的存在，尤其人的伦理精神的存在，认为这是人之为人的根本，强调人作为精神主体的能动积极性。孟子曰："人之有道也，饱食、暖衣、逸居而无教，则近于禽兽。圣人有忧之，使契为司徒，教以人伦：父子有亲，君臣有义，夫妇有别，长幼有序，朋友有信。"可见，孟子认为，具有五伦道德等精神是人区别于禽兽，亦即人之为人的标志。荀子将是否有"义""礼"等视为人区别于禽兽等其他物种或生命的最重要标志。他说："水火有气而无生，草木有生而无知，禽兽有知而无义，人有气、有生、有知亦且有义，故最为天下贵也。"这也就是说，人与禽兽之间的区别就在于人有义而禽兽无义。他又说："故人之所以为人者，非特以其二足而无毛也，以其有辨也。夫禽兽有父子而无父子之亲，有牝牡而无男女之别。故人道莫不有辨。辨莫大于分，分莫大于礼，礼莫大于圣王"。也就是说，"礼"是人与禽兽之间的根本区别。

《礼记》中亦有类似的论述："男女有别，然后父子亲；父子亲，然后义生。义生，然后礼作。礼作，然后万物安。无别无义，禽兽之道也。""鹦鹉能言，不离飞鸟；猩猩能言，不离禽兽。今人而无礼，虽能言，不亦禽兽之心乎？夫唯禽兽无礼，故父子聚麀。是故圣人作，为礼以教人，使人以有礼，知自别于禽兽。"

《礼记》还将"礼乐"作为人兽区分的标志："凡音者，生于人心者也；乐者，通伦理者也。是故知声而不知音者，禽兽是也；知音而不知乐者，众庶是也。唯君子为能知乐。是故审声以知音，审音以知乐，审乐以知政，而治道备矣！是故不知声者不可与言音，不知音者不可与言乐，知乐则几于礼矣！礼乐皆得，谓之有德，德者得也。"这里，不仅将"礼乐"视为人与禽兽之区别，还将其分了层次，认为只知"声"而不知"音"者视为禽兽，将知"声""音"而不知"乐"者视为众庶，将知"音"且"乐"者视为君子，将"声""音""礼""乐"皆得者视为"德者"，进而更对人提出了文化的要求：众庶知音而不知乐，固然高于禽兽，但更知乐的君子，显然更高于众庶，君子知乐，因故知礼，进而可以"审乐知政"，君子知乐知礼，进而有德，成为可以治理天下者。

此外，墨子还提出了"力"的原则，认为"力"也是人与动物之间的区别，他说："今人与此异者，赖其力者生，不赖其力者不生。"

综上所言，中国传统文化特别注重人的地位与作用，尤其重视人的精神，认为人之所以区别于其他自然存在物，就在于人具有其他存在物所不具备的伦理精神，亦即人的主体性、创造性。正因此，人虽源于自然，却又超越于自然，可以将包括人自身在内的自然视为认识对象来认识，并能够加以利用和改造，使其为人所利用或改造。

三、中国传统"民本"思想

在中国传统文化中，一直存在着以民为本的思想，中国古代社会的统治者很早就有"爱民""重民""尊民""亲民"的意识。殷代有统治者就已指出要"重我民"，"罔不为民之承"。意即，要重视民众，没有不遵从民意而做事的。除此之外，《尚书》中还有许多关于民本思想的论述，如"安民则惠，黎民怀之。天聪明，自我民聪明。天明威，自我民明威"，"民之所欲，天必从之。天视自我民视，天听自我民听"，"人无于水监，当于民监"，等等。魏晋时期出现的伪《古文尚书》把民本思想概括为："民为邦本，本固邦宁。"意即，人民是国之根本，人民稳固了，国家就安宁了。

另外，《诗经》中也有很多相关民本思想的内容，如《七月》《伐檀》《硕

第五章 中国传统文化与德育教育

鼠》等着眼于现实的篇章,都强调了民生问题。周朝统治者更是形成了自觉的民本意识,如周公认为,要重视民的苦痛,将民的苦痛看作自己的苦痛,并提出了"保民",并反复"用保乂民""用康保民""惟民其康""裕民""民宁"等,又提出要体察民情,"先知稼穑之艰难,乃逸,则知小人之依。相小人,厥父母勤劳稼穑,厥子乃不知稼穑之艰难,乃逸乃谚。"

春秋时期的民本思想多见于《左传》《论语》《墨子》等典籍。《左传》首先注意到民利及民间疾苦问题,曰:"天生民而树之君,以利之也。"上天为了民众的生存才树立起国君,来为他们谋利益。又曰:"亲其民。视民如子,辛苦同之。"意即国君要爱护子民,要像对待自己的子女一样来爱护,与他们同甘共苦。

孔子继承了《左传》中的民本思想,对国家暴力作用进行了反思,并提出了"仁者爱人"的爱民原则,主张对民众重教化而轻惩罚,强调"为政以德""视民如子"。认为民富则国足,民逆则政亡。进而又提出了系统的仁政、王道理论,曰:"取民有制。使民以时。使民如承大祭。"意即,从民众中抽取赋税要有节制,抽调民力要选择适当时间,使用民力如同大型祭祀活动要慎之又慎。

战国时期,民本思想进入鼎盛阶段,商鞅将"尚农"作为国富兵强的基础,并形成"重农抑商"的政策,从而奠定了古代中国重农抑商政策的基础。此时,无论是托管晏之名而明确概括出的法家化的"民本"思想,还是老庄基于悲天悯人而形成的淡化政府权力的深邃思想,都显示出民本思潮的多角度展开和全方位推进。《吕氏春秋》将发展农业看作成就霸业的基础,曰:"霸王有不先耕而成霸王者,古今无有,此贤者不肖之所以殊也。"意即,要想成就霸业,必须先重视农耕,不重视农耕而想成就霸业,从古到今都没有过,这就是贤者与不肖者之间的差别,也即贤者重视农耕,不肖者不重视农耕。

而直接把民本思潮推向以道德为本位、以教化为己任的是儒家的孟子和荀子,尤其是孟子。在孟子看来,民众是天下的主体,只有民众有德,天下才会安定,社会才能发展。他系统地提出了自己的民本思想,曰"诸侯之宝三:土地、人民、政事"。而在这"三宝"中,尤其以人民最为重要,曰:"得其民斯,得天下矣。"他认为,只有得到人民的支持,土地才会有人耕种,国家才能安宁,政事才能取得顺利进展。因此,孟子又提出:"乐民之乐者,民亦乐其乐;忧民之忧者,民亦忧其忧。"不仅如此,孟子还主张以国民的意见作为评判和决策国事的根本依据。他说:"国君进贤,如不得已,将使卑逾尊、疏逾戚,可不慎与?左右皆曰贤,未可也;诸大夫皆曰'贤',未可也;国人皆曰'贤',然后察之；见贤焉，然后用之。左右皆曰'不可'，勿听；诸大夫皆曰'不可'，勿听；国人皆曰'不可'，然后察之；见不可焉，然后去之。左右皆曰'可杀'，勿听；诸大夫皆曰'可杀'，勿听；国人皆曰'可杀'，然后察之，见可杀焉，然后杀之。故曰国人杀之也。如此，然后可以为民父母。"在此基础上，孟子进一步提出了所谓"民为贵，社稷次之，君为轻"的思想，认为不能以王道而行的君主是不宜为君主的，从而奏响了民本思潮的最强音。此外，孟子认为，失道的君主应该受到批评、匡正甚至废黜。孟子之后，荀子也提出许多振聋发聩的警告，曰："庶人安政。然后君子安位。传曰：'君者，舟也，庶人者，水也。水则载舟，水则覆舟。'此之谓也。故君子者，欲安，则莫若平政爱民矣。"又曰："天之生民，非为君也。天之立君，以为民也。"

受民本思想的影响，在中国古代社会，后来的历代君王都有着不同程度的重民思想，并且出现了一大批关心民众、重视民生疾苦的思想家、文学家和政治家。在近代中国，进步人士又为传统的民本思想注入了新的理论，与西方的某些思想相嫁接，成为推动中国社会向前发展的重要思想。

四、中国传统"和"思想

"和"是中华传统文化的核心价值观之一，存在于传统哲学思想、文化艺术乃至社会生活的方方面面。从现代人的思维习惯看，传统文化包括"和"在内的诸多概念，都是纠结在一起的、朦胧的，甚至带有一些神秘的色彩。完整理解、准确把握传统文化中"和"这一范畴，不能仅仅站在当今社会生活需求的角度，从趋同方面罗列其优点；也不能站在批判的立场，指出其这样那样的历史局限性与不足。应该从其发生、发展的社会历史特点去分析和解读，在全面把握其内涵的基础上，再做扬弃取舍。

（一）演进之"和"

"和"作为一个范畴，其发展脉络呈现出由个别到一般、由具体到抽象的演进轨迹。

1. 音声之"和"

"和"的本义是指声音之相应，"和，相应也，从口禾声"。《尚书·尧典》"八音克谐，无相夺伦，神人以和"中的"和"就是从其本义而言的。老子也有"音声相和"之说，都指多种声音的协调状态。

2. 调和之"和"

随着"和"的协调之义的逐步扩展，人们开始灵活运用这种状态，采取词性转换和字义引申的方法，逐步实现了其内涵的扩展、提升，赋予了其"调和"之义。《尚书·尧典》中有"协和万邦"之说，将万邦之"和"比作音声之"和"。

《左传·昭公二十年》记载了晏子关于"和"的言论："和如羹焉。水、火、醯、醢、盐、梅，以烹鱼肉，焯之以薪，宰夫和之，齐之以味。济其不及，以泄其过。君子食之，以平其心。"将声音之"和"类推至调羹之"和"。《左传·襄公十一年》称："（晋侯）八年之中，九合诸侯，如乐之和，无所不谐。"更能说明这种转换与类比。

3. 礼义之"和"

礼、义是儒家所倡导的人与人之间关系的集中体现，是其理想社会秩序的两大重要维度。孔子说："礼之用，和为贵。"《礼记》中有"乐者天地之和也，礼者天地之序也，和故万物皆化，序则群物皆别"的说法，将"和"作为礼的理想状态而提出来。在义的方面，《周易》中有"利者，义之和也"之说，其解释为"利物，足以和义"。此外，荀子也有类似说法："故义以分则和，和则一，一则多力，多力郭强，强则胜物。"认为义也需要"和"。

4. 生物之"和"

"生"在传统文化中具有十分重要的地位，将生的功能赋予"和"，是其范畴发展过程中的重大突破，能否正确处理"生"的功能与协调状态之间的关系，也是"和"的实践过程中的一件大事《国语·郑语》记载，周太史史伯讲道："和实生物，同则不继，以他平他谓之和，故能丰长而物归之。若以同裨同，尽乃弃矣。故先王以土与金、木、水、火杂以成百物。"这里，主要讲了"和"与"同"的差异主要在"生"。"和"所以能生，是因为一物之"生"由多种因素构成，如果仅有一种因素是不可能"生"物的，是不可能继之以长久的。《荀子·天论》中"万物各得其和以生，各得其养以成"，也将和与生联系到了一起。就社会状态而言，和谐的氛围，和平的环境，更有利于各行各业的发展；就自然环境而言，风和日丽、风调雨顺则预示着丰收的年景。这应该就是"和实生物"的内涵。

5. 内在之"和"

老子将"和"与生命体的内在状态联系起来，为"和"的发展开辟了新的领域。老子说:"道生一,一生二,二生三,三生万物。万物负阴而抱阳,冲气以为和。"他还说:"含德之厚,比于赤子。毒虫不螫,猛兽不据,攫鸟不搏。骨弱筋柔而握固。未知牝牡之合而朘作,精之至也。终日号而不哑,和之至也。知和曰常。"这样的状态,老子认为是万物普遍的恒常姿态。

6. 中和之"和"

如果说,前面的"和"都是专有所指,那么,从这里就开始走向抽象化、概念化。《中庸》说:"喜怒哀乐之未发,谓之中;发而皆中节,谓之和。中也者,天下之大本也;和也者,天下之达道也。致中和,天地位焉,万物育焉。"这里的和,已然超越了前面所有的状态与功能,作为"道"的普遍性标准用于天下。

7. 太和之"和"

"和"而至"太。是从本体论层面而言的,源于《周易·乾卦》"保合太和,乃利贞"。北宋张载认为:"太和所谓道,中涵浮沉、升降、动静、相感之性,是生氤氲、相荡、胜负、屈伸之始。其来也几微易简,其究也广大坚固。起知于易者乾乎!效法于简者坤乎!散殊而可象为气,清通而不可象为神。不如野马、氤氲,不足谓之太和。"明清之际王夫之说:"太和,和之至也。道者。天地人物之通理,即所谓太极也。阴阳异撰,而其细缊于太虚之中,合同而不相悖害,浑沦无间,和之至矣。"这里的"和"是天地生成之初的混沌状态,是万物生成的本始状态。

(二) 发生之"和"

"和"是植根于中华文化的土壤中的,传统文化先天带有"和"的特征。中华先民长期生活在相对闭塞的大陆环境,较早形成了大一统的社会格局,主要从事四季轮回、生长收藏的农业生产,日复一日,重复着日出而作、日落而息、完满自足、相对稳定的生活方式。农业生产对天时物候变化的依赖性很强。据记载,对四季变化的节气的认识早在夏朝即已形成。"先天而天弗为,后天而顺天时",长期的农业生产实践左右了人们的日常生活,逐渐形成了人们对天地自然的依赖关系;引导人们对自然规律的认识和把握,逐步形成整体、综合的思维方式;并通过对自然规律的效法借鉴,进而建立相应的社会秩序,这就是所谓的"天人合一"。

中国传统文化这一独特的思维方式,是由"象"开始的,由象而数,由象而理,由象而气,逐步展开。代表性的有我们熟知的太极、八卦、三才、五行、河图、洛书等，可以说是一种"模型"的思维方式。其中，有的是具象的，如八卦，"天地定位山泽通气，雷风相薄，水火不相射"；有的是不具象的，如"天地之间，其犹橐籥乎？虚而不屈，动而愈出"；还有的非常简单，例如太极图，只是两条阴阳鱼；再如河图、洛书，只是几十个点的排列。这些模式看似简单，但其间的内涵十分丰富，蕴含了中华先民几千年实践的认知成果，指导着中华文明几千年前进的历程，直至今日仍然充满活力，有待于我们进一步挖掘探索。

那么，在今天看来，这些不易把握，甚至可以说带有某些神秘色彩的模式是怎样产生的呢？

《周易》的解释是"效法"，"法象莫大乎天地"，"崇效天，卑法地"，"天尊地卑乾坤定矣，天尊地卑，乾坤定矣。卑高以陈，贵贱位矣"。老子的解释也是"效法"，"人法地，地法天，天法道，道法自然。"所谓的阴阳五行八卦等，都可以说是这种"效法"的结果。

我们可以对这些熟知而又陌生的思维模式做种种推测，但其主旨应该是不变的，那就是农业生产所形成的生、长、收、藏规律的默契于心，所谓"春生夏长，秋收冬藏，天之正也，不可干而逆之，逆之者虽成必败"。这其中，"生"的位置又是十分特殊的。在中国传统文化中，"生"才是宇宙的真谛，如"天地之大德曰生""生生之谓易""道生一，一生二，二生三，三生万物""天何言哉，四时行焉，百物生焉"虽然"生"只是代表四季中的一季，但人们对它的重视显而易见，中华文明所以能够绵延不绝，其始点应该就在于此。

那么，作为四象之一的"生"怎样才能做到长久呢？老子的办法是"弱，他提出"反者道之动，弱者道之用"，"人之生也柔弱，其死也坚强，万物草木之生也柔脆，其死也枯槁。故坚强者死之徒，柔弱者生之徒"。老子认为，"强"只能强在一时，就像疾风暴雨一样，只能在朝夕之间，而"弱"才能够生生不已。这里的"弱"不是真正的弱，是辩证的，是以战胜自己为先决条件的，是可以胜强的。所谓"天下莫柔弱于水，而攻坚强者莫之能胜，以其无以易之，弱之胜强，柔之胜刚，天下莫不知，莫能行"。就强与弱来衡量，儒家文化也不属强的范畴。"儒"之本义就有文弱之意，儒家所追求的理想人格"文质彬彬，然后君子"，也不是"强者"的形象。"象"的方式，"生"的追求，"弱"的态势，所有这些，都可以说是"和"的根源所在。

与西方文化相比，中国传统文化"和"的特点更为明显。在处理人与自然的关系上，西方文化强调的是征服自然、改造自然、人为自然立法，而中国传统文化则是以效法自然为前提；在处理人与人的关系上，西方文化遵循"物竞天择，适者生存"的竞争法则，中国传统文化则以和谐、和睦为基调；在处理国家与国家的关系上，西方近代史推行的是向外拓展、向外扩张的殖民主义，中国传统文化强调的是修文德以服人、强调处下以接纳人；在自我的价值取向上，西方文化崇尚英雄史观、追求外在的强势，中国传统文化强调克己功夫、自胜者强，追求人性的内在超越；在认知规律的把握上，西方文化注重对立面的矛盾与斗争，中国传统文化强调对立面的相交相生。由此可见，中华文化的特征所在。

（三）辨析之"和"

在"和"的对立面问题上存在多种观点。一般认为，"和"的对立面是矛盾、是斗争、是异。确实，相对于矛盾的另一面"同一性"而言，"和"与"矛盾性"的对立更为显见。但是，在中国传统文化中，首先强调的却是与"同"的差异，如"和实生物，同则不继""君子和而不同，小人同而不和""和而不流"等，所以，"和"一定不是"同"。"和"既不是"同"也不是"异"，那么，它究竟是什么呢？"和"在"同""异"之间，是"同"与"异"对立双方既不同一，又不排斥的一种状态；是对立双方相交、相融，相互作用的活泼的中间状态；是既反对过也反对不及，既反对此也反对彼，既反对动荡不安，也反对死气沉沉的"两条路线的斗争"；是"执其两端用其中于民气"这个状态可以指向具体的事物现象，如一个人、一个群体、一个国家、一个社会，也可以是万事万物所蕴含的规律，如道、太和、阴阳、三才、五行等。它的最大特点是，因和而生，不是死水寸潭。通过对立双方调和、融合，相生相克，进而实现生生不息。

"和"是动态变化的，而非静止不变的；是相对的，而非绝对的；是开放的、兼容的，而非封闭的、唯我的。有和谐就有不和谐，暂时不和谐，长远看仍然是和谐。

例如，《周易》六十四卦所展现的事物波澜壮阔的过程，虽然其间有诸多不和谐的因素、环节，但其整体仍然是和谐的，仍然是生生不息的。并且这个过程不是封闭的，而是开放的，其终点不是"既济"，不是绝对的"和"，而是"未济，向着未来不断演进升华的。

"和"还表现为一种价值趋向。一个国家、一个民族、一个人都有自身的目标和追求，是以强者的姿态出现，去征服自然，改造自然，为自然立法，还是

第五章　中国传统文化与德育教育

尊重自然，融入自然，效法自然，追求人与自然的和谐发展呢？

中国传统文化肯定的是后者。"和"还是建立在哲学认知、社会实践、人生体验之上的审美追求，所谓"天地有大美而不言"。就个人而言，就像《周易》所说的那样："君子黄中通理，正位居体。美在其中，而畅于四支，发于事业，美之至也。"通过内在超越，进而实现外在的事业，这样的人格才是美的；就社会而言，每个社会中的人都能够做到"甘其食，美其服，安其居，乐其俗"，都不断完善自我，不追求奢华的物质生活，这样的社会环境能说不美吗？

综上所述，完整理解中国传统文化中"和"的内涵，仅从认识角度泛泛而谈，是不够的，需要我们用切身体验去丰富它。"和"的实现也不是一蹴而就的，而是"苟日新，日日新，又日新"，需要我们不懈地努力去实现它，而非抱定既成事实，现有状态停滞不前。"和"的存在是以"对立"为前提的，没有矛盾就没有和谐，"和"的实现也必须有足够的斗争实力为保证。回避矛盾，回避斗争，单纯"为和而和"或者"以和求和"的方式，注定要失败。当今我国正处于变革时期，经济发展所带来的两极分化、社会问题多发等矛盾，日益显现出来，"和"的重要性越来越为人们所认同。但是，美好的愿望不会自行实现，是需要我们刻意去追求的，为了实现这一目标，必须与自然环境、社会环境、自身内在的环境，凡是认为一切不合理的东西去"斗争"，不如此，不足以实现这一梦想。让我们共同努力，去创建"八音克谐"、生生不息、共同发展的美好家园。

第六章 中国传统文化与德育教育相融合的价值意义

第一节 中国传统文化与德育教育相融合的必要性

人类的任何活动都离不开其所处的文化环境，德育教育作为一种以"育人"为目标之一的教育实践活动，同样离不开其所处的整体文化环境。正因如此，文化性不言而喻，亦成为德育教育的重要特征之一。从本质上说，德育教育的真谛就在于，为一个民族和国家构筑一个思想的支点和灵魂的休养生息之所。

一、德育教育自身发展的内在要求

近代以来，中国人民经过长期的努力探索，也的确找到了正确的指导方向作为自己的指导思想，我国德育教育事业必须坚持正确的指导方向。然而，作为一种产生于中国本土之外的理论学说，虽然正确的指导方向已经超越了民族与地域的限制而成为"放之四海而皆准"的真理，但是，它不可能直接为中国的革命和建设事业提供具体的路线、方针和政策。我们知道，经过数千年的发展，中华民族有着辉煌的文化创造和深厚的历史积淀，并且形成历经数千年的绵延发展而从未中断过的中国传统文化，其影响力体现在广大中国民众日常的行为方式、思维模式、道德规范及价值取向之中。因此，我国德育教育应该而且必须尊重中华民族历经数千年延传下来的文化传统、行为方式、思维习惯，以及价值取向等，批判地继承、吸收并融合具有鲜明民族特色的中国传统文化。只有这样，正确的指导方向才能真正中国化，我国的德育教育事业也才能在正确的指导方向基本原理和基本方法的指导下，得到进一步的创新发展。

在我国，德育教育作为一种教育实践活动，其根本目的是提高人的思想道德素质，促进人的全面自由以及自主发展。人的全面自由发展，自然而然地包含了文化素质的要求，因此，德育教育离不开对文化的关注。

二、"文化自觉"与"文化自信"的要求

所谓"文化自觉",是指"生活在一定文化中的人对其文化有自知之明,明白它的来历、形成过程、所具有的特色和它发展的趋向,不带任何文化回归的意思,不是要复旧,同时,也不主张全盘西化或全盘他化"。换言之,即是文化的自我觉醒、自我反省、自我创建。所谓"文化自信",则是指一个国家、一个民族、一个政党对其自身文化传统和内在价值的充分肯定,对其自身文化生命力的坚定信念。

世界上任何民族的传统文化有其积极的方面,同样也有其消极的方面。"一个民族的文化能否实现自觉和自信,很大程度上取决于对传统文化扬弃的客观与科学态度。"可以说,对传统文化的理性批判、合理继承、勇于创新,正是"文化自觉"的本质要求。也就是说,一个民族能否对其自身的传统文化进行客观的评价和认识,关系着一个民族"文化自觉"的实现与否。中国传统文化是勤劳善良的中国人民在长达五千年的中国社会发展中创造出来且从未间断过的,这在世界文化上是独一无二的。它不仅标志着中华民族对人类文明和历史的卓越贡献,也是中华民族区别于世界上任何其他民族的鲜明文化身份和基本族群特征。只有认识、理解、接受并内化中国传统文化,我们才能理解自己民族身后的历史底蕴,也才能知晓我们是从哪里来,并对我们现在的生活和未来的美好图景进行规划。

反之,如果失去对中国传统文化的认同与理解,我们必定失去对自己民族文化身份的认同和归属感,进而导致我们思想文化上的无家可归。因此,对数千年来世代延传下来的中国传统文化能否进行客观的评价、认识和科学合理的扬弃,关系着中华民族"文化自觉"的真正实现与否。那种轻率地对中国传统文化全盘否定或异化的态度与做法,无异于对我们自身文化血脉的莽撞割裂,很容易造成中华民族的文化断层或文化"无根"现象的产生。当前,我国德育教育的重要任务之一,就应该是在正确的指导方向指导下,按照"取其精华,去其糟粕"的原则,充分肯定中国文化传统的内在价值,坚定中国传统文化的自信心,努力挖掘中国传统文化的当代价值,不断包容借鉴其他外来文化中的优秀精华,并将其吸收内化,使中国传统文化和现代德育教育优化整合,从而实现中国传统文化的现代转化和创新发展,进而真正实现"文化自觉"与"文化自信"。

三、形成和发挥文化软实力的基本保证

文化软实力是指一个民族、国家或地区的文化影响力、凝聚力和感召力，是国家软实力的核心因素。这是因为，文化作为一个国家的灵魂或血脉，凝聚着这个民族对世界和生命的历史认知和现实感受，积淀着其最深层的精神追求和行为准则，并承载着整个民族自我认同的核心价值取向。就一个民族或国家自身的发展来说，文化软实力主要表现为一种精神上的整合力，它有利于国家凝聚力的形成和民族性格的养成，有利于促进民族团结、国家统一、政权巩固和文化自信。一个国家如果对本民族或本国的传统文化缺乏自信，忽视自身文化软实力的开发和建设，那么，就等于放弃了本民族或本国的文化主权，其结果自然会导致本民族或本国人民价值取向的混乱、精神家园的丧失，甚至民族的离散和国家的分裂。因此，作为一个由56个民族组成的统一的多民族国家，加强对五千年来绵延发展而从未中断过的中国传统文化软实力的开发和建设，充分发挥其对全国各族人民的思想教育和价值引导作用，就显得尤为重要。

我们知道，中国传统文化和世界上其他民族的传统文化一样，是"植根于民族的土壤中，从总体上反映和代表着一个民族或社会的思维方式、价值观念、伦理道德，体现在人们的生活方式、风俗习惯、心理特征上，内化、积淀、渗透于每一代社会成员的心灵深处，往往凝聚为民族特有的国民性格和社会心理"。作为一种注重道德教化的伦理型文化，中国传统文化自身就具有显而易见的能动的德育教育功能，而我国德育教育本身所具有的文化属性和民族属性，也使其无法离开五千年来中国传统文化留下来的优秀精华。因此，中国传统文化相融合的价值意义软实力要最终实现其对外的亲和力、渗透力，以及对内的凝聚力和塑造力，则必须通过思想教育和引导的方式来进行和完成，中国传统文化和德育教育的有机融合正是中国传统文化软实力得以形成和充分发挥的基本保证。

四、探索德育教育新路径的必然选择

德育教育具有文化属性，需要以文化为依托。中国传统文化与德育教育相融合，是应对目前德育教育存在的困境，探索德育教育新路径，提高德育教育实效性的必然选择。当前，在全球化时代背景下，多元文化并存态势越来越明

第六章　中国传统文化与德育教育相融合的价值意义

显，大学生的价值观念、思维方式和行为方式都较以前发生了剧烈变化，这对高校德育教育提出了严峻挑战。

一方面，目前，我国大部分高校的德育教育主要还是通过课堂教学来进行，而且在德育教育课堂教学过程中，教学内容单薄枯燥，授课模式单一简单，往往采用社会学、心理学等学科方面的知识与技术，表面化和浅显化地临时解决问题，而对中国传统文化的挖掘和运用不够重视，即使运用中国传统文化为依托，也大多停留在"机械融合"或"单纯说教"式的灌输层面，没有深入考察中国传统文化的实质内涵、时代背景、阶级立场等因素，这些都致使中国传统文化在德育教育中的运用和渗透，非但没有达到预期效果，甚至在某种程度上，淡化了学生民族自信心与自豪感，削弱了中国传统文化在德育教育中的重要应用价值，德育教育的有效性也大打折扣。

另一方面，当前在全球化时代的背景下，多元文化交流频繁，并存态势日趋明显，各种价值观论调不可避免地对大学生的生活态度、思想观念产生严重影响。很多学生既没有真正了解外来文化、思想、观之精髓，又没有深刻领会中国传统文化、思想观念之精髓，因此，在多元文化的碰撞中，他们的价值观极容易走向偏激或急功近利；在学习上，他们只重视能够谋生的课程的学习，而忽视精神层面的储备，对德育教育课程亦不屑一顾；在生活上，他们更愿意追求金钱与物质的利益；在精神上，他们则只考虑自己，不考虑集体和他人，缺乏对共产主义的理想与信仰，缺乏对人生目标的冷静思考，缺乏对良好的道德品质和人格修养的追求等。我国以往惯常以说教和灌输为主的德育教育模式，无法及时对这些问题提出行之有效的解决方法，而中国传统文化中的优秀精华，也因大学生对其了解与掌握甚少，而无法发挥其在德育教育中应有的积极价值作用。

因此，要真正发挥中国传统文化在高校德育教育过程中的价值作用，摆脱高校德育教育所面临的困境，我们必须具有高度的文化自觉意识，探索建立中国传统文化与德育教育有机融合的最佳机制。

第二节　中国传统文化与德育教育相融合的可能性

中国传统文化与德育教育在教育目标方面设置都直接指向人，指向人的思想道德素质的提高。同时，它们在目标的最终指向属性上都回归政治属性上。

这体现了二者目标的一致性。除了在目标设置与指向属性有着一致性之外，中国传统文化与德育教育在内容方面也存在着许多相通相合之处。而二者在教育模式方面的不同，则使二者有了很强的互补性。这些都为中国传统文化与德育教育之间相融合创造了重要的可能性条件。

一、价值观的契合之处

社会主义核心价值观是社会主义核心价值体系的内核，其基本内容包括：倡导富强、民主、文明、和谐；倡导自由、平等、公正、法治；倡导爱国、敬业、诚信、友善，积极培育社会主义核心价值观。

其中，富强、民主、文明、和谐，是我国在社会主义初级阶段的奋斗目标，体现了社会主义核心价值观在发展目标上的规定，是立足国家层面提出的要求。自由、平等、公正、法治，体现了社会主义核心价值观在价值导向上的规定，是立足社会层面提出的要求，反映了社会主义社会的基本属性，始终是我们党和国家奉行的核心价值理念。爱国、敬业、诚信、友善，体现了社会主义核心价值观在道德准则上的规定，是立足公民个人层面提出的要求，体现了社会主义价值追求和公民道德行为的本质属性。

社会主义核心价值观三个层面的要求也为我国的德育教育指明了方向，它要求德育教育必须在理念上进行全面的更新，树立"以人为本"的教育理念，体现在德育教育实践中，就是要以个人的发展需求为本，教育内容要以社会主义核心价值观为主导，教育方法要尊重个体差异，教育途径要吸纳隐性教育的优势等。

而中国传统文化作为中华民族历经五千余年的演化而汇集成的一种反映民族特质和风貌的民族文化，是中华文明的结晶，它源远流长，博大精深，形成了崇德善仁、贵和持中、进取包容、谦敬礼让、忠公重义、求真务实等内涵十分丰富的价值观念，这正是我国现阶段社会主义核心价值观的重要理论来源和发展动力之一。

可以说，中国传统文化所倡导的价值观念与我国当前的德育教育所倡导的社会主义核心价值观有着许多相契合之处，这也是二者之所以能够相融合的重要条件之一。当然，这并不是说，中国传统文化倡导的所有价值观念都是正确且适合我国现阶段的德育教育状况，因此，我们应该秉承批判与继承的态度来区别对待、使用它们。

二、目标的一致之处

我国德育教育的根本目的是,"提高人们的思想道德素质,促进人的自由全面发展,激励人们为建设中国特色社会主义、最终实现共产主义而奋斗这一根本目的包含两方面的内容,一是提高人们的思想道德素质,使人们具备良好的思想道德素质,如崇高的理想、优良的品德、强烈的事业心、责任感、坚强的毅力、严格的纪律等,这是我国德育教育的内在目的"。

二是促进人的自由全面发展,这是我国德育教育的终极目的。这两方面的内容构成了我国德育教育的根本目的,是德育教育的灵魂和旗帜,直接规定了德育教育的共产主义方向。

而中国传统文化作为崇德尚贤的伦理型文化,以德育人、注重伦理道德,则是其显著特征。"传统思想文化的重心,是伦理道德学说。传统思想文化的突出特点和优点之一,就是它的道德精神,故我国素以'礼仪之邦'著称于世。"

首先,中国传统文化之儒家经典《大学》开篇便提出了思想教育的根本目标,曰:"大学之道,在明明德,在亲民,在止于至善。"这即就在阐明,思想教育的目标就是发扬光明美好的道德,使人人都能主动去除污染而自新,最终达到并保持完美之善的境界。

其次,中国传统文化特别注重对圣贤人格的追求,按照儒家经典《论语》的划分原则,中国传统的人格理想可以划分为三个层次。第一个层次为圣人,这也是中国传统文化中理想人格的最高目标和境界。孔子认为,真正的圣人必然是实现道德圆满的统治者,是圣与王的统一,亦即内圣而外王。第二个层次为君子,即对美好道德的自觉追求者和体现者,这是中国传统文化中理想人格的核心要素。第三个层次为士或成人,即能遵守礼仪规范者和注重人格尊严者,这是中国传统文化中理想人格的基本标准。中国传统文化中这种对理想人格的追求,也体现了中国传统文化对人们道德品质的理想追求和总体要求。

由此可见,我国德育教育与中国传统文化在目标设置上都指向人,指向人的思想道德素质,都将对人的思想道德素质的培养和提高相融合的价值意义放在首要核心位置上。注重对人的美好的道德品质的培养和提升,则体现了二者在育人目标上的一致性。

此外,我国德育教育以共产主义为方向,不论是提高人们的思想道德素质,还是促进人的自由全面发展,都是为了更好地激发人们建设中国特色的社会主义，为最终实现共产主义而努力。这也表明，政治属性是我国德育教育的根本属性。而中国传统文化也特别注重培养个人与家族、国家、社会的良好组织关系，强调"修身齐家治国平天下"。可以看出，中国传统文化培养"格物致知诚意正心"之人的最终目的毅然回归"治国平天下"的政治属性上来。因此可以说，我国德育教育与中国传统文化的教育目标最终都指向了政治属性，这也体现了二者在最终目标指向属性上的一致性。

三、内容的相通之处

从中国传统文化和德育教育各自所包含的内容来看，也存在着许多相通相合之处，二者之所以能相融合，与两者之间存在着的这种相通相合之处有着密切关系。

首先，中国传统文化中的"大同思想"与德育教育中的理想教育之间存在着相通相合的关系。德育教育中的理想教育，是以共产主义理想为核心的理想教育。在正确指导方向所描绘的共产主义社会里，没有私有制，没有阶级，没有国家；财产社会公有，人人地位平等；大家各尽所能，各取所需；人性得以充分发展。

而在中国传统文化中，早在中国第一部诗歌总集《诗经》中，人们就有追求公平、幸福的"乐土""乐国""乐郊"的期待；在《春秋公羊传》里，也有"衰乱世，升平世，太平世"的三世说，而两千年前的孔子，则在《礼运·礼记》中，为我们描绘出了一个更为具体而美好的大同世界。在这个世界中，人人平等，亲密无间，人尽其才，物尽其用，个人与社会浑然一体。由此可见，中国传统文化中的"大同理想"，与德育教育内容中理想教育的共产主义理想之间存在着一定程度的相似之处。这种相似性的存在使中国先进的知识分子更容易理解和接受正确指导方向的伟大理想，从而促进了其在中国的传播。

其次，中国传统文化中，朴素的唯物辩证法思想与德育教育中最根本性的教育内容亦即科学的世界观教育之间亦有相通相合之处。德育教育中的世界观教育包括辩证唯物主义两个方面的内容。

辩证唯物主义以世界的物质同一性为基础，以辩证法为方法论，以对立统一、质量互变与否定之否定三大规律为主干，坚持人类社会由简单到复杂、由低级到高级的螺旋式上升和波浪式前进的历史辩证法。

历史唯物主义则揭示了人类社会发展变化的终极原因是经济因素，并由此强调了社会存在对社会意识的决定作用，物质生产对社会发展的基础作用，以

第六章　中国传统文化与德育教育相融合的价值意义

及人的实践对社会发展的推动作用。

而中国传统文化中则一贯重视"经世致用",着眼于从物质生产条件,以及民心向背的角度,来思考历史的兴衰更替,着眼于从人民的物质生活出发,来研究社会的道德与文明。春秋时期的管仲提出"仓廪实而知礼节,衣食足而知荣辱"的观点,认为社会物质条件是人民群众精神生活的基础前提。孔子提出的"庶之、富之、教之"的思想,则解释了人口的繁衍、社会财富的增加、人民生活的富足和道德教化取得成效之间的依次决定关系。由此可以看出,中国传统文化中的这些观点,其实与历史唯物主义的观点有着相通相合之处。

除此之外,中国传统文化中还蕴藏着朴素的辩证法思想。道家学派的创始人老子提出了"万物负阴而抱阳,冲气以为和"的观点,意即任何事物都有对立的两个方面,即"阴""阳"二气。这两个方面在相互作用中实现统一之"和"。《周易》中"一阴一阳谓之道""刚柔相推而生变化"等观点,意在强调阴、阳和刚、柔对立面的相互作用,对于事物发展变化的推动作用。宋明理学时期的张载亦认为,"一物两体,气也。一故神,两故化,此天地之所以参也",意在强调矛盾双相融合的价值意义方对立统一的关系。基于以上分析,我们可以看出,中国传统文化中所蕴含着的朴素的唯物辩证法思想,与辩证唯物主义和历史唯物主义之间,在价值定位和思想倾向上,亦存在着相通相合之处。

可以说,正是由于中国传统文化与思想道德教育内容之间的这种相通性,才使二者有了相融合的可能性,进而使德育教育得以在中国传统文化这一丰厚的历史土壤中不断地获得新的发展。

四、教育模式的互补性

德育教育的方法多种多样,有理论灌输法、实践锻炼法、自我教育法、榜样示范法、比较鉴别法、咨询辅导法等。其中,理论灌输法是德育教育最主要、最基本的方法。作为一门意识形态色彩极为强烈的科学,德育教育自然需要通过理论灌输法对受教育者进行理论教育。不过,在我国以往的德育教育实践中,长期以来对其德育功能尤其是意识形态功能的过分强调,而对其文化功能缺乏应有的关注,这就使得德育教育一直偏重于简单空洞的理论说教和意识形态的直接灌输。不仅如此,在德育教育过程中,德育教育工作者往往也不考虑受教育者的具体情况,不分层次,不问对象,经常采用"我讲你听""我说你做""我令你止"等居高临下、简单粗暴的教育方式,受教育者则只是消极被动地接受而非积极主动地去内化吸收这些科学理论,这就致使德育教育工作显得呆板枯燥、索然无味，德育教育的实效性也大打折扣，德育教育亦难以适应新形势的发展要求。

德育教育对意识形态的过分强调，使其自身的文化属性和人文精神受到遮蔽。中国传统文化的教育方式则正好弥补了现代德育教育模式的不足。

首先，中国传统文化注重渗透而非灌输，强调"以文化人"，受中国传统文化影响而形成个性品质、思想观念、行为模式等。一旦形成就会内化、积淀、渗透于社会成员的灵魂深处，很难改变。

其次，中国传统文化注重引导人内心深处的自觉意识，引导人们通过"自省""内省""慎独"等内在自省的方式，反思自己的思想和行为中的不足与过错，进而使人们在认识上达到真正的"知"，不断提升自身的道德修养，使自己不断接近圣人的道德境界。不过，以自觉内省方式来提高自身道德修养，最终是为了付诸道德实践。

最后，中国传统文化注重"知行合一"的道德践履而非空洞说教。可以说，"知行合一"正是我国传统文化经过长期的实践探索和理论总结所形成的极具特色的思想道德教育的方法论系统。

《周易》曰："履，德之基也。"先秦墨家学派代表人物墨子就对道德实践十分重视，他认为，评价一个人是否真正为"仁"，"非以其名也，亦以其取"即一个人是否真正为"仁"，不是看他是否知道"仁"的含义，而是看他在行为上是否有真正"仁"的举动。明代思想家王阳明则更是明确提出了"知行合一"思想。可见，中国传统文化不仅注重道德教育中的自觉自省，更加注重在自觉自省基础上的道德践履，注重"知"与"行"的辩证统一。

上述中国传统文化所倡导的种种教育模式弥补了我国现代德育教育因过分重视和强调意识形态性而造成的德育教育单一、空洞，以及枯燥的理论说教和灌输模式。当然，作为一门意识形态色彩极为强烈的科学，德育教育离不开理论灌输这种教育模式，只是当我们忽视了文化对德育教育的内在渗透力，忽视了受教育者对德育教育内在自觉自省意识，忽视了德育教育者与受教育者，在德育教育过程中的道德实践，而过分强调这种理论灌输的教育模式时，灌输的力度再大，德育教育也难以取得理想效果，甚至会起反作用。

因此，我国现当代的德育教育应该借鉴和吸收中国传统文化所提倡和践行的这些潜移默化的渗透、自觉的内在自省，以及"知行合一"等教育模式，来改变我国现当代德育教育单一枯燥的教育模式，弥补我国当前德育教育模式的不足，引导全体社会成员积极主动、自觉地反思自身，不断提升自身的思想道

第六章　中国传统文化与德育教育相融合的价值意义

德素质，培养自己良好的道德品质，提升我国当前德育教育的实效性。

第三节　中国传统文化与德育教育相融合的价值

德育教育是一项以"育人"为目的的教育实践活动。而对于"育人"而言，不可能离开其所处的整体文化环境。我国的德育教育亦离不开经过漫长历史发展和积淀而形成的底蕴深厚的传统文化。与西方的"智性文化"不同，中国传统文化正是一种研究如何培养人、教育人的文化，更加注重道德教化，形成了一种崇德尚贤的伦理型"德行文化"，并在漫长的中国古代历史进程中，"构建了成熟的道德价值体系，形成了丰富而系统的个人伦理、家庭伦理、国家伦理乃至宇宙伦理，并相应地确立了一整套完备的道德教育理论"。崇尚德行，注重德教，注重培养人仁爱、孝悌、谦和有礼、诚信笃实、忠贞爱国等道德品质，和"天下兴亡，匹夫有责"的社会责任感。中国传统文化所具有的这种浓厚的道德特征与道德色彩，对于调和人与人、人与社会，以及人与自然之间的矛盾和冲突，维护社会的稳定，推动历史发展具有重要价值。它对于德行与德教的重视与强调，不仅在我国古代的道德教育中产生了良好的影响，培养了一代又一代崇德尚贤、公而忘私的仁人志士，还为我国当代德育教育事业的发展构建了良好的"以文化人"的文化语境。二者相互渗透、融合，必将促进我国德育教育事业的不断创新发展。

一、有助于提高人们的思想道德素质和文化素养

我们知道，崇尚道德是中国传统文化的核心价值取向，崇德、重德、德教是中国传统文化几千年来的优秀传统。中国古代教育教学科目繁多，早在先秦时代就包括礼、乐、射、御、书、数六艺。然而，这种纯知识或技能的教育，并不是中国古代教育的终极目的。它通过对受教育者各个方面的教育与培养，意在培养德才兼备，不断接近达到"圣人""君子""觉行圆满"等理想品格之人。这种传统在中国整个古代社会一直延续下来而并没有中断。可见，中国传统文化对道德的崇尚与对个人德行培养的重视。

然而，近代以来，随着西方列强的入侵，人们对自身的传统文化产生了怀疑，并拉开了反传统思潮的序幕。在我国近现代三次反传统文化思潮的影响下，中国传统文化遭到了严重破坏，致使许多人对我们自身的民族传统文化态度淡

漠、认识不足，最终导致民族文化的失落与人们精神家园的相对荒芜。

另外，自新中国成立以来，我国德育教育在其40多年的发展历程中，虽然取得了不少成绩，但其偏重理论灌输的教育模式单一枯燥，致使人们对科学理论的认识与接受大打折扣，自然导致人们树立科学的人生观与价值观也显得极为困难。

再则，市场经济时代的经济形态，一方面强化了人们的平等观念和经济意识，提高了人们的自主意识和竞争观念；另一方面导致了以金钱多寡作为价值判断标准的拜金主义的滋生，引发了极端的个人主义和无政府主义，加之在当今经济飞速发展与信息爆炸式传播的全球化时代，多元文化交流亦日趋频繁，在各种各样的价值观的影响下，人们尤其是青少年学生不免会受到诸如狭隘的功利主义、享乐主义、拜金主义、个人主义等各种不良价值观潜移默化的影响。正是上述这种种因素的综合影响，造成了人们人生观与价值取向的盲目与混乱。

因此，将中国传统文化中优秀的德育思想不断融入德育教育，不仅有助于中国传统文化自身的发展，也有助于改变我国当前德育教育工作中过分偏重理论灌输的教育模式、受教育者消极被动等教育困境，有助于消除功利主义、享乐主义、拜金主义、个人主义等各种不良的价值观对人们的消极影响，有助于人们树立正确的人生观与价值观，提高人们的思想道德素质和人文文化素养。

二、有助于增强民族凝聚力和培养爱国主义精神

文化具有民族性，是维系民族团结和共同价值观念及生活方式的纽带。中国传统文化是中华民族在世世代代的生活环境中所创造出来的精神文化，是包括海外华人在内的所有中华儿女的精神支柱。由于共同的文化心理，每个中华儿女，不论何时何地，都对中国传统文化有着自然而然的亲切感和认同感。同时，这种文化认同感在一定的历史条件下，还可以调和国家或民族内部不同阶级、阶层和群体之间的对抗性矛盾。

此外，当国家或民族由于种种原因尤其是因为统治者腐败骄横而处于落后状态时，人们往往会对国家或民族团体产生失望心理和不满情绪，造成国家和民族的凝聚力下降。但是，由于共同的文化心理，绝大多数人，特别是有识之士，能很自然地将腐败者同民族、国家分离开来，从爱国的目的出发反腐败、除奸恶，而不会因社会的一时黑暗而抛弃自己的民族和祖国。上述这些，都是文化认同的民族凝聚力所在。

爱国主义一向是中华民族的优良传统，是中华民族生生不息、屹立于世界

第六章　中国传统文化与德育教育相融合的价值意义

民族之林的强大精神动力。继承和弘扬爱国主义优良传统，是对我们每一个公民的基本要求。

然而，自20世纪70年代末我国实行改革开放以来，西方的文明成果不断涌入中国。与此同时，反传统思潮致使我们对中国传统文化的继承和发展，基本处于停滞甚至倒退状态，民族文化的缺失致使我们对中国传统文化的精髓知之甚少，造成了我们对本民族文化失去自信，进而造成民族凝聚力的丧失。在部分人群尤其是青少年群体中，以往被视为神圣的"民族""国家""理想"渐渐失去了昔日的光彩，失去了往日激动人心的力量。相应而生的则是个人主义、拜金主义、自由主义等各种不良价值观的泛滥。在这种状况下，本该胸怀天下、铭记历史、为中华之复兴而努力的有志青年，却往往没有理想与信仰。急功近利、崇洋媚外等不良行为，在人们身上屡见不鲜。

因此，在我国当前的德育教育中，加强中国传统文化教育，显得尤为重要。充分发掘其中的德育教育资源，有助于我们弘扬传统文化中所具有的民族精神，有助于我们增强民族文化认同感，进而有助于我们树立民族自尊心和自信心，增强民族凝聚力，有助于我们继承和弘扬爱国主义优良传统，培养爱国主义精神。

三、有助于挖掘更加丰富的德育教育资源

崇尚道德，重视道德教化，以及其注重渗透、自觉自省与践履的道德教化方式，是中国传统文化一以贯之的重要特征。中国传统文化的这些特征，不仅使其具有了浓郁的"以文化人"的人文精神，而且使其在数千年的历史积淀中，在诸多方面为我国当前的德育教育提供了丰富的教育资源。

首先，中国传统文化以对圣贤人格的追求作为道德教育的目标，着重培养人的道德品格和社会责任意识，引导人们向圣人、君子等理想人格看齐，从而不断地提升自己的道德水平和人生境界，进而不断接近甚至达到"止于至善"的道德理想。

其次，中国传统文化注重整体观念的培养，追求天人合一的自然观念，倡导自强宽厚、群体至上的民族精神和国家观念，秉持和而不同的社会及人际关系，践行开放融通的创新精神，强调诚信求真的道德品质，追求内圣外王的理想人格与人生取向等。

再次，中国传统文化注重言传身教。强调教育应该遵循身正为范、因材施

教、循序渐进等基本原则。

最后，中国传统文化注重"知行合一"的道德教育方式。强调学思结合、向内自省、身体力行、追求"慎独"等基本的道德教育方法。

可以说，中国传统文化中内在蕴含着丰富的德育教育资源，然而，由于20世纪三次反传统思潮的影响，中国传统文化遭到十分惨重的破坏，进而致使其各方面的功能亦受到严重蒙蔽，加之我国德育教育自身对传统文化的忽视，其内在蕴含着的丰富的思想道德教育资源，亦很少被德育教育拿来使用。

因此，重新审视中国传统文化的价值所在，努力挖掘其中与德育教育相通相合的教育资源，正是中国传统文化与德育教育相融合的必经之路，反过来，中国传统文化与德育教育的不断融合，也有助于我们以更积极的主动意识去发掘中国传统文化中丰富的德育教育资源。

四、有助于拓宽德育教育的研究视野

德育教育学科自20世纪80年代初在我国建立起，就一直笼罩着浓重的政治色彩，成为我国特有的一门应用学科。不可否认，德育教育为我国的社会主义事业发挥了巨大的政治功效。然而，分析其概念的内涵，我们知道，德育教育并非我国所特有，它是阶级社会普遍存在的一种教育实践活动，只不过在其他国家，它是以公民教育、国民精神教育、道德教育、文化教育等名称存在。不过在我国，长期以来，由于德育教育被赋予过于浓厚的政治色彩，其被限定在一个固定的框架内，人们只能用一种严肃的单一枯燥的话语系统来对其解读，而不能自由地多视角地对其进行审视与研究，这就致使德育教育的研究视野亦相当狭窄，德育教育学界也一度陷入沉寂僵化的状态。后来，伴随着中国社会的开放转型与快速发展，德育教育亦需要不断拓宽研究视野，以顺应时代发展的要求。

因此，将蕴含着丰富德育教育资源的中国传统文化融入德育教育，不断挖掘其中可利用的德育教育资源，有助于拓宽德育教育的研究视野，有助于人们从不同视角来对德育教育进行审视和研究，进而有助于改变其单一枯燥的话语系统和理论灌输说教模式，使其更好地适应时代和社会发展的要求。

五、有助于拓展德育教育学科的创新途径

一门学科想要有所创新发展，就必须借鉴其他学科的理论成果，与不同学

科之间交叉渗透，以获得新的理论生长点。可以说，"不同学科交叉学科的交叉融合，是学科发展成熟到一定程度后的必然要求和表现，只有以不同学科的视角来审视本学科的发展，本学科才能不断获得新的生长点，这是学科发展的客观规律。而且，学科的交叉融合、不同思想理论之间的相互借鉴与相互渗透，也是促进学科发展、推进理论创新的必由之路"。

作为一门明确指向"人"的学科，德育教育本身就是哲学、教育学、心理学、伦理学、政治学、逻辑学、美学等多门学科交叉渗透的产物。德育教育要有所创新发展，就必须继续加强与其他学科的交叉渗透研究。作为一门综合性、实践性都很强的应用型学科，德育教育的根本任务是解决人的思想问题。

在我国，德育教育学科经过40多年的建设发展，取得了巨大成就，为我国的社会主义建设事业做出了巨大贡献。然而，随着时代的发展，在当前经济全球化与信息爆炸化的背景之下，多元文化不断冲击着人们的头脑，人们的思想观念、认知水平，以及价值取向等，都发生了重大变化，不再受制于传统被动的德育教育理论灌输与说教模式，更加注重个体的自由发展。这些变化都使德育教育工作增加了新的难度，对德育教育工作者和德育教育学科自身的发展提出了新的要求和新的挑战。中国传统文化正是由于其自身对道德教育的推崇与重视，及其教育内容的丰富性、教育方法的渗透性等原因，而重新回到德育教育工作者的研究视野。因此，中国传统文化与德育教育互相交叉渗透融合，拓展了德育教育研究的新视角，亦成为德育教育创新的途径之一。

第七章　中国传统文化在大学生德育教育中的科学利用

全球化的剧烈冲击，对世界上任何一个国家和民族的传统文化都构成了危险与挑战。但是，中国传统文化目前仍然是我们的主流文化，是我们用来解决问题的主要途径，也是我们保持民族认同感、归宿感的最后一道防线。博大精深的中国传统文化几千年来一直深深地影响着我们中国人的行为方式、价值观念、生活习惯，等等。处于市场经济环境中的我们应该更加重视中国传统文化，科学地、合理地、充分地开发和利用这一宝贵资源，以应对我们所面临的危机与挑战。在全球化的发展浪潮中，我们只有保持中国传统文化的独立性，才能辨清我们今后的发展方向，才能惠及我们的子孙后代，才能真正掌握自己国家和民族命运的主动权，实现国家和民族的团结与复兴。

第一节　中国优秀传统文化对大学生德育的价值

大学生是国家未来建设的主力军和接班人，他们综合素质的高低，尤其是道德素质、政治素质的高低，在很大程度上决定了国家未来的发展命运，因此如何加强大学生德育教育成为一个热点问题，同时也是一个难点问题。历经几千年洗礼的中国传统文化是我们中华民族的瑰宝，它所主张的道德自律、修身养性、慎独等个人道德修养的养成方法和思想，对于充实大学生的精神世界、强化大学生的道德素养、开阔大学生的视野，都有极大的帮助。充分认识和掌握中国传统文化的内涵和价值，充分挖掘和科学利用中国传统文化的精华和价值，对改造大学生的精神世界作用不可估量，同样为我们进行大学生德育教育提供了许多行之有效的内容和方法，具有极大的现实价值和意义。

第七章　中国传统文化在大学生德育教育中的科学利用

一、中国传统文化的优秀思想内容

中发文件中指出,"培养什么人,如何培养人,是我国社会主义教育事业发展中必须解决好的根本问题。正确认识和切实解决好这个问题,事关党和国家的长治久安,事关中华民族的前途命运"。我们党和国家历来高度重视大学生德育教育,通过一系列得力的措施和政策,成功地为中国社会主义现代化建设事业培养了数以亿计的合格建设者和可靠接班人。

但也不得不承认,在大力提倡改革开放和市场经济的今天,还是对人的精神世界的培养有所忽视。当代大学生出现的信仰危机、诚信缺失、错误的价值观念、基本道德素质欠缺等问题固然有客观的原因,但最主要的还是大学生德育教育存在误区,其中一个很重要的方面就是,忽视了对大学生的中国传统文化教育。西欧一些社会学家面对当今资本主义社会所面临的社会、环境等各种棘手问题的时候,提出了"二十一世纪的发展思路应该到两千年前的中国去寻求答案"。

那么中国传统文化包含了哪些丰富的人生哲理、德育思想,以及德育教育方法呢?

(一) 爱国主义思想

中国传统文化中的爱国主义思想,对于激发人民的爱国情怀起着重要的载体和枢纽作用。列宁曾经说过:"爱国主义就是千百年来固定下来对自己祖国的一种最深厚的感情。"爱国主义思想集中体现在为祖国、为人民利益而赴汤蹈火也在所不辞的高尚情操,在日常生活中表现为对国家各方面事业关心的朴素感情。回首几千年的历史,在爱国主义旗帜的召唤下,我们出现了一批又一批前赴后继、为国捐躯的民族英雄,一代又一代的中国人民在爱国主义旗帜的指引下奋起抗争,使中华民族在几千年的历史中饱经忧患而不气馁,终于有了现在新中国的强大。

中国历史上不乏仁人志士和爱国主义者。西汉时期司马迁的"常思奋不顾身,以殉国家之急";北宋范仲淹的"先天下之忧而忧,后天下之乐而乐";南宋岳飞的"精忠报国",以及文天祥的"人生自古谁无死,留取丹心照汗青";明末时期顾炎武的"天下兴亡、匹夫有责"。

古代爱国主义者的这些箴言警句处处表达了他们心系祖国和人民的由衷之情。随着鸦片战争的爆发,中国逐渐沦为半殖民地半封建社会,这个时期,爱国主义情怀更加鲜明和突出。清代林则徐的"苟利国家生死以，岂因祸福避趋之"，中国人民的好总理周恩来同志那句"为中华之崛起而读书"，抗战时期四万万同胞唱起的"用我们的血肉筑起我们新的长城"，都是当时爱国主义思想的时代最强音。

在中国传统文化几千年的历史进程中，爱国主义始终是中华民族精神的核心，是中华民族团结进取的精神支撑，是促进中国发展进步的强大动力。爱国主义思想寄托着人们对民族命运、国家兴旺的殷切希望，期盼祖国统一、繁荣昌盛，人民幸福安康是爱国主义最直接和朴素的要求，也是无数爱国主义者为之奋斗的目标。

邓小平同志指出："必须发扬爱国主义精神，提高民族自尊心和自信心，否则，我们就不可能建设社会主义。"他还谆谆告诫我们："如果中国不尊重自己，中国就站不住，国格没有了，关系太大了，中国任何一个领导人在这个问题上犯了错误都会垮台的，中国人民不会原谅的！""要大力弘扬爱国主义，用以爱国主义为核心的民族精神和以改革创新为核心的时代精神鼓舞斗志。"

大学生德育教育中必须强化中国传统文化中的爱国主义教育，培养大学生爱祖国、爱人民的情感，进一步增强大学生的民族自尊心和自信心，只有这样才能使我们培养出来的大学生具有坚定的政治信念，才能在多元文化的复杂环境下保持民族本色，才能团结各民族奋勇前进。

（二）知行合一的思想

中国传统文化推崇"知行合一"的思想观点。"知"是指对道德认识的掌握，"行"是指将道德认识落实到实践中的行为。中国传统文化强调"知"与"行"必须统一起来，将能否做到知行统一作为衡量一个人道德高下的标准，并视作为终身追求的目标。在古人看来，一个人如果知行不一，那他根本谈不上有道德。

知行合一的理论思想与我们今天所倡导的"理论与实践相统一"的观点是一致的。古人行事一向将自己的道德认识与道德实践统一起来，尤其强调重视"行"在道德素质培养中的关键作用；同时，中国传统文化在德育教育方法上，也注重将理论教育与实践教育相结合。"诵《诗》三百，授之以政，不达；使于四方，不能专对；虽多，亦奚以为？"这告诉我们，读书再多，若不能用于实处，也是无益的。"君子耻其言而过其行"，孔子将知与行是否统一作为划分"君子"与"小人"的主要标准之一。《中庸》中提倡为人处事要将学、问、思、辨和行5个方面相互统一起来，也是将"行"作为其中最关键的环节。由此可见，中国传统文化历来将道德视作人的内在品质，并重视道德的实践精神。强调个人在道德修养过程中要重视道德的内化，使道德认识在个人的内心中扎根。同时，中国传统文化中非常注重道德的实践精神，强调个人在社会实践中解决"知"与"行"的脱节问题，使德育取得事半功倍的效果。

"知行合一"的思想理论告诉我们，在大学生德育教育中不要仅仅局限于理论知识的传授，而更应该注重学生行为习惯的养成，关心学生道德知识的内化，这样做，才能使德育教育实现高效性。因此，在当前大学生德育教育中正确借鉴中国传统文化中"知行合一"的理论思想，对于改正现在德育教育中的知行脱节问题，具有极大的参考价值和现实意义。

（三）"和合"思想中的和谐观

"和合"思想是中国传统文化中的精华，是我们在处理个人与国家、人与人、人与社会、人与自然各方面关系的重要指导思想，也是目前人类所要努力达到的理想境界。程思远教授认为："中国人民在古代就已经学会运用和合思想来研究人与人、人与社会和人与自然之间的关系，研究世界万物的发展变化规律。"

1. 修身养性的自我和谐观

任何事物都不能离开个体而单独存在，中国传统文化中的"和合"思想首先反映了个人的自我和谐观。在个人修身方面，孔子提倡凡事要适度，超过这个"度"，就是"过"，反之则"不及"。回到2000年前的中国，当时的传统思想就提出了个人应通过正心、修身来正己，强调个人要通过加强个人修养来达到身心内外的和谐。

2. 人际间的和谐观

传统思想倡导，人与人之间应该建立一种"以和为美"的和谐关系。正如孟子所说："天时不如地利，地利不如人和。"表达了"人和"高于一切的思想观念。传统思想所提出的仁、义、礼、智、信等社会道德规范，适用于目前我们正在建设中的公民道德体系。如果每一个社会成员能够将"人和"思想作为一种价值标准来规范自己的行为，处理人与人之间的各种关系，那我们实现和谐社会的意愿也就水到渠成了。

3. 人与自然的和谐观

"天人合一"思想代表了中国传统文化中追求人与自然和谐相处的思想。中国古代的"天人合一"思想主要来自传统思想。在人与自然的关系处理中，传统思想强调自然是不可战胜的，人们的行为应该与自然相统一，不能违背自然的本意。虽然这种说法否定了人类的主观能动性，具有一定的历史局限性；但是，随着全球自然灾害频繁发生，我们现在终于明白古人对我们的告诫。我们能够改造自然，但却不应该打着改造自然、征服自然的口号，做一些超出自然界承受能力的事情，如果这样，只能是破坏自然，致使我们人类自己陷入万劫不复之地。只有人类与自然和谐相处，才能真正实现人与自然的统一和平衡。中国传统文化中"天人合一"思想，对于解决我们目前面临的环境污染、生态失衡等问题，具有极大的参考价值。作为未来建设者的当代大学生，则更应该汲取目前我国发展中出现的教训，在今后的工作中，科学合理地处理人与自然的关系，为国家的可持续发展贡献自己的智慧和才能。

中国传统文化中的"和合"思想充满了丰富的和谐观念，对于促使大学生合理正确地处理各种矛盾，化解社会问题，构建社会主义和谐社会有着重要的借鉴意义。

（四）诚信精神

中国传统文化中将诚信作为人的本质特征之一，"圣人"和"君子"被中国传统文化认为是理想人格，而诚信则是"圣人"和"君子"的基本道德标准之一。孔子说："君子义以为质，礼以行之，孙以出之，信以诚之。君子哉。"由此可见，孔子对一个人的诚信品质是多么地看重，从他的话中我们可以看出，一个人如果没有诚信，将在社会上寸步难行，更不用说在社会上安身立命了。

在中国传统文化的诚信思想中，诚信被放到了"天之道"的高度，是任何人必须遵守的道德规范，是人们生活中不可动摇的法则。中国历朝历代都十分重视诚信教育，尤其是西汉时期，汉武帝听取董仲舒的"罢黜百家，独尊儒术"的意见后，传统思想成为中国社会的正统思想。此时，传统学说的诸多经典著作成为"官方"指定的必修课，学生对传统学说中的诚信思想耳濡目染，自然就养成了诚实有信的君子品质。虽然历朝历代的统治阶级是为了维护自己的统治而推崇传统学说，但是，传统学说中所提倡的诚信思想，仍然应该成为当今每个社会成员所应遵守的准则。但不幸的是，我们看到的是另一番景象，假冒伪劣、坑蒙拐骗、考试作弊种种不诚信的现象充斥在我们身边，中国古代提倡的诚信思想，却在当今市场经济的浪潮冲击下暗淡无光了。

第七章　中国传统文化在大学生德育教育中的科学利用

作为培养国家未来建设者和接班人的高等学校，应该责无旁贷地担负起历史的重任，利用一切教育资源和手段，重新塑造大学生的诚信意识，让大学生在良好的诚信氛围中养成诚信立人的意识和品格。

二、中国传统文化中的优秀教育方法

中国传统文化不仅蕴含了丰富的、优秀的德育教育内容，它所包含的优秀教育方法更是中华文明的瑰宝。科学地、合理地利用中国传统文化中的优秀教育方法，为我们进行大学生德育教育提供了宝贵的资源和支持，有利于增强大学生德育教育的针对性和实效性。中国传统文化中的优秀教育方法丰富多样。下面就以下几个方面做一阐述。

（一）言传身教

教育者必先受教育，这是对全体教育工作者的要求。教师在教育过程中必须注重自身素质和言行，也就是中国传统文化中强调的"为人师表"。中国传统文化中强调，教师在教育学生过程中必须以身作则，身体力行，为学生起到模范表率作用。

孔子说："其身正，不令而行；其身不正，虽令不从。"又如法国作家卢梭说："没有榜样，你永远不能成功地教给学生以任何东西。"从他们的言论中，我们可以看到，言传身教对于教育的重要性。

如果一名教师在学生面前言行不一，就会造成学生思想观念的混乱，致使学生向不好的方面发展。"正人先正己"的思想贯穿于整个中国传统文化中，无论古代还是当代德育教育中言传和身教都是一种有效的教育方法。一名受学生尊敬和爱戴的老师，肯定在教育工作中注重言传身教、率先垂范，各个方面都成为学生的榜样，潜移默化地影响学生的思想、行为，使广大学生为之折服。

中国传统文化思想中还闪耀着师生平等的光芒。孔子说："三人行，必有我师焉。择其善者而从之，其不善者而改之。"孔子在教育过程中不仅将自己的优缺点、经验教训毫无保留地传授给学生，更把学生放在和自己平等的地位上，与学生相互交流学习心得，实现师生的共同进步。这样的平等思想使学生感到孔子也是一名求学者，拉近了师生间的感情距离。孔子的高尚品格吸引着学生，使学生内心中信任他，并希望从他那里学习到好的东西。孔子言传身教的工作态度和师生平等的教育思想，使他能不断丰富自己的学识，灵活掌握教育方式方法，使教育产生最大效果。

（二）有教无类并因材施教

我们承认，人与人之间存在聪明与愚钝、富贵与贫穷、内向与外向等方方面面的差异，但是，我们更应该懂得这些差异完全可以通过正确得当的教育方式予以消除。中国传统文化中包含的"有教无类，因材施教"的教育思想和方法，在我国教育思想史上占据了重要的地位。两千年前的孔子在当时只有少数贵族子弟才有权利和机会接受教育的背景下，首先提出了人人都应该受到良好教育的思想主张，并通过开办私学的方式身体力行，这是世界教育思想史上的一次改革和创新。南宋时儒学集大成者朱熹发展了孔子"有教无类，因材施教"的思想，并做出了新的解释。朱熹认为，人的不同性格和处境（如善恶、穷富等）并不是天生的，而最主要的原因是，后期教育和社会环境风气的影响。因此，教师在教育学生的时候，不应该掺杂个人的主观感情因素在里面，不应将学生分成善恶、智愚、穷富等不同的群体而区别对待。

而当前的教育现状却恰巧相反，从幼儿园到大学各个阶段的教师忘记了我们提倡的德智体全面发展的教育思想，往往在工作中只突出"智"的地位而忽略了德育和体育。通常在教育过程中，无论是教师还是学生，都在面临以考分为重的思想指导下，自觉或不自觉地以学习成绩作为衡量一个学生是否优秀的唯一标准。整个社会的人们都形成了学习好的学生就是好学生、学习不好的学生就不是好学生的思维定式，无形之中给学生的心理上蒙上一层阴影，对于学生的全面发展也是非常有害的。教育家赞科夫说："请你不要忘记，孩子们受到不公平的待遇，特别是这种待遇来自一个亲近的人（如父母、朋友、老师等）的时候，他的痛苦心情会在他心灵里留下一个长久的痕迹。"因此，作为一个优秀的教师，应继承和坚持中国传统文化中"有教无类"的教育原则，面对各种类型的学生，首先应该善于发现每个学生的优点和潜力，而不是简单粗暴地、过早地给某个学生妄下定论，使每一个学生能够感受到老师没有对他们另眼相待，使他们"亲其师，信其道"，自觉、愉快地接受老师的教诲。

孔子在长期的教育实践中还提出了"因材施教"的教育原则。就是说，在承认人与人之间存在差异性的基础上，按照每个学生不同的特点，并结合学生实际情况给予有针对性的教育，以充分适应学生要求，发挥学生学习的主动性和积极性，改变学生存在的弱点。苏霍姆林斯基说"教育工作的实践使我们深信，每个学生的个性都是不同的，而要培养一代新人的任务，首先要开发每个学生的这种差异性、独立性和创造性。"

孔子在教育过程中，经常通过与学生谈话的方式，观察和了解每个学生的思想和行为特点。据《论语》中记载：仲由为人冲动，遇事时多冒失行事，孔子抓住他的特点教育他，遇事要多加考虑，多向父母长辈或其他人请教，不要冒冒失失，以免把事情做错；冉求为人胆小怕事，做事情缩手缩脚，孔子就教导他遇事要敢于前进，抓住时机，不要前怕狼后怕虎。可见，根据学生各自不同的个性特点，发挥学生的个性优势，因材施教，是非常重要的。

（三）寓教于乐

寓教于乐是指教师在教育过程中，将多种不同的文化形态融入教育内容中。比如，在教育过程中融入美术、音乐、体育活动，等等，创造一种愉快的学习氛围，使学生能够在轻松的环境中积极参与到学习中来。同时，积极地配合教师的教育工作，愉快地接受教育。寓教于乐的教育方法关键在培养学生兴趣，烘托一种快乐的氛围只是一种手段，让学生乐于接受才是目的。这种方法能够让枯燥无味的课堂变得生动有趣，消除学生审美疲劳，充分发挥了教师的主导作用和学生的主体地位，符合教育与自我教育相结合的教育原则，运用得当的话，将大大提高学生学习的兴趣。

"学而时习之，不亦乐乎"，告诉我们学习是一件快乐的事情。在教育过程中，孔子总能通过各种各样的教学方法，巧妙地将学生引入忘我的境界，使学生感到学习过程其乐无穷。比如，他在教学过程中不摆教师的架子，与学生平等地一起讨论问题，并能放下架子向学生请教和学习，这种民主、谦虚、友好的教学氛围使学生乐于学习；他还喜欢通过正面表扬激励的方式使学生乐学，即使在批评学生时候，也是和蔼可亲，充满了善意，从不说出伤害学生自尊心的言语。正因为如此，孔子的学生对待学习的主动性和积极性很高，并且乐此不疲。

英国人曾经自豪地说："牛津大学和剑桥大学，把学生当成生物来培养；别的大学，把学生当成了矿物。"著名经济学家茅于轼曾经说过："学校不仅要创造知识，还要创造快乐。要让学生懂得怎么寻找快乐，怎么帮别人寻找快乐。"这些言语中体现出的教育理念，不正是中国传统文化中寓教于乐教育思想的真实写照吗？正因为牛津大学和剑桥大学给予了学生比较宽松和愉快的学习环境，才使学生能够在轻松愉快但不失严谨的教学环境中更好地掌握知识、培养能力、提高觉悟，才能培养出一批又一批世界一流的科学家、艺术家、文学家。

中华优秀传统文化的教育传承

（四）内省与慎独的修身思想

马克思主义哲学中强调，事物是由内因所决定的。所以，在大学生德育教育工作中，我们应该更加重视学生自身的主观能动性。孔子说："吾日三省吾身，为人谋而不忠乎？与朋友交而不信乎？传不习乎？"可见，孔子在日常生活中是极为重视个人自我反省、自我检查的，中国传统文化中，将这种修身的方式称为内省。孔子在与人交往中，也倡导如果一个人有好品行，就应该向他看齐，虚心向他学习；如果身边的人品行不端，就要时刻注意对照检查自己的行为是否符合道德规范，要引以为戒，防止出现别人存在的类似的错误行为。孔子认为，一个人要做到自省并不需要复杂的条件，随时都可以进行，关键在于自觉。孔子在为人处事、言谈举止、衣食住行等方方面面都极度重视自省的修身方式。面对复杂的社会环境和人生百态，能够通过反复的内心洗礼，杜绝率性而为的行为，能够明辨是非、认清善恶，从而完成自我超越。这种通过自省的修身方式和过程，体现了以人为本的内涵，重视个人在德育教育中的主体作用，有利于升华个人思想道德境界，直至达到理想主义者的理想境界。

中国传统文化中关于修身的内省思想主张，影响了中国几千年的历史。后人在总结归纳传统内省思想的基础上，又推出了一个修身方式的更高境界——慎独。《中庸》中指出："君子戒慎乎其所不睹，恐惧乎其所不闻。莫见乎隐，莫显乎微，故君子慎其独也。"告诫人们，一个人如果是君子，那么他即使在别人看不见的时候，也会非常注意自己的言行；在别人听不到的时候，也会对个人的行为品质保持高度的谨慎。世界上不存在不能被察觉到的东西，即使最微小的东西，也有显现的时候。所以，君子在没有人监督的情况下，其言行举止也总是非常小心谨慎的，绝不做任何违反道德规范的事情。

大学生德育教育必须坚持以人为本的思想，所有的道德理论知识必须先通过学生个人的内化转变成个人的道德信念，再形成个人自觉的道德行为，形成符合社会道德规范的道德品质。中国传统文化始终强调"修身为本"，这是中国传统文化中最具特色的内容。中国传统文化中所包含的内省、慎独等修身思想，是留给我们的宝贵精神财富，也是对人类德育教育思想理论体系的重要贡献，对于指导目前我们的大学生德育教育工作是必不可少的。在大学生德育教育中提倡自省、慎独的修身方式，强调了大学生作为教育主体而充分发挥自我修养的主观能动性。同时，通过外部因素的适当影响和引导，将大学生的这种主观能动性转变成一种自觉的行为习惯。有利于促使大学生在道德认识和道德实践方面，能够自觉按照社会道德规范要求进行自我约束、自我提升，推动大学生去获取更高的道德认识，达到更高的道德境界。

（五）启发式教育

中国传统文化对教师的工作态度和学术素养提出了很高的要求。其中尤以我们耳熟能详的"学而不厌，诲人不倦"的教育思想为历代教师所推崇和追求。一个教师要给学生一杯水，那么，教师必须有一桶水，形象地告诉我们，一个教师必须具有渊博的知识才能更好地教育学生。那么，教师怎样才能做到这一点？那就是教师必须坚持在日常工作和生活中做到"学而不厌"。只有这样，才能够使自己掌握的理论知识能够不断更新、与时俱进，不断丰富自己的学识，提高自己的教学能力和水平，满足学生的需求。同时，教师所表现出的"学而不厌"的精神也必然影响到学生，学生必然学习教师勤于学习的习惯。反之，如果教师都不注意学习，学生又怎么会喜欢学习。正如陶行知先生在1923年《十年来之安徽中学》一文中所说："唯有学而不厌的先生，才能教出学而不厌的学生。"

"诲人不倦"是教师所具备的更高层次的精神境界，孔子讲："教不倦，仁也"，更是将"诲人不倦"提升到"仁"的高度，每一个教师都应该以"仁者爱人"的精神去教育学生。怎样才能做到诲人不倦呢？只有坚持上面我们讲到的"学而不厌"精神，积累丰富的知识和经验，才能做到诲人不倦。学而不厌与诲人不倦是相互统一的，学而不厌是诲人不倦的基础。如果头脑中没有丰富的知识积累，是做不到诲人不倦的；同时，如果不将理论知识通过诲人不倦的教育方式传授给学生，学而不厌也不会坚持长久。如果一名教师自身理论知识匮乏，那么，他也只能是生搬硬套、照本宣科，仅仅把学生当成接收知识的机器，自然也就不会去关心学生的兴趣和爱好，也不能培养热爱自己事业的兴趣，不能专心地投身到教育事业中去。

中国传统文化中还强调教师在教育过程中要讲究教学方法。孔子在教育过程中喜欢采取通过循循善诱的方式来开启学生的心智。正如孔子的学生颜渊所赞叹的那样："夫子循循然善诱人，博我以文，约我以礼，欲罢不能。"如果教师可以像孔子那样，能够有步骤、有计划地引导学生，教育系统将会像一块磁铁那样具有吸引力，散发出诱人的魅力，那样，即使学生想停止学习也都不可能了。

三、中国传统文化对大学生德育教育的意义

中国传统文化蕴含着深厚的德育教育资源，不论是教育理念、教育原则、教育内容还是教育方法。加强中国传统文化在大学生德育教育中的利用，不仅能够丰富大学生德育教育的理论资源，更对新时期开展大学生德育教育在价值观和方法论等多方面，具有重要的指导和启示意义。

（一）培养大学生爱国主义精神

爱国主义被人们形象地称为中华民族的民族之根、民族之母、民族之魂，历经几千年而不朽，始终是我们中华民族的主题思想和精神支撑。爱国主义是一种道德规范和行为准则，表现在个人对国家的忠诚与热爱。

中国传统文化中"天下为公"的爱国主义思想，一直为历代爱国主义仁人志士所推崇。在爱国主义旗帜的召唤下，我们中华民族形成了不屈不挠、勇于进取的民族气节，形成了"国家兴亡，匹夫有责"的爱国主义意识，对推动中华民族的历史起到了至关重要的推动作用。当前，国际国内形势复杂多变，在这样的复杂环境下，我们更应该重视培养大学生的爱国主义思想。当代大学生深受悠久的中国传统文化熏陶，更应该继承爱国主义传统，勇敢地担当起自己的历史使命和责任，将赤子之心全部无私地奉献给祖国和人民。通过中国传统文化中所蕴含的爱国主义思想来教育当代大学生，能够使他们清醒地认识到个人利益与国家的整体利益是息息相关的，培养大学生形成自觉地以义统利的高尚情操，能够正确地处理个人与国家之间的利益关系，促使大学生能够培养对国家的忠诚，毫无保留地将自己的知识才能奉献给国家和人民，做到无愧于国家和人民，努力成为有理想、有志气、有气节、有尊严的好青年。

（二）帮助大学生树立正确的人生观和价值观

大学生在思想行为、道德认知和心理等方面有了一定的发展，但是，因为社会阅历较浅，因此，总的来说，他们的思想还不够成熟。这个时期也正是大学生形成人生观和价值观的关键时期。大学生德育教育要面对大学生自身的缺陷，比如，他们有着先进的创新意识，但在处理问题的时候，却缺乏艰苦奋斗和持之以恒的决心。同时，我们更应该注意到外界因素的影响，当前我国正处于新旧体制的交换时期，市场经济运行下的新型思想道德体系标准还未完全建立，加上各种不良社会思潮和现象的冲击，致使部分大学生的人生观和价值观

第七章　中国传统文化在大学生德育教育中的科学利用

出现了功利化、金钱化的扭曲，对他们的人生观和价值观的形成产生了极大的副作用。目前大学生思想行为上出现的重个人利益轻国家集体利益、重物质利益轻人文素质、重金钱而轻理想等现象，不能不引起广大德育教育工作者的重视，加强对大学生的人生观和价值观的教育已经是箭在弦上，不得不发了。

如何培养大学生树立正确的人生观和价值观呢？我们不妨从中国传统文化中去汲取养分。中国传统文化中将追求高尚的道德人格作为主要思想。比如，前面我们提到一些好的道德思想和教育方法，对于塑造大学生良好的道德人格有着良好的借鉴作用。中国传统文化有助于培养大学生形成传统的、朴实的思想品格，使大学生在处理个人与他人、个人与国家、人与自然的关系时，能够保持正确的思想观念。比如，自省慎独的修身思想对培养大学生个人的人生观和价值观有着不可估量的作用。它那种自尊、自重、自律、自强的精神，对我们今天的大学生德育教育也很有启发和教育意义。当代大学生应继承与发扬中国传统文化中关于人生观、价值观的优秀思想，树立正确的人生观、价值观，造就理想人格，为推动中国传统文化的发展和中华文明的进步做出自己应尽的贡献。

（三）丰富高校德育资源

长期以来，我国高校德育教育已经形成了刻板的、强制的、灌输式的教育模式。目前我们的高校德育教育不是向大学生传授他们所需要的关于个人品行养成的内容，更多的则是片面强调政治教育。这种片面的德育教育模式歪曲了德育的本意，导致当代大学生重说教、轻实践，重外律、轻内修，致使高校德育教育严重背离了大学生的成长成才。同时德育教育效果还得不到充分的体现，德育教育的社会价值更就无从谈起。

良好道德素质的养成不是一蹴而就的。众所周知，德育教育是一个由道德认识的掌握、道德认识的内化和道德行为的实践三个阶段组成的，道德素质的养成是需要经历不断的道德认识的内化和外延的长期的复杂过程。每一个阶段的发展变化都是和受教育者的主观能动性息息相关的，这与中国传统文化中所提倡的自省慎独的自我修身思想是相统一的。自我修身的思想观点突出了学生主体内在的道德自觉性，为我们在德育教育过程中，充分发挥学生主体的主观能动性指明了方向。

同时，德育教育工作者应该改变以前那种灌输和强制的传授知识的方法，转而树立学生自我修养才是进行德育教育实现高效性的思想观念，帮助学生进行自我品行的培养，使学生自觉地遵守道德规范，从而实现德育目的。在教育目标上，中国传统文化中有教无类，因材施教的思想告诫教育者，应该力求遵循学生的个体性差异，施以不同的教育内容或方式，使每个不同的学生都形成独立的思想和人格，这才是德育教育的目标，也是保证德育教育取得实效的前提。在教育方法上，中国传统文化中倡导运用启发诱导的方法来激发学生追求道德理想的兴趣，使学生不再沉溺在枯燥无味的课堂教学内容中，养成好学、善学、乐学的习惯，实现学生的道德自立。

中国传统文化的诸多优秀思想内容和教育方法，对于引导学生自我认识、自我反思、自我实现、自我超越，最终完成自我教育，提高自身修养，意义重大。如果高校德育教育中能够科学合理地利用中国传统文化中的这些思想和方法，终有一天，我们高校的德育教育会实现真正的"不教之教"。

第二节　中国传统文化在大学生中的缺失及成因

中国是历史文明古国，中国传统文化有着几千年的悠久历史，对它的继承和创新将有利于大学生个人素养的提高和社会进步。我们却看到现实生活中人们对中国传统文化知识的缺乏，对中国传统文化中道德要求的无知。即使是在充满文化气息的大学校园中，许多大学生也是对中国传统文化模棱两可、漠然处之；加上大学生所处社会环境发生很大改变，各种社会丑恶现象和腐朽文化改变着大学生的思想观念、价值取向和行为方式。我们承认，当前大学生的主流思想是好的，另外，我们也应该看到，部分大学生在各种消极因素的综合影响和冲击下，他们的思想已经发生了错位和倾斜，甚至是方向性的问题。

一、缺乏对中国传统文化的热情

近年来，国内兴起了一股国学热的春风。比如，中央电视台的《百家讲坛》栏目成为全国观众所喜爱的节目。在改革开放逐渐深入、社会变化日新月异的今天，实用性成为检验一种事物的标准。因此，中国传统文化是否实用？是否适应当今社会和大学生德育教育的需要成为大家关注的焦点。那么，在高校中大学生对中国传统文化又是如何看待的呢？

多数大学生承认中国传统文化对个人的思想、行为、价值观等有非常大的

第七章　中国传统文化在大学生德育教育中的科学利用

意义和作用，也对一些基本的中国传统文化知识有所了解和掌握。比如，中国传统文化中的"见义勇为""尊老爱幼"等，这是我们看到的比较让人高兴的一面。但同时，我们要看到，一些学生表示对中国传统文化没有兴趣，或者说是缺乏热情，这部分学生认为，中国传统文化已经过时，不再适应当代大学生的时代需要了。仅就学生购买和阅读课外书籍的情况来看，我们发现大部分学生在购买文化资料时，多是购买娱乐杂志，这部分学生经常关心的是社会上的"追星""选秀"等风潮，却很少学习能够提高自身素质的中国传统文化。同时，调查还显示，大学生虽然对中国传统文化有一个大概的了解，但了解深度不够。比如，绝大多数学生对传统文化的主要思想都有所了解，但是，对这些学说各个时期的代表人物和代表思想缺乏系统地掌握和认识，即使表示知道这些的学生，大多也是只知其一不知其二。

二、缺乏对中国传统文化价值的认识

中国传统文化经过几千年的历史积累，难免夹杂着消极的东西在里面。比如，中国传统文化中因循守旧的价值观点会阻碍大学生的创新和进取精神；封建等级思想阻碍了大学生民主意识的养成等。而我们在对待这个问题的时候走向了两个极端。一种是遮遮掩掩、避而不谈，另一种则是极度的扩大化，甚至因一方面的消极思想而否定整个中国传统文化体系。这样的气氛在大学生群体中也很常见，甚至不乏一些专家学者也认为，中国传统文化是封建社会的东西，不适应目前民主与科学的新中国。如此全面否定中国传统文化，结果造成部分大学生消极地看待中国传统文化所包含的价值，造成目前中国传统文化在大学生群体中难以为继的尴尬局面。

在受到市场经济消极思想、欧美个人利己主义和自由主义等价值取向的影响下，大学生群体中出现了轻视中国传统文化价值的现象，人为地割裂了个人与中国传统文化的联系，致使大学生的中国传统价值观呈现出边缘化的危险。持否定中国传统文化价值的大学生忘记了我们前面提到的中国传统文化的两面性，只看到了它的负面效应，却忽视了中国传统文化的价值。中国社会现实和世界浪潮的冲击，致使国人丧失了对中国传统文化的兴趣，只有少数专家学者还在探求中国传统文化的希望和真谛。相反，我们周边的日本、韩国、越南等汉文化圈内的国家，却对中国传统文化的兴趣与日俱增，他们的研究造诣并且达到了相当高的水平，甚至超过了中国。外国人对中国传统文化价值的挖掘和学习，应该刺激我们更加重视被我们遗忘了的中国传统文化。我们应该引导大学生关注、了解、掌握中国传统文化的价值，以便能够在世界发展的进程中保持自己民族的特色。

三、缺乏中国传统道德观念

当代大学生因为种种因素的影响，存在一些与中国传统文化中道德观念不相符的现象。比如，大学生普遍信仰缺乏、个人主义思想严重、集体主义思想弱化、社会公德意识淡薄。在处理物质与精神的关系上，只注重眼前的物质利益，忽视了个人的精神追求；在奉献与索取的关系上，只知道一味地索取，不思回报社会，人为地淡化自己的社会责任感，陷入极端的个人主义泥潭中。甚至部分大学生连基本的文明礼貌都欠缺。正如张岂之教授所说："中国的大学毕业生虽然有优秀的学业成绩，但缺乏精神，甚至待人接物都缺少文明礼貌"。

（一）理想信仰缺乏

信仰是一个人对人生观、价值观的态度和选择，是一个人价值观念体系的核心。中国封建社会时期，大部分人信仰传统学说，一句话来讲，就是中国人在古代是不缺乏信仰的。中国传统文化中有着关于做人的信仰，有着对待生死、命运的信仰，有着国与家的信仰，等等，内容丰富。但是，近代尤其是改革开放以来，中国人的传统信仰纷纷被打破，致使国人感到迷茫和无奈，进而丧失了自己的信仰，富有朝气和创新精神而又喜欢接受新鲜事物的大学生，更是深受影响。

大学生的信仰问题，不仅对自身的成长至关重要，而且对国家和民族的发展进步有着重要的影响。出生于20世纪八九十年代的当代大学生在应试教育机制下，在社会以考试成绩高低判断一个学生好与坏的环境下，在考上大学作为唯一目标的强制下，失去了人生的正确方向，迷失了自我。看看目前大学生的生活现状，他们中不少人高调宣扬追求生活享受、崇尚个人利益、玩物丧志。相当一部分大学生本身毫无理想信仰，面对多种价值观的冲击，大学生群体处于无所适从、迷茫和困惑的状态。绚丽多彩的大学梦一度成为大学生的人生理想和追求，当大学生迈过高考这道门槛后，却认为从此可以过上天堂般的生活，从此他们便失去了理想目标以致丧失了学习的兴趣和动力，感到生活空虚，精神无处寄托。人生需要信仰或理想，没有理想、信仰的人，不能称为严格意义上的人，只是一具行尸走肉，难以在今后的发展中有所作为。每一个大学生应该扪心自问:"我的大学梦已然实现,我还有理想吗?"

(二)缺乏社会责任感

在社会环境的影响下,中国各个方面发生了急剧的改变,使中国传统文化失去了往日的地位和权威,新的道德标准又五花八门,没有一个统一的判断标准,这样的情形下人们的思想观念必然处于矛盾状态。大学生表现出强烈的个人主义和功利主义思想,忽视了对自己道德的修养和人文素质的培养,严重缺乏社会责任感和主人翁意识。社会生存压力的不断增大,致使大学生在学习方面功利思想尤其明显。学生关心的是自己拿到了多少个技能考试证书,或者是大学期间荣获了多少荣誉证书,以及入党、评优评先等,以使自己在未来的工作和发展中增添砝码。相反,大学生却很少关注自己在道德修养方面的进步,这与大学生德育教育的初衷是有距离的。

当代大学生过分重视个人利益和前途,始终将自己的目标局限在个人理想的梦幻里,却忘记了自己是这个社会的一分子,忘记了个人目标的实现应该是与社会紧密结合的,造成当代大学生缺少主人翁意识,缺乏社会责任感。对于这个话题,我们可以通过对学生的调查分析得出一些答案。例如,针对"当你遇到个人利益与国家、集体利益发生冲突时,你是否会为了国家、集体利益而放弃个人利益"这个问题,绝大多数学生的答案是"不会",一些的学生选择了"看情况而定",只有少数的学生会优先考虑国家和集体利益。由此看来,大部分的当代大学生只关心自己的命运,关注自身发展的利益,而缺乏对自己历史使命的正确认识和社会责任感。越来越多的大学生,在利益关系上表现为以"我"为中心,凡事坚持以满足个人利益为出发点,崇尚"自我实现""自我价值"。当国家、集体利益与个人利益发生矛盾的时候,片面强调个人利益而缺乏为国家和集体的牺牲精神。

(三)道德认识与道德实践脱节

道德认识是道德实践的基础,道德实践是道德认识的目的。中国被世人称为礼仪之邦,中国传统文化历来重视对人们的道德教化。大学生群体应该是具有较高道德认识和自觉履行道德实践的群体。但是,目前的大学生中充斥着道德行为失范的现象。道德认识和实践与中国传统文化理念存在严重的背离现象,应该引起我们的深思。大学生道德认识和道德实践的脱节问题,不是今天出现的,而是几十年来,我们在德育教育工作中只重视道德理论知识的传授而弱化了道德实践而造成的。

德育教育的基本特色是知行合一，只有知行合一才可能将道德认识内化为自觉行为。当代大学生道德认识和道德实践相脱节的主要表现：爱国主义思想强烈，但缺少社会责任感；有成才的意愿，但缺少刻苦努力；崇尚诚信，经常考试作弊、弄虚作假；具有整体意识，但将个人利益放在了首位；反感他人违反社会公德，但漠视自己违反社会公德的行为；等等。当代大学生道德认识与道德实践的严重不对称现象，明显违背了中国传统文化中的德育要求，致使部分大学生形成了人前一套、背后一套的虚伪性格，彻底颠覆了大学生在人们心目中的形象。范英在《社会公德概论》一书中强调："当前我们着重加强社会公德的建设，其目的在于未来。每个有觉悟的公民都应该从自己做起，从现在做起，同心同德，力争把社会公德的建设提高到一个更高的层次。"所以，当代大学生应该清醒地认识到自身的问题，努力做到道德认识与道德实践的统一，做无愧于祖国和人民的优秀大学生。

四、中国传统文化在大学生中的缺失原因

当今社会正处于经济等各方面的转型时期，各种错误的价值观念影响着大学生的成长，使传统道德体系标准趋向崩溃，整个社会都充满了价值错乱和道德失范的现象。同时，长期的应试教育体制下，无论是社会还是学校和家庭，都对学生的成长施加了片面的影响，导致学生片面追求高分数，缺少对中国传统文化的认识，致使中国传统文化在大学生德育教育中失去了依托和基础。

（一）社会环境的影响

1. 市场经济的消极影响

当代大学生思想单纯，社会经验尚浅，缺乏对市场经济导致的部分丑恶现象的正确理解，致使中国传统文化价值观受到了冲击。尤其20世纪90年代以来，随着市场经济的快速发展和改革开放的深化，社会上个人主义、实用主义、享乐主义、金钱主义对中国传统文化和道德规范的冲击，致使当代大学生对中国传统文化观念产生了怀疑，因而导致部分大学生对中国传统文化产生了抵触情绪，认为它是腐朽没落的。同时，因为传统道德体系的崩溃，新的道德体系不完善，社会对道德规范的监督力度不够，人们甚至形成了讲道德的人是"傻子"、不讲道德的人反而处处占便宜的思想观念。这一切，都导致当代大学生对中国传统文化产生抵触情绪，引起道德认识方面存在偏差，不能很好地遵守传统道德规范，导致大学生存在道德失衡的现象。

2. 信息化和网络化的影响

随着新闻媒体、电视电影及网络的普及，信息文明已经渗透我们生活的方方面面，视觉感官的刺激对学生具有更强的导向作用。本来应当起到社会正面引导作用的新闻媒体、网络媒体等，在物质利益的驱使下，夹杂欧美腐朽价值观念和虚构篡改历史事件的影视作品屡禁不止，严重误导了观众，影响了观众对中国传统文化的错误认识，对大学生的价值观等的形成危害极大。

另外，自从人类进入网络社会以来，网络在带给人们方便的同时，也引起了中国传统文化的剧烈震荡。正如美国人斯皮内洛所说："技术的步伐常常比伦理学的步伐要急促得多，而正是这一点对我们大家都构成某些严重威胁。"网络中多种文化观念致使大学生处于难以选择的境地，对学生的人格和思想造成强烈的扭曲。同时，部分大学生精神空虚，将大量时间浪费在网络上，不但荒废了学业，更是出现了冷漠、孤僻的性格，并深刻影响着他们的政治态度、道德品质和价值取向，可能引发一系列的社会问题。

3. 文化多元化的冲击

改革开放后，尤其是我国加入 WTO 以后，多种文化纷纷涌入，致使中国传统文化地位遭到严重的削弱和冷落。多元文化给社会的各个领域同时树立了多种价值标准，大学生面对的价值选择机会大大增加，致使他们失去了一个明确的文化权威和价值评判标准。中国传统文化、欧美文化、网络文化相互交织在一起，严重扰乱了大学生的思想观念、道德认识、生活方式和价值追求，导致大学生失去了明确的价值判断，让大学生德育教育面临严峻挑战。

（二）大学生自身因素的影响

中国传统文化在大学生群体中缺失有着多方面的原因，但是，处于主体地位的大学生自身因素仍然是根本性的内因。

1. 大学生学习动机错位

由于应试教育机制的影响，大学生的德育学习只是一场有"预谋"的程序而已。学生的学习动机仅仅是为了考试及格而学习，为了获取某种荣誉而学习，使道德认识始终是在"纸上谈兵"，而不是通过学习来满足和提升自身的道德需要。大学生的这种学习动机造成了学习与需要之间的脱节，难以将道德认识落实到道德实践之中。

2. 大学生缺乏自控力

大学生必须具备学习、吸收和内化道德认识能力和将道德认识落实到道德实践的自控力。当代大学生虽然接收信息的渠道不断拓宽，自我控制力也在随着年龄的增长而提高，但是，社会经验和阅历的影响导致部分大学生缺少主见和辨别是非的能力，使他们还没有定型的价值观念发生扭曲和改变。大学生自控力的不足，致使他们丧失了道德意志力，导致大学生在道德认识和道德实践中缺乏自主性，缺乏学习和研究中国传统文化的主动意识。

3. 大学生心理不成熟

大学生心理素质的健全和成熟是接受中国传统文化的基础和前提。大学生正处于心理发育的黄金时期，他们有着丰富的理论知识，眼界比较开阔，喜欢接受新奇的事物，但是，又普遍存在着心理方面的不成熟。大学生的心理特点使他们在市场经济的浪潮和多元文化的冲击下，极其容易受到一些消极和腐朽思想的影响，从而对中国传统文化价值观念产生怀疑和抵触心理。

（三）学校缺少中国传统文化教育

1. 应试教育机制下忽略了中国传统文化教育

爱因斯坦认为："教育应该是忘却了在学校学得的全部内容之后所剩下的本领。"爱因斯坦还讲："知识是死的，而学校却要为活人服务。它应当在学生中传授那些有益于公共福利的品质和知识。但是，这并不意味着要消灭个性，使个人仅仅成为社会的工具，像一只蜜蜂或蚂蚁那样。因为一个由没有个人独创性和个人志愿的统一规格的人所组成的社会，将是一个没有发展可能的不幸社会。相反，学校的目标应当是培养独立工作和独立思考的人，这些人把为社会服务看作自己最高的人生目标。"目前，我们实行的应试教育体制恰巧与之相反，片面强调向学生强制灌输理论知识，这是一种僵化的教育模式。我们在教育过程中片面重视学生学习成绩，忽视了学生人文道德素质的培养，尤其是忽略了具有几千年悠久历史的中国传统文化教育。一个没有良好中国传统文化素质的人，也不可能有良好的德育，而离开了德育的智育也是苍白无力的。

2. 学校德育内容缺少中国传统文化元素

学校教育的主体应该是受教育者。表面上看，我们的教育过程是一个学生全程参与的过程，实际上，学生始终是在被动的地位上，因为要教给学生什么、学生应该怎么学都已经被老师事先安排好了。目前，我们进行德育教育的主要内容是"舶来品"——马克思主义理论，虽然是结合我国实际的马克思主义理论。德育内容很少能够与学生的日常生活结合起来，引发不了学生的兴趣。教师在教学过程中也片面追求成绩，而对学生日常生活中出现的不讲信用、不守纪律等基本中国传统文化素质的欠缺却视而不见。我们现在的德育教育造成了对中小学生高谈马克思主义理论、共产主义思想和集体主义教育，而大学生却连基本的中国传统文化素质都欠缺的局面。反思我们的德育教育内容，强制灌输的多，实实在在的、有营养的少。长此以往，我们的德育教育效果可想而知。

3. 教育者缺乏中国传统文化知识

人与人之间是互相影响的，教师和学生也是一样。大学生各个方面都处于成长期，思想行为不够成熟，明辨是非的能力不强，容易受到外界的影响。如果一个教师具有丰富的中国传统文化知识，那么，他在教育过程中就能够充分发挥中国传统文化的价值，对学生进行教育。学生长期处于这样一个浓厚的传统文化氛围中，必然自觉或者不自觉地形成个人正确的中国传统文化观念。而目前多数高校尤其是理工类学校缺少拥有中国传统文化素质的教师队伍，有的学校虽然设置了人文学科，但是，也大多没有开设中国传统文化教育课程，更不要说建立一支具有较高中国传统文化素养的教师队伍了。

（四）家庭教育的影响

魏书生在《家教漫谈》中讲："民风、世风皆起于家风。关键在于所有家庭都要正确地引导孩子，不但养，还要教，更要育。"一个人最先接受的是家庭教育的影响和熏陶，良好的家庭教育是孩子早日形成中国传统文化观念的基础。然而，由于现实环境的影响，家庭教育在对孩子进行传统文化教育的时候出现了新问题。

首先，父母在教育理念上过分注重孩子的成才培养，却恰恰忽略了对孩子进行人文素质的培养，对孩子在中国传统文化尤其是传统美德教育上极为漠视，在一定程度上切断了通过家庭教育使孩子接受中国传统文化的途径。其次，有的父母将教育孩子的责任一股脑儿地推给了学校和社会。尤其是当孩子考入大学以后，多数父母便认为孩子大了，不需要再像以前一样管教了，进而放松了对孩子的要求和教育，致使大学生处在一种家庭教育的真空状态。两种家庭教育方式都处在了极端的位置，不得不引起各位家长的关注和重视。

第三节　中国传统文化在大学生德育教育中的实现策略

新时代改革开放后，随着文化交流的进一步加强，不同的意识形态、思想文化发生了前所未有的激烈碰撞。在这种复杂文化环境下成长起来的当代大学生，对很多文化观念的理解都是似是而非的，有时候得不到及时的引导，导致错误观念的形成和行为发生。中国传统文化源远流长、博大精深、内容丰富，它所包含道德观念和价值体系，对当代大学生的成长具有极其重要的意义。面对当前复杂多变的社会环境，如何充分、合理、科学地利用中国传统文化，来强化大学生德育教育，以使培养出的大学生不仅具有先进的科学理论知识，还要具备较高的人文素质和高尚的道德观念，是我们整个社会和大学生德育教育中不得不面对的问题。李岚清同志讲："凡是现在需要提倡的好品德，都可以从我们古代的资料中原原本本地找出来，不要'包装'"。因此，我们的传统文化传承教育，一定要首先树立"德育"的目标，在实际工作中秉承"解放思想，勇于实践，勇于创新"的思路，善于并积极地挖掘中国传统文化的优秀内容、优秀思想和优秀方法，在中华优秀传统文化的教育传承中，以"德育"为指引，有针对性地对当代大学生进行中国传统文化方面的教育、熏陶和引导，努力通过中国传统文化的教育传承的同时完成大学生的德育教育，帮助他们树立正确的人生观、价值观、世界观。

一、营造具有浓厚中国传统文化氛围的环境

江泽民同志这样强调："加强和改进教育工作，不只是学校和教育部门的事，家庭、社会各个方面都要一起来关心和支持。只有加强综合治理，多管齐下，形成一种有利于青少年学生身心健康发展的社会环境，年轻一代才能茁壮成长起来。"因此，为了在大学生群体中很好地继承和发扬中国传统文化，必须通过切实可行的措施，营造富有中国传统文化气息的社会环境，营造一个全社会尊重和倡导中国传统文化的良好社会环境。使学生在学习中国传统文化的时候，学习中国传统文化中诸多的优秀品质，不仅仅完成中华优秀传统文化的教育问题，而且使学生在潜移默化中完成对中华优秀传统文化的继承，与此同时完成对学生的思想品德教育，取得三方效果。因为当代大学生接触知识文化的途径比以前大大提升，和社会的联系更加紧密，学生在校学习的同时受到了各种不良思潮、非正确价值标准的强烈冲击，扭曲了大学生的人生价值取向。社会环境是一种更广泛、更重要的教育，学校教育只是个人成长阶段的一段插曲，而不是教育的全部。学生在学校接受教育时，不可避免地还要同时接受社会教育，因此，中华优秀传统文化的教育传承首先要在社会层面推开实行。

第七章　中国传统文化在大学生德育教育中的科学利用

（一）社会环境的营造

首先，教育、文化等主管部门要切实加强政府的主导地位，重视中国传统文化的教育传承，从制度上对中国传统文化进行普及和保护，促进中国传统文化的发扬光大。

第一，思想上高度重视，将中国传统文化教育放到优先发展的战略地位，将中国传统文化教育纳入公民道德体系建设的总体规划中来，制定中国传统文化教育传承的的目标责任和体制机制建设，财力和人力上大力支持，使中国传统文化的传承有据可依、有章可循，真正落实到大学生生活的方方面面中去。

第二，各高校的传统文课程学习中要注意激发、培养大学生学习中国传统文化的热情和兴趣。比如，开展丰富多彩的校园中国传统文化教育活动，举办中国传统文化知识讲座、传统文化宣传月等活动，以大学生所喜闻乐见的形式，对中国传统文化进行推广。

第三，政府要在大力营造良好社会环境的同时，重视和有效保护中国传统文化，积极发展民间保护组织。政府有责任整合资源，调动一切社会力量，加大制度和财政支持，加大对民间组织的扶持力度，形成全民参与中国传统文化保护的局面，依靠人民自发的保护来传承和发扬中国传统文化。对于社会不良风气和丑恶现象采取有力措施：加大惩治的力度，根除丑恶的不良风气，净化社会环境。切实发挥民间文化组织的作用，使其能够有效地履行中国传统文化保护和传承的主要职能。坚决防止一些优秀的中国民间传统文化的消亡、消失，不能任其自生自灭。政府要在全社会大力树立典型，依据中国传统文化的核心价值理念开展相关先进人物、先进事迹的宣传报道工作，如开展的"感动中国十大人物"评选、十大孝星评选等。充分利用舆论的力量，社会的力量加强对当代大学生的思想价值观念的塑造，使其潜移默化地成为中国优秀传统文化的传承者、践行者，自觉形成中国传统文化价值观。

（二）舆论环境的营造

随着现代传媒技术的不断发展和快速革新，文化传播速度、广度和深度实现了很大飞跃，对中国传统文化知识的传播也发挥日益重要的作用。但是，目前我们对中国传统文化的传播力度严重不足，缺少中国传统文化的舆论导向。各级各类新闻媒体为了经济利益，大多进行广告、选秀、追星一些娱乐节目播放，而且一些历史剧出现了严重篡改历史事实的现象，对于大学生的人生观、价值观、历史观都有严重的误导，非常不利于中国传统文化的传播。因此，我们要充分发挥大众媒体的积极作用，不要仅仅为了追求经济利益而忽视社会效益。大众媒体要切实担负起中国传统文化传承的纽带和桥梁作用，努力创作一些能够符合时代特征、民族特色的，能够陶冶情操的优秀文化作品，努力做中国传统文化的生产传播者，引导大学生树立正确的中国传统文化观念，提升审美水平和道德修养。比如央视的《百家讲坛》，请一些文化名人用通俗易懂的方式讲授中国传统文化中最为璀璨和精华的部分，《论语》《三国》《孔子》《红楼梦》《聊斋志异》，等等，这都是我们中国传统文化的精髓。这样的现代媒体艺术不仅大大提高了大学生学习中国传统文化的兴趣，同时也通过节目弘扬了中国传统文化中那些真、善、美的力量，学生不仅得到了中国传统文化的知识，同时也在思想上、心灵上受到了洗礼。不仅使中国传统文化的教学焕发了新的生机，同时也使文化经典走进了日常生活、以人们喜闻乐见的方式呈现出来，这是中国传统文化教育传承方面非常有益、非常成功的一种尝试，让中国传统文化重新深入人心。

（三）校园文化环境的营造

校园文化是学校的生命所在，是一所大学文化特色的所在，也是一所大学学校全体师生在长期的教育教学实践过程中积累的精神财富。一所历史悠久的学校必然有着深厚的校园文化底蕴，它不仅包含着学校的文化积淀，也是该地区优秀区域文化的展示平台。校园文化环境对大学生的影响是无形和巨大的，教育家苏霍姆林斯基说："要让学校的每一面墙壁都说话。"形象地说明了校园文化环境潜移默化的教育作用。中国的先贤很早就说"近朱者赤，近墨者黑"，说明了环境对人的巨大影响。因此，我们应该努力营造具有深厚中国传统文化底蕴的校园文化环境，使校园文化成为对学生进行文化教育的最有力保证，让每一个学生都处于这种积极向上的校园文化氛围的熏陶中。

校园文化建设除了在学校宣传栏和走廊墙壁上布置一些中国传统文化中的名言警句、悬挂一些民族英雄和历史名人的肖像以外，还要塑造一种氛围，巧妙地使中国传统文化与校园环境建设有机地结合起来，潜移默化地引导学生热爱中国传统文化，比如在校园的景观建设上和当地的传统建筑艺术相结合，使学生了解不同地域的建筑风格的同时加深对校园的热爱。开展丰富多彩的校园文化活动，使中国传统文化的教育传承自然而然地融入其中。例如，邀请在中国传统文化方面有较深造诣的专家学者来进行专题讲座，举办中国传统文化国学经典朗诵会、中国传统文明礼仪培养表演大赛等，使学生通过开展各种有关中国传统文化的活动,在学习中国传统文化知识的基础上,不断提升自己的思想境界。再则,应该充分发挥学生社团的作用,多成立一些与中国传统文化有关的学生组织,比如古诗朗诵社、戏剧表演社、汉服展示社等。在教师的指导下,通过学生自我管理、自发组织各类活动,既学习中国传统文化知识,了解中国传统文化的精华,为自己营造一个良好的中国传统文化氛围,又丰富了校园文化环境的内涵,更有利于学生对中国传统文化知识的内化和升华。

(四) 家庭环境的营造

家庭环境对一个人的成长起着至关重要的作用,父母是学生的第一任老师,家庭是学生接触的第一个环境。营造一个富有中国传统文化气息的家庭环境,将有利于学生对中国传统文化的认可和接受。但是,在现实环境中许多父母没有对孩子进行中国传统文化的引导和教育,甚至部分家长认为,中国传统文化的教育传承不重要。由于应试教育以及西方文化的冲击,有一些家长甚至完全忽视传统文化教育,在思想上存在一定的崇洋媚外心理,这些都非常不利于传统文化的教育和传承。同时,因为职业压力和其他原因,有的父母缺少时间来和孩子进行交流,也没有时间去引导孩子学习中国传统文化,更不能以身作则地对中国文化中的一些孝亲友爱精神进行熏陶,缺乏良好的传统家庭教育。因此,我们要大力加强家庭教育氛围的营造,父母应该意识到,自己的一言一行对于孩子的重要影响,意识到中华优秀传统文化中的优良品质最率先实行的地方就是家庭。不能因为子女处于大学阶段就放松对他们的管理和要求,因为这个阶段的孩子正是价值观形成的主要时期,父母应该更加重视对子女的孝顺长辈、关怀弟妹、有爱相助的品德教育,健全子女的自强不息人格和诚实守信的道德素质。同时,父母要加强与教师的沟通,不要把孩子交到学校就万事大吉,要及时和学校沟通,配合学校做好孩子的教育管理工作。

二、改变中国传统文化在高校的弱化现象

高校作为培养国家高素质人才的主阵地,必须有效地开展对大学生的德育教育,培养合格的社会主义建设者。高校德育工作中引入中国传统文化,就为学生寻找到一种品德修养的传统渊源,夯实学生品德发展的文化基础。因此,高校必须加强对学生的德育教育,通过课程体系和内容改革等,努力发掘和利用中国传统文化,营造高品位、高层次的传统文化氛围,以培养学生的高尚品质。

（一）加强组织领导和制度建设

人文性应该使高校教育的一个主要方向之一，但是目前，我国多数高校对自然科学研究成果比较重视，对人文学科的发展关注比较弱化，对中国传统文化知识的普及没能做好，缺乏对学生人文思想的培养和教育。甚至有些理工类、职业类院校学校严重轻视人文学科，在传统文化教育方面表现得比较薄弱。因此，要在学校层面高度重视，成立相关的领导组织机构和完善规章制度建设，为顺利推进中国传统文化教育的开展提供制度保障。

首先，要成立和健全领导负责制。学校领导要重视传统文化教育在学生成长中的重要地位，成立中国传统文化教育领导小组，由分管学生工作的校领导主管该项工作，有关部门、学院（系）领导应各负其责的领导管理机制。其次，要健全规章制度，制定关于中国传统文化的课程标准、教学任务目标，在教师的日常管理中和学生综合测评及日常考核中增加中国传统文化素质考核，直接与教师职称和学生的评奖评优挂钩，以便保证中国传统文化教学任务的完成和教育质量的提高。最后，学校要设立中国传统文化教育专项基金，并切实保证专项基金的投入，鼓励在中国传统文化的创新与普及，同时将中国传统文化的研究成果与其他科研成果放在同等地位上，提高人文学科教师地位，激发他们的工作积极性。通过以上领导管理体制和规章制度的建设，希望能够保证中国传统文化教育在高校能够落实到实处，确保该项工作能够扎实推进。

（二）调整课程设置

高校目前的课程设置中重理轻文，忽视了自然学科与人文学科的统一。其中，人文学科的教学内容中还严重缺乏中国传统文化的相关理论知识。或者高校对大学生的中国传统文化教育偏重知识教育，缺少中国传统文化中关于人格和道德的培养，没有充分发挥中国传统文化教育的德育作用，致使德育工作缺乏力度和实效，传统文化的教育传承效果不好。

首先，要通过对学科、专业设置的调整，来改良德育教育机制，废除各个学科原来各自独立、互不统一的单向关系，逐渐实现各个学科向你中有我，我中有你的相互融合的方向发展，构筑起合理的学科知识体系。尤其是要在各个人文学科中积极地渗入中国传统文化元素，使各学科的大学生都能沉浸在中国传统文化的知识氛围中，最终实现传统与现代的统一，树立正确的价值观、道德观。其次，优化传统文化课程的内容，取其精华，去其糟粕，充分发挥中国传统文化的基本内容和思想对大学生的教育和引导作用。在中国传统文化课程的教育上，要利用其爱国主义、集体主义、天下为公、诚实守信等天然的思政元素进行课程思政，中国传统文化中的优秀思想自然而然地融入对学生的知识传授中，充分利用中国传统文化的感化功能对大学生进行思想意识教育，提高"两课"的教育效果。

（三）调整教育方式并提高德育教育实效性

改变教师讲、学生听的传统模式，利用现代化的教育手段，建设在线开放课程，线上线下同步教学，以学生为中心，以具体的案例为教学对象，鼓励学生独立思考，感受中国传统文化的魅力。必要时可以带领学生走出课堂、走出校园，到社会中去感受中国古老的传统文化，让德育教育更贴近学生的生活，去感受中国传统戏曲、传统技艺的魅力，大国工匠的精神，让本来枯燥无味的德育教育更有人情味，更能震撼学生的心灵，更容易为学生所接受。

除了充分发挥中国传统文化中提倡的实践教学方法外，我们还要充分发挥现代技术的作用，创新教学方法。比如多媒体技术、网络资源等，将中国传统文化及其他优秀思想通过比较直观的视觉反映直接刻画在学生的印象中。课堂教学中也易采取互动式的教学方式，为学生之间提供更多的学习和交流机会，充分发挥学生想象力，既发挥学生的主体地位作用，又拓宽教学内容和学生视野，还活跃了课堂气氛，使学生能够产生学习的乐趣。

（四）提高教师的中国传统文化素质

范树成讲："教师应该由'教'向'导'转换，由'经师'向'人师'转换。"可见，教师在一定程度上成了学生的风向标和指示牌，教师是学生学习和模仿的一个重要对象。因此，要提高学生的中国传统文化素质，首先要提高教师的中国传统文化素质，"要给学生一杯水，自己首先要有一桶水"。正如人们所说："学生从小就把老师看成他们要学习的榜样和道德模范。"

教师要按照中国传统文化中对教师的要求，严格按照教师的标准要求自己，注重师德。目前，我国正处于社会转型时期，各色各样的价值观念和道德现象充斥在社会乱象中，致使人们的价值观念和道德观念发生扭曲变形。在这种形势下，教师更应该发扬"捧着一颗心来，不带半根草去"的高尚师德情怀，自觉加强中国传统文化的学习，发扬以身作则的工作作风，真正做到为人师表。随着知识时代的快速发展，知识更新速度地不断加快，作为一名教师不应该满足于原有的知识。教师应该树立终身学习的思想，不断提高自己的专业知识，不断丰富自己的中国传统文化知识，掌握中国传统文化中关于学生教育的先进思想和方法。只有这样，才能在教学过程中能够贯通中西，才能充分调动学生学习兴趣和求知的欲望。同时，学校应该培养一批中国传统文化教育方面的骨干教师，组织或帮助广大教师接受中国传统文化知识方面的培训，使教师能够走出相对比较封闭的校园环境，开阔视野，进而提高自身的传统文化素质。只有这样，才能把大学生培养成出色的建设者和接班人。

三、充分发挥大学生的主体地位

根据相关调查，大多数大学生比较认同中国传统文化，认为其中的许多优良元素对自己的成长有重要的作用，并对学习中国传统文化有着浓厚的兴趣，这成为我们展开中国传统文化教育的基础。但是，我们应该如何发挥大学生自身学下中国传统文化的主观能动性，充分将他们对中国传统文化的兴趣转变成学习的动力，学习并继承中国传统文化。

（一）大学生要认识自我

目前，世界格局正经历着大变革，我国处于政治、经济、文化等各方面转型的关键时期。这一过程是长期的、复杂的、痛苦的，这个过程也必然引起大学生传统的思想道德观念、行为规范和价值观念的颠覆，导致大学生"主体性"的迷失。部分大学生深受西方观念的影响，在追求物质享受、功利化的同时，对中国传统的文化价值理念，行为观念产生怀疑和动摇。尽管目前社会发展对于技术性、知识型的人才要求大大提高，但是这并不代表对于道德品质要求的降低，相反我们社会要求的是，需要具备综合素质的综合型应用人才。大学生不仅要具备某项专业的知识技能，还要具备良好的文化素养和道德品质。如果大学生连基本的中国传统文化常识都缺乏，又怎么能够建立起与社会发展要求相适应的道德素质呢？正如人们所说的："有德无才是滞销品、有才无德是危险品、德才兼备才是合格品。"大学生必须清醒地认识到自己的处境，在努力学好专业知识的同时，自觉地努力学习中国传统文化知识，不断提高个人道德修养和传统文化素质，把自己培养成德才兼备的、社会需要的优秀人才。

（二）大学生要认识中国传统文化的价值

中国传统文化素质的培养不是一朝一夕可以完成的，不是一个速成品，需要一个长久的过程。因此，在传统文化教育过程中，我们一定要摈弃急功近利的思想，要坚持学习中国传统文化，要目光长远，看到中国传统文化给学生带来的长久影响。尤其在世界一体化、全球化的思潮下，大学生面对发达国家的文化冲击，容易被为欧美的一些文化方式所吸引，无论是服装、娱乐方式、饮食还是传统节日，部分大学生选择了欧美的舶来品。因此，我们更要加强对中国传统文化的教育和传承，让学生对中国传统文化的价值有一个正确的了解：中国传统文化博大精深，尤其是它包含着丰富的德育思想和个人修身的方式方法对个人成长的重要作用；鼓励他们去品味和理解历史传承下来的古典经史子集、诗词歌赋的独特价值和魅力，认识到中国传统文化在中国几千年的历史中发挥的重要作用，认识到中国传统文化对个人发展所具有的重要价值。

（三）大学生要重视实践

中国传统文化中强调道德认识与道德实践的统一，即要做到"知行合一"。因此，中国传统文化教育传承中，我们要关注学生的道德认识与道德实践是否相互统一，是衡量传统文化教育传承效果的主要标志。大学生在中华优秀传统文化的学习中不仅要认识中国传统文化价值，树立正确的价值取向，提高学习的兴趣和热情，更要积极地参与和落实到社会实践中去。在为祖国和人民服务、为社会做贡献的实践基础上，不断感受、内化、固化已经形成的中国传统文化价值观。从生活中的点滴小事做起，并从中获取道德认识，成为一个有着深厚中国传统文化理论知识的、品质高尚的人。

四、批判地继承和创新中国传统文化

任何一种文化都有双面性，中国传统文化也是精华与糟粕并存，具有明显的两面性。任何一种教育都不能回避文化选择，因此，在对于传统文化的教育和传承中，要积极利用那些精华部分，帮助大学生形成正确的人生观、道德观和价值观，避免糟粕部分对于学生的影响。同时，中国传统文化历经几千年，富有创造性和创新性，只有不断地创新和丰富它，才能让它永葆青春，发挥它应有的作用和价值。

（一）批判地继承中国传统文化

中国传统文化经历了几千年的历史，中国又是一个地域辽阔的国家，因此中国传统文化在每个发展阶段和每个历史朝代都增加了不同的内容，构成的成

中华优秀传统文化的教育传承

分比较复杂。因此，中华优秀传统文化包含着中华民族的智慧结晶，同时也存在一些封建主义的残渣。因此，在传统文化的教育传承时，我们要教育大学生保持清醒的头脑，坚持批判继承的原则，取之精华，弃之糟粕。首先要继承，继承和发扬中国人民几千年来积淀形成的价值观念和道德观念：爱国主义、集体主义、诚实守信、勤劳勇敢、与人为善等思想精华。同时，中国传统文化必定有其时代的局限性，我们在利用时，也要睁大眼睛，加强鉴别，不能什么都采取"拿来主义"的观点。因此，我们在利用中国传统文化时候，要对其中的内容做出正确、合理的选择和取舍。

大学生应树立正确的判断标准，只有确立了判断标准，才能使自己认清形势，对中国传统文化做出正确的判断，才能树立正确的道德观念，推进中国传统文化的发展和延续。而这个判断的标准就是：凡是有利于国家发展、有利于人民幸福的都要继承和发扬，凡是阻碍社会进步的都要加以批判或消除。对待中国传统文化的糟粕，那些落后的、腐朽的我们要坚决摒弃、严厉批判。只有做到对中国传统文化精华的继承和宣传，对消极落后的内容旗帜鲜明地进行批判消除，才能使中国传统文化在大学生群体中得到良好的发展。

（二）创新中国传统文化

中国传统文化不仅有着辉煌的历史，也必将有着更加美好的未来。在社会主义现代化建设的伟大实践中，我们要在中国传统文化的基础上不断发展、创新，创造出更加绚丽多彩、富有中国特色社会主义的文化，对人类文明做出新的贡献。目前，世界的格局发生了巨大的变化，中国传统文化传承和发展的物质基础、所处的社会环境及传播方式都发生了天翻地覆的变化。因此，中国传统文化的传承教育，一定要秉承创新精神：发扬与时俱进的精神，勇于推陈出新，使其符合时代要求，使中国传统文化在新时期仍然是全国各族人民奋勇前进的精神动力。充分发挥中国传统文化的创新性和包容性，使它不断超越旧传统，在几千年的历史发展中不断地完善和发展延续。

从历史的经验中我们知道，任何一种优秀的传统文化，只有不断创新发展，才能保持永不枯竭，保持旺盛的生命力。我们在进行中华优秀文化传承教育的时候，在保持中国传统文化主体性的同时，必须借鉴学习其他优秀文化的精华，吸收融合，积极地面向未来。只有这样，才能真正保证中国传统文化永远保持与时俱进的先进性，才能被大学生和广大人民所接受，才能使中华民族的优良传统得以继承和发扬光大。

五、处理好与其他文化的关系

在全球化的今天,大学生面临着中国传统文化和现代文化、本土文化与外来文化等多种文化潮流的影响。在中华优秀传统文化的教育传承时,要指导学生把不同的文化观念统一起来、融合起来,而不是人为地将各种文化对立起来。

(一)正确处理中国传统文化与现代文化的关系

中国现代文化是中国传统文化的延续,是中国文化为了适应时代潮流而对传统文化的继承、发展和创新。因此,在对学生进行传统文化教育传承的时候,要指导学生正确对待中国传统文化与现代文化,清楚地认识中国文化的历史与现在、历史与未来的关系问题。坚决反对把中国传统文化与现代文化严重对立起来,坚决反对认为传统文化落后、腐朽的观念,万万不可采取全盘否定的态度,而是要坚持实事求是的原则,在社会实践中对其进行检验,具体问题具体分析,清除过时的内容,继承和发展有价值的东西。要充分认识到任何现代文化都是通过实践总结,从传统文化发展而来的,否则,现代文化也将成为无源之水、无根之木,缺乏适应性和生命力。

(二)正确处理中国传统文化与外来文化的关系

随着全球化的深入,科学技术手段的不断进步,世界各国不同的文化相互交流、渗透、融合的步伐不断加快。中国传统文化教育传承时候,要使学生理解不管是哪一种文化,都有其优点和缺点,有其相通之处。因此,要使学生正确对待其他文化,应该积极利用其先进思想理念,使之和我们的传统文化紧密融合,为我所用。毛泽东说:"我们的方针是一切民族、一切国家的长处都要学,政治、经济、科学、技术、文学、艺术的一切真正好的东西都要学。"就是要求我们能够正确认识、利用外来文化。中国传统文化在几千年的发展历史中,之所以保持着旺盛的生命力,其根本的原因就是中国传统文化在发展的过程中,不断融合、借鉴、学习其他文化,使其内容更加丰富,生命力更加旺盛。因此,在对待外来文化问题上,我们既要顺应时代潮流,积极地吸收借鉴外来文化的优秀思想和有益成果,又要保持清醒的民族意识,保持自己民族的特色,这才是中国传统文化发展的必由之路。

1. 取其所长并为我所用

在进行传统文化教育传承时候,我们必须从我国的基本国情出发,对外来文化的取舍做出正确的判断，而不是犯教条主义的错误，盲目地进行照搬照抄。面对外来文化的影响和冲击，我们与其否定或是排斥，还不如进行有益的引导，使其为我所用，为中国传统文化添砖加瓦。坚持一切有利于加强我国社会主义文化建设、有利于提高广大人民群众精神文明建设的成果、经验和管理方式，我们都要积极地研究、吸收和借鉴原则。实践表明，中国传统文化只有积极吸收外来文化中的一切优秀成果，坚决批判和抵制外来文化中腐朽落后的文化观念，将中国传统文化与外来文化融合起来，相互借鉴和吸收，才能更好地继承和发扬中国传统文化。

2. 保持中国传统文化的独立性

我们在传统文化教育传承的过程中一定要保持和发展本民族文化的主体地位。当今社会，世界各国文化体系都面临多元文化的冲击，我们在吸收、借鉴外来文化的时候，一定要坚持中国传统文化的主体地位。不然的话，中华民族所特有的传统、历史、思想、文化、行为习惯等，都会在外来文化的强势冲击和影响下慢慢衰败，直至走向消亡。本民族文化是一个国家和民族的标志，一旦失去了本民族的传统文化，这个国家和民族的独立性也就随之消失了。因此，在文化融合发展的今天，我们的传统文化教育继承的根本是坚持中国传统文化的主体地位，提高中国传统文化的质量和竞争力，保持中国传统文化的独立性。只有不断增强中国传统文化自身发展的活力，中国传统文化才能更好地为大学生德育教育服务，中国传统文化才能沿着健康的方向和道路走向未来。

第八章 高校德育中传统文化的隐性教育研究

中国优秀传统文化教育传承是新时期高校德育的重要内容。在高校德育视角下，进行传统文化的隐性教育研究颇有益处。首先，有利于传统文化德育内容的重新探求。传统文化德育内容博大精深，但是，由于其传承的选择性和统治维护的服务性，许多富于思想、哲理的文化被遗弃进了历史的角落，而我们所熟知的却只有为数甚少的经典。新时期，传统文化中有关德育内容的重新探索，将有利于呈现更加丰富的内容。其次，对德育内容的整理、发掘和拓展将起到一定的推进作用。最后，隐性教育方法的引入对德育方法理论的研究也将起到一定的积极作用。高校德育中传统文化的隐性教育研究从一个全新的角度研究新时期高校德育的内容与方法，为高校德育各方面的研究提供了一定的见解，以期能对我国德育的方法研究发展起到一定的推动作用。

第一节 传统文化与隐性教育的相关理论概述

任何事物的研究都必须有相应的理论作为基础。高校德育中，传统文化的隐性教育，也是需要在相关理论的支持和引导下，才能够顺利进行。

一、传统文化的内涵及其与德育的关系

中国传统文化源远流长，博大精深，它是指中国历史上以农业经济为基础，以宗法家庭为背景，以中国传统文化伦理道德为核心的社会文化体系。它包括哲学、教育、史学、农学、文学、艺术等为主要内容的中华民族所创造的物质和精神成果的总和。它包含着思维方式、价值理念、情感情怀、行为准则等广泛的内容。它是我们祖先传承下来的丰厚遗产，一直哺育着中华文明的发展壮

大,至今仍发挥着重要的育人作用。

(一) 传统文化的内涵

此处所指的传统文化,主要是指中国优秀的传统文化。更具体地说,是包含德育思想的相关中国优秀传统文化。众所周知,传统文化是历史的产物,内容博大精深的同时,也意味着内容的庞杂,许多思想也可能陈腐而不符合现实的需求。对此,我们在传承传统文化时只吸取其精华,而中国优秀传统文化就是中国传统文化中最精粹的部分,它是一个穿越人类生存时空的概念,具有历史的绵延特性。它是中华民族精神的传承载体、民族精神的外化形式,是中华人民勤劳和智慧的结晶。优秀传统文化表现出历史久远、内容丰富、内涵深刻、意境高远、气势恢宏的特点,它凝聚着中华民族积极奋进的进取精神,体现着中华民族自强不息、刚健有为的精神风貌,表现着中华民族崇高的精神品格和精神追求,富于中国民族特色的人文、伦理的价值。

(二) 传统文化蕴含丰富的德育思想

第一,精忠爱国。

"中华民族在长期的生存和发展中,逐步凝结成对祖国浓厚的爱国主义,形成了精忠爱国的浩然正气和民族气节,这种爱国主义可以说是最质朴的情感和品性,它是爱亲爱家爱乡之情的直接扩充。"中华民族能在几千年的历史长河中,历经坎坷而仍巍然屹立于当今世界之林、文明之林,最重要的就是中国传统文化中蕴含着丰富而崇高的爱国主义精神。

中华民族是一个典型的家国同构体,历来就有一种对国家、民族、社会的责任感和使命感,具有深重的忧患意识。他们重视国家、民族和社会的利益,强调为整体而付出甚至献身的精神。文天祥的"人生自古谁无死,留取丹心照汗青"、陆游的"王师北定中原日,家祭毋忘告乃翁"、范仲淹的"先天下之忧而忧,后天下之乐而乐"、顾炎武的"天下兴亡,匹夫有责"等,都充分体现了千年来中华儿女爱国、忧国、忧民的责任感和以天下为己任的崇高思想。在此基础上形成的爱国主义精神,使整个中华民族、中华文明经受得起任何狂风暴雨的袭击,自始至终昂首向前、奋勇前进,屹立于世界民族与文明之林而不倒。

第二,仁爱孝悌。

在中国传统文化中,"仁"与"人""道"是统一的,是人之所以为人的特性所在。"仁也者,人也。合而言之,道也"(《孟子·尽心下》)。"仁"发源于

第八章　高校德育中传统文化的隐性教育研究

社会人在共同生活中所形成的"恻隐之心",即"同情心",基于家族生活中的亲情。"仁"德的核心是爱人,"仁者爱人"。其根本是孝悌,"孝悌也者,其为仁之本"(《论语·学而》)。孝悌之德的主要内容是父慈子孝、兄友弟恭,它在社会道德生活中具有崇高的地位,得到普遍的奉行。由此,仁爱孝悌思想成了家族亲情形成的基础,其对家庭关系、人际关系,甚至对社会的稳定起了极为重要的作用,成了民族团结发展的重要基石。在此基础上,孝悌之情扩展便有了所谓忠恕之道。"忠恕"可以说,是由"仁"派生而来,是"仁"由家族之爱走向国家之爱的中介。孔子把"恕"作为自己终身践行的道德准则,他认为,"忠恕之道"就是"为仁之方"。忠恕之德于人的基本要求是以诚待人,推己及人。其具体内容是己欲立而立人,己欲达而达人;己所不欲,勿施于人。仁德的这种爱人、孝悌、忠恕的思想,是中华民族传统美德的集中体现。因为这种思想,产生了无数孝子慈父,为民请命、杀身成仁的志士在中国传统社会中不断涌现。

第三,诚实守信。

性善的信念在中国传统文化中一直占主导地位。它强调为人的自主自律,特别重视"诚"与"信"的品德。"诚"即真实无妄,其最基本的含义是诚于己,诚于自己的本性。"诚"既是天道的本然,也是道德的根本。"诚者天之道路也,思诚者人之道也"(《孟子·离娄》),真实无妄是天道路,而对诚的追求则是人道路,所以"养心莫善于诚在"诚"的基础上,古人拓展了许多相关的道德思想,如为人的"诚实"、待人的"诚恳"、对事业的"忠诚"。正如《中庸》中所说"不诚无物"。"信"与"诚"是相通的品德。《说文解字》云:"信,诚也,从人言。"孔子则把它作为做人的根本所在,"人而无信,不知其可也"(《论语·为政》)。

"信"的根本要求是言与行统一,所谓言必信、行必果。"信"是市场经济良性发展的要求,也是人培养诚实品质,取得他人信任的前提。

"朋友有信"是国人交友的基本准则。春秋时代的孔子就把"老者安之,朋友信之,少者怀之"(《论语·公冶长》)作为他自己的处世态度;"足食、足兵、民信之矣"作为治国的三个基本要领。孔子认为,在"足食、足兵、民信"三者之中,"信"是最根本的,因为"自古皆有死,民无信不立"(《论语·颜渊》)。自独尊儒术以后,中国传统道德更是把"信"提高到与仁、义、礼、智并列为"五常"的高度。守信用、讲信义,从此成了中国人公认的价值标准和基本道德。

第四，自强不息。

"天行健，君子以自强不息。"《周易·乾·象》对此有过相关的表述。这句话的意思是说，天永不停息地自我运行，它不在于借助外力，而是完全凭借自己内在的因素，对此，人应该效仿天道，刚劲有为，积极努力，奋发而有为。不只《易经》表述过这一思想，中国传统文化创始人孔子也积极倡导并践行这种自强不息的精神。《论语·述而》中就指出过："发忘食，乐以忘忧，不知老之将至云尔。"荀子认为："锲而舍之，朽木不折；锲而不舍，金石可镂。"虽然孔子和荀子所表达的思想各有侧重，但不难看出，其思想的本质内涵还是相通的。努力向上的开拓精神和自强不息的进取精神，在悠久的历史长河中，许多思想家有过深入的阐发，经过历代先哲志士的弘扬提倡和身体力行，更是已经成为中华民族精神的重要组成部分。这一思想千百年来一直激励着中华儿女奋发向上，在面对厄运挫折时刚健自强、抗争奋斗；在艰难困苦中顽强搏击、愈挫愈勇，向世人展示了中华儿女永不向困境和命运低头的高贵品质。

第五，厚德载物。

《易经》在阐述自强不息的精神的同时，也表达了厚德载物的思想。"地势坤，君子以厚德载物"，这一句的意思是说，君子的胸怀应该像大地一样宽广，能包容天下万物，能用崇高的道德去包容他人，能容纳各种不同的意见。这一思想运用到人际关系上，老子提出了"以德报怨""以德服人"的主张。与此相近，孔子则提出了"己所不欲，勿施于人""己欲立而立人，己欲达而达人"等思想。可以说，古人这种宽厚之道体现了人与人之间的相互尊重、团结友善，包含了理解、宽容以及善待他人的厚德精神。这种厚德思想在社会关系中能达到人与人、人与社会的和谐。"和谐"成了厚德思想发展的一个结果。这也是中国优秀传统文化的基本精神之一。中国优秀传统文化主张"尚和持中"，讲求人与人、人与自然的和谐，在人格品性上注重中庸，形成了为人处事讲礼仪、讲谦虚，以及温良平和的性格特征。"尚和持中"、注重和谐还可以联系到"天人合一"的思想。虽然它主要是论证人与自然的和谐，但发展到今天，天既可指自然也可指"天下"即社会的意思，于是有了人与人、人与社会的和谐；而人与天也就成为人的发展与自然环境保护的和谐。

第六，见利思义。

孔子倡导"见利思义"的思想，并以此来作为区分"君子"和"小人"的重要标准。孟子要求"先义而后利"，培养"配义与道路"的浩然正气。荀子明确提出："先义而后利者荣，先利而后义者辱。"(《荀子·荣辱》)。宋明理学在把义利与公私联系起来,并把义利与天理人等同,一方面,强调"正其义不谋其余";另一方面,认为"正其义而利自在,明其道而功自在",从而得出了"利在义中""义中有利"的结论。宋明以朱熹为代表的理学尽管有重义轻利的倾向,但整个传统价值观的基调还是先义后利。义利思想发展到明清之际,许多思想家对宋明理学的义利观进行了批判继承,提出了"正义谋利","天理寓于人欲之中",强调义中之利等观点,但是,实际上还是遵循了前人"先义后利"的义利思想。纵观整个历史主流,把义为人的根本特点和价值取向,是中华道德精神的精髓,它升华为"生以载义""义以立生"的人生观。"将贵其身,生非不可贵也;将舍其身,生非不可舍也。""生以载义,生可贵;义以立生,生可舍。"(王夫之《尚书引义》卷五)它升华成了中华民族"杀身成仁""舍生取义"的崇高精神。对此,孟子的相关表述集中体现了这一精神境界:"鱼,我所欲也;熊掌,亦我所欲也。二者不可得兼,舍鱼而取熊掌者也。生,亦我所欲也;义,亦我所欲也。二者不可得兼,舍生而取义者也。"(《孟子·告子上》)由此,更进一步形成了以身任天下的坚贞之志和宠不惊而辱不屈、生死当前而不变的荣辱生死之观。

(三)传统文化有着重要的德育功能

第一,民族精神、责任意识,有利于塑造大学生的思想灵魂。

中国传统文化中蕴含着丰富的民族精神和深厚的社会责任感,对增强大学生的理想信念及民族自尊心和自信心有着重要的作用和意义。顾炎武的"天下兴亡,匹夫有责"、于谦的"粉身碎骨浑不怕,要留清白在人间"、文天祥的"人生自古谁无死,留取丹心照汗青",激励大学生把自己的命运同祖国、同社会的命运紧密联系在一起,把国家的利益看得高于一切,并自觉用个人的高尚人格,维护祖国的尊严,服务于祖国的需要,促进祖国的繁荣和昌盛,为国家的建设和发展可以奉献自己的一切甚至生命。"先天下之忧而忧,后天下之乐而乐"的博大情怀、"富贵不能淫,贫贱不能移,威武不能屈"的高尚情操、"士可杀不可辱""三军可夺帅,匹夫不可夺志""舍生取义""天下为公"等,无不体现了为社会尽责、为国家尽忠的献身精神,更体现了先人以国家利益为上的高尚情操。这种以天下为己任的民族精神和社会责任意识塑造着一代又一代的中华儿女,成了中华民族最具特色的精神品格和道德风貌。

在市场经济为主体的社会背景下,这一思想的学习对高校学生学会正确处理个人与集体、国家之间的利益关系,培养青年学生的集体主义、爱国主义精神具有重要的指导作用。新时期，继承和发扬这种以国家利益、社会责任为重的群体精神和责任意识，将有助于消解个人至上、自私自利、损公肥私等不良思想对当代大学生的影响，从根本上给予大学以思想灵魂的滋养和塑造。

第二，克己修身、"德行"文化，有利于完善大学生的品格道德。

中国比较重视人的行为的自我规范，注重个人的道德修养。这种重视人的道德价值观念的态度，对新时期高校德育具有极其重要的现实意义。长期以来，高校的教育侧重于对大学生世界观、人生观、价值观的教育，而对学生的基本道德品质教育却关注不足。中国传统文化中有关道德修养的内容广博而深邃，有很强的哲理性与思想性。无论是屈原《涉江》中的"吾不能变心而从俗兮，固将愁苦而终穷"、《论语·里仁》中的"见贤思齐焉，见不贤而内自省也"、《周易·乾·象传》中"天行健，君子以自强不息，地势坤，君子以厚德载物"、《三国志·蜀书·先主传》中"勿以善小而不为"所蕴含的内容，还是以德治国、修身为本的重德精神，各族一家、谐和各邦的宽容精神，"使老有所终，壮有所用，幼有所长，鳏寡孤独废疾者皆有所养"的人道精神，无不彰显着优良的品德思想。新时期，正确的继承和发展这些优秀的传统文化对大学生思想道德的培养将产生积极而深远的影响。

第三，天下为公、"义利"思想，有利于端正大学生的价值取向。

中国传统文化鄙视只顾一己私利的行为，倡导谋"天下之大利"（《墨子·兼爱下》），赞扬为社会、为国家、为民族的"夙夜在公"（《诗经·召南·采蘩》）、"以公灭私"（《书·周官》）和"公而忘私，国而忘家"（《儒林外史·第六回》）的群体思想和行为；在义利思想上，特别强调"以天下为己任"，先义后利，义以为上。在获取个人利益时，一定要考虑是否符合"取之有道"的原则，提倡"见利思义"，反对"见利忘义"。在以追求利润为目标的市场经济背景下，拜金主义、本位主义、个人主义等思想不仅在社会盛行，也对校园这个小社会产生相当大的影响和冲击，一些学生的价值取向发生了严重的偏离，人生观念也开始动摇。新时期，高校加强传统文化的教育，其中的"义利"思想、价值观念有利于大学生避免唯利是图、拜金主义、享受至上等不良思想的影响，树立正确的价值观和人生观。

第四，诚实守信、和中理念，有利于建立诚信和谐的人际关系。

在市场化的背景下，中国传统文化有助于诚信和谐关系的建立。市场经济发展使人们的主体意识不断增强，人们对于个人物质利益的合理性和合法性有了更深入的认识，促使人们平等、进取、价值、信誉、竞争、公平、法制观念等新的道德价值观念的形成和强化。但是，利益最大化观念的驱动很容易导致人们唯利是图、金钱至上，重利轻义、不讲信用等不道德的现象也时有发生。我国高等教育领域，也同样受到市场经济消极影响的冲击。而中国传统文化中，特别强调诚实、守信，以及人与人、人与社会的和谐。传统理想人格推崇诚信仁善，认为仁者在对待学问的态度上要严谨求实，从实际出发，实事求是。而在对待人际关系上，要求"言必信，行必果""自古皆有死，民无信不立"（《论语·颜渊》）、诚实守信。而市场更是呼唤诚信和谐，因而，在追求利益最大化的今天，传统文化对大学生诚信和谐理念的形成及良好人际关系的建立，都有着重要的作用和意义。

二、隐性教育的内涵及作用机理

（一）隐性教育的内涵

显性教育是指"充分利用各种公开手段、公开场所，有领导、有组织、有系统的德育方法"，通常以课堂教学为主，配合专题教育、主题讨论、学习整改、文件报告等形式，具有内容系统、组织集中、目的明确、学习强制等特点。而隐性教育则是一种与显性教育相对应的教育方式、方法和手段。其概念的定义和内涵的诠释，因切入角度的不同，相关文献也有着不同的界定，这也是隐性教育研究主要存在争议的地方之一。综观相关隐性教育文献，对于隐性教育概念的界定主要有三个角度。第一，对比显性教育的角度。从这一角度诠释的学者认为：隐性教育是一种非正规形式，是相对于显性教育而言的，相对符合一般公认标准的"正规"形式而言的，它不是人们已经司空见惯的德育的常用形式，而是充分利用人们社会生活、日常生活中本身存在的形式。

第二，载体表现形式的角度。从这一角度诠释的学者认为：隐性教育是指"运用多种喜闻乐见的手段，寓教于建设成就、寓教于乐、寓教于文、寓教于游戏等，把德育贯穿于其中，使人们在潜移默化中接受教育"。

第三，教育要素特征的角度。从这一角度诠释的学者认为：隐性教育是指"教育者、教育内容、教育目标是不直接显露的，是隐藏的，其教育形式是侧面的、间接的，常采用'迂回''渗透'的教育方式"，是"采用非强制方式，在他们心目中产生一种潜在的说服力，从而把组织的意志变为他们的自觉行动"。

所谓隐性教育，是指教育者按照一定的社会目的和要求，通过潜藏的教育性因素间接地对教育对象的思想和个性渗透塑造性影响活动的手段和方式。作为一种教育方法，隐性教育利用隐蔽的方式巧妙地使教育对象掌握和理解抽象的思想道德概念，达到应有的道德理论水平，进而内化为自己的道德观念，使之成为道德评价标准，并自觉地指导自己的言行。

（二）隐性教育的作用机理

隐性教育是通过怎样的方式发生作用的呢？

有关心理学研究表明，人的思想的形成和发展依赖于人的相关心理因素的作用。这些因素主要包括认知、情感、意志等心理过程，当然还包括一直处于积累状态，只有等到发生质变才起作用的无意识。情感、意志、无意识等，都是隐性教育的主要影响对象。因为对情感、意志和无意识的影响过程都不是直白的教育过程，而是在受教育处于非教育认知的情况下受到的影响，隐性教育的各种方式对人的整个非认知的心理发生各有侧重的作用，从而达到潜隐的育人效果。

第一，隐性教育着眼于无意识视听，熏陶育人。

车文博认为，无意识"是人所未意识到的心理活动的总和，是人脑不可缺少的反映形式，是主体对客体不自觉认识和内部体验的统一"。从中不难看出，无意识也是人脑对客体的一种非明显的认识，当无意识达到一定程度，就可以转化为意识。也可以说，无意识是意识形成的前提和基础，而意识则是无意识发展的转化对象和必然结果。只要当实践和认识提出对无意识的信息需求，而相关的无意识信息储备达到一定强度，无意识下所接受的内容就会向意识转化，进而对人的思想行为产生影响。隐性教育着眼于无意识接受，重视加强对教育对象日常接触环境的建设，并按审美要求把目标价值理念渗透其中，用浓厚的环境氛围来作用于教育对象的无意识心理。这些环境性内容对教育对象虽然不能发生直接的影响，但是，由于长期的影响，这些价值理念信息会一点点地积累到受众的意识底层，而当积累到达一定程度，或现实中对相关相信提出需要时，这种信息就会出现并对受众的认知和行为发生影响。无意识的教育措施是多方面的，其中以视听环境建设为主。心理学家研究表明，人获得知识的主要途径或者凭借手段便是视觉和听觉。因此，根据视觉和听觉因素对无意识作用力最强的特点，搞好建筑规划、优化校园环境、建设文化长廊和融合教育内容的艺术作品、加强校园广播和学校报刊的传播设计，都将有利于无意识视听熏

第八章 高校德育中传统文化的隐性教育研究

陶育人的实现。但是，环境性的无意识教育必须建立在重视人的审美需要的基础之上，要注意载体的艺术性和信息嵌入的适度性，否则很难达到预期的效果。

第二，隐性教育着眼于情感需求，服务育人。

人是有着丰富情感的高级动物，人的心理活动过程也是情感变化的过程，并且它和人的认知过程也有着紧密的联系。一方面，人在认知的过程中的心理活动会影响人的情感；另一方面，个人的情感情绪也会对人的认知起到推动或阻碍的作用。那么究竟什么是情感呢？

情感主要是指情绪和感觉，它是"人对客观事物的态度的体验，是人的需要是否获得满足的反映"。情感的形成有着复杂的过程，我们称为情感过程，它和主要反映客观事物本身的认知过程不同，情感过程主要反映人的需要与客观事物之间的关系。也就是当外界事物能满足或符合人的需要时，人就处于愉悦、积极、热情的情感状态，这时，认知的主动性和效率就会较高；当外界事物不能满足甚至有违人的需要时，人就处于紧张、焦虑、冷漠，甚至愤怒等情感状态，这时认知的主动性和效率就会降低。因此，重视合理满足教育对象的情感需要，有利于防止教育中的排斥心理，有利于达成教育主客体双方的心理相容，为教育渗透创设良好的心境条件。在对情感过程的运用上，隐性教育有广阔的空间。常见的形式包括，在文化娱乐活动中加强高尚精神的感染，在知识和技能培训中渗透德育内容，在心理和法律咨询服务中开展思想疏导，在帮助解决现实问题中提出自我设计、发展建议等。这种教育方法的显著特点就是，完全以提供需求服务的形式出现，在融洽、平等的氛围中完成必要的思想引导。情感因素的作用整体上以现实需要满足为前提。

第三，隐性教育着眼于意志强化，行为反馈育人。

意志是与行动联系最为紧密的心理过程，因为有道德的认知并不一定有道德的行为，这一行为外化的过程和人的意志强弱程度有着重要的关联。

那什么是意志？意志主要是指"一个人自觉地确定目的，并根据目的来支配、调节自己的行动，克服各种困难，从而实现目的的心理过程"。一个人对某一目标是全力以赴、一往无前，还是有所保留中途退却，首先取决于对目标认知的深刻性，但更重要的是取决于亲身实践的行为反馈。因此，在受众中内化的行动规范，教育者就算"说破嘴皮"，往往会因为社会或周围环境中一个潜规则的存在而显得无力，而教育管理者自身行为的失范，更会致使内化行为难以实现。比如，在市场经济发展的初级阶段，投机取巧风气盛行，而诚实守信则被看成愚蠢的代名词。在这样一种群体性压力下，诚信的理论教育就显得空洞而缺乏说服力。德育的目标是升华思想、规范行为，这一目标的实现因此也必须重视行为反馈的正向作用，从而确保教育导向得到巩固和落实。隐性教育是把教育导向渗透制度、管理与服务中的教育方式，通过把教育导向渗透对教育者的严格要求、对管理骨干的教育管理、教育服务，以及对象参与的社会实践活动中，让教育对象接触到的不同人群的行为导向，强化自身实践的行为心得，从而实现德育的最终目标。在意志培育方面，隐性教育有两个主要的方式：一是加强高校校园文化建设；二是加强学校文化实践活动的发展，重点关注与人的切身需要相关的制度、管理、活动和服务等事项，传统德育对此涉及不多，但它十分关键。

第四，隐性教育着眼于态度平衡，舆论导向育人。

规范行为和态度是德育的主题，也是德育的直接目标。

那什么是态度？心理学辞典解释为：态度主要是指"个体基于过去经验对其周围的人、事、物持有的比较持久而一致的心理准备状态或人格倾向"。从中我们不难看出，态度综合了知、情、意三个过程部分，是属于人的个性倾向性范畴。态度有着对人、事、物的明显针对性，在日常生活中表现为信与不信、好与不好、要不要做、怎么做相结合的形式，具有一定的稳定性，对人的深层认识和外在行为都有重要调节作用。态度的形成和改变主要受环境、大众媒体、他人等一系列因素的影响，而这一过程的完成与联想、模仿和强化这三个心理过程有着重要的联系。

有关心理学家的认知失调论就指出，改变人的态度的途径有三条：一是消除环境中的负面因素，二是强调、肯定正面因素，三是增加、发展正面因素。根据态度心理的这种形成和改变机制，隐性教育通过营造积极的舆论导向氛围，抵制与期望要求相违背的行为和思想，肯定、推崇积极正面的规范，从而达到端正教育对象各种态度的目的。其具体的形式包括：通过校园广播、校园刊物等媒介正面积极引导，增强教育对象接触的正面因素；通过对典型人物、先进事迹的宣传和对不良现象的否定与批判，强调受众身边的正面因素；通过发展思想骨干队伍，搞好家庭、学校、社会的教育联络，发挥教育对象人际交往的强大态度导向作用，减少负面因素，扩大正面影响。当然，舆论导向必须以尊重人的归属与社会性需求为前提。因为只有关注和适当满足人的各种内在需要，才能有效调动教育对象对教育信息接受的积极性，才能实现教育的目的，否则教育作用的发挥就只沦为空谈。

三、隐性教育与显性教育的区别与联系

（一）隐性教育与显性教育的对立性

显性教育是指充分利用各种公开手段、公开场所，有领导、有组织、有评估反馈机制，比较系统的教育方法。显性教育的教育目标明确而外显，在实施过程中，无论是课程的设置，还是课时、教学大纲，均是由国家统一制定，它是一种自上而下的具有一定规范性的教育。显性教育实施的基本方式是课堂"灌输"。

而隐性教育对比显性教育，则有如下不同的特征。

第一，教育方式上，间接性与直接性的对立。隐性教育的方式是间接的，它采取"迂回"的渗透式教育方式，将教育内容隐含在特定的环境、文化因素和团体活动之中，教育者与被教育者之间的信息传递一般是间接地进行，从而达到教育的目的。这种方式中，教育者不直接言明教育的内容和目的，而是将它们深藏在各类文体活动、科技活动、演讲赛辩论赛、精彩报告等各种载体之中，让受教育者在参与这些活动时，不知不觉中受这种"氛围"的熏陶，提高各种素养。显性教育则与之相反，它是通过直接的课堂教育，将教育内容和教育目的明确的告之受教育者。很显然，隐性教育这种"旁敲侧击"间接达到教育目的的教育方式，相比于要求明确的显性教育具有间接性与直接性的对立。

第二，教育过程上，顺然性与强制性的对立。隐性教育主要是通过对受教育的无意识作用来达到教育的目的，从受教育者的接受心理来说，具有顺然性。有关心理学研究发现，人的思想存在一种"自身免疫"的作用，即当有与自身原有思想体系相违背的思想进入大脑时，人自身的原有思想就会形成一个"防护层"，阻止外界思想的"侵入"，或者对外界进入的信息进行同化变异后再予以吸收；而当感知这种外界思想的程度越大，我们本身思想的"防护层"抵触也就越强烈。隐性的教育方式很巧妙地避开了这一冲突，它在实现人的思想教育过程中，不知不觉地、顺乎自然地将社会要求的思想意识和行为规范浸透受教育者的思想中。而显性教育则不仅规定了教学的时间表，而且规定了在一定的时间，受教育者必须接受完相应的课程内容，并且有必须达到考核的要求。很显然，从心理接受的角度上，隐性教育更多地有顺其自然的特性，而显性教育则具有很强的强制性。

第三，教育内容上，隐含性与直白性的对立。隐性教育的隐含性主要体现

在两个方面,其一,是教育内容的隐含性。隐性教育的教育内容不像显性教育那样是外现的、明显的。它把所要求的内容融入各种载体之中,它没有明确规定,但时时作用于教育者的生活周围。其二,是教育手段的隐含性。隐性教育中,教育内容的传达不是直白的灌输,教育的载体不为大家所注意和重视,但同时又能有效地对受教育者发挥作用和影响。可以说,隐性信息的获得不是活动本身指向的目的,这种教育内容的获得只是附加物、伴随物,这种信息是受教育者通过自己的直接体验或间接观察获得的。隐性教育存在于校园的每一个角落,无论你参加文体活动、科技活动,还是参加演讲、辩论;无论你漫步校园还是听知名学者的精彩报告,你均会在不知不觉中受到影响。它们似乎来无影去无踪,其实,教育的目的全隐藏在其中,学生在"无形"的"氛围"熏陶下潜移默化受影响,从而实现健康成长。

第四,教育作用上,有效性与实效不足的对立。大学生正处于一个具有特别心理规律的年龄阶段,这一年龄阶段主要表现为思维活跃、感触敏锐、自尊心强、独立性强、怀疑、否定、价值观多元化等特点。当下思想工作者正面的"灌输"教育方式、方法很容易让学生产生逆反心理,从而拒绝接受教育者的观点,正面教育的实效日益下降,甚至起反作用。而隐性教育则是通过学生喜闻乐见的方式来影响学生,让学生在不知不觉的活动中感悟或者接受隐藏其中的教育目标,从而达到"春风化雨,润物无声"的境界。这种教育方式无论从教育内容还是手段上,都采用潜隐的方式,对于新时期的高校德育实效有着重大的作用,其教育的方式可以说,是实效不足的显性教育的一个重要补充。

(二)隐性教育与显性教育的统一性

隐性教育与显性教育虽然是两种不同的教育方式,有着不同的作用方式和效果。但在相同教育目标的统一下,二者也有着内在的联系与统一。他们之间存在相互补充、相互促进、相互融合、相互转化的关系。

第一,相互补充,德育内容受授与内化的统一。显性教育与隐性教育从教育方式上不存在主从关系,而是服务于相同教育目标的相互取长补短的教育方式。现实德育中,显性教育虽然面临许多困境,但是,其因有系统性、规范性等特点,其仍处于主要德育方式的地位。而必须按时按量完成课时的显性教育,于教育对象而言,就是德育内容的受授。隐性教育因其独特的育人方式,在新时期受到了更高的关注,地位有所提高,大有取代显性教育之势,但隐性教育

第八章　高校德育中传统文化的隐性教育研究

毕竟有其效果的不可测性、教育方式的不具可操作性，因而只有在显性教育的配合下，才能达到较好的教育效果。在隐性教育中，教育对象身临其境的感悟与体验则是对德育内容的强化与加升的过程。如果说显性教育是知识传授教育的话，那么隐性教育则是知识内化、品德形成与巩固的教育。

第二，相互促进，德育方式作用与反作用的统一。显性教育与隐性教育在认知和非认知领域之间存在相互配合的关系。显性教育形成的理性认知能对隐性教育的情感、意志、无意识等的形成过程具有主导和强化的作用，而非认知心理的积累又能促使教育对象主动参与显性教育的认知理解，从而达到一种良性的互动。在新时期，显性教育与隐性教育的这种促进作用对于高校德育具有很大的意义。无意识的情感、意志如果没有显性的提醒和强化，将只停留于心灵的最底层；而理性的认知如果没有得到自身的实践或者感受，很难在心理得到认同，也就是内容只作为一种知识，而没有被内化为潜意识的思想理念，也不会外化为具体的行为。

第三，相互融合，德育载体传达与彰显的统一。显性教育与隐性教育在信息传达和彰显的载体方面存在共存。显性教育与隐性教育虽有各自的特点、作用载体、作用方式，但是，在多数教育载体中，往往是内容传达与彰显的融合是形式的并存。例如，课堂主要是显性教育的载体，但是，课堂的设置和教育者的行为则可以是隐性因素；而学生生活或工作区设置的艺术建筑物是隐性教育载体，一般也承载着显性教育的文字内容等信息。因此，特征显性与隐性的明显与否，在一定程度上成了区分显性教育与隐性教育的手段。在新时期德育的方法创新研究中，这种载体的共存性成了显性教育与隐性教育相结合探索的依据和着力点之一。

第四，相互转化，德育过程目标与思想的统一。在显性教育与隐性教育过程中，存在思想内容相互转化的情形。所谓思想相互转化就是指，显性教育内容与隐性教育的思想有相向发展的要求。显性教育的内容要求，也就是显性教育的目标必然成为隐性教育所传达思想品质的指导。很显然，隐性教育与显性教育只是教育方式的不同而已，其教育的思想内容和目标要求都来自显性教育的具体规定。而隐性教育所倡导的平等互动、教育环境人文化等情况下表现出来的创新观念、思想趋势，也是完善显性教育目标内容的重要活力因素，是显性教育目标内容发展的重要借鉴，这也是对高校德育教育功能的重大完善。

第二节　高校德育中传统文化隐性教育的彰显载体

在高校德育中，传统文化隐性教育的彰显载体是指传统文化思想隐性彰显的途径和手段。传统文化教育作为德育的重要内容，其隐性教育的表现形式和隐性德育的表现形式必然有着相同之处，因而可以借鉴。另外，由于传统文化这一特殊而具体的德育资源，其彰显的形式又必然有着自己的特点，从而要求其有关相应形式的探究。传统文化隐性教育的主要彰显形式主要有：教师的个人素质、开设的专业课程、高校的物质环境、传承的校园精神和校内的网络空间。

一、教师的个人素质

所谓"身教最为贵，知行不可分"。这强调了教师在"行"上的重要性，从根本上，讲就是强调教师在教育过程中个人素质的重要影响。教师的个人素质主要通过其学识、能力与道德素养来彰显。在教育过程中，教师不仅向学生传授知识和技能，而且其言行举止、价值观念、道德品质、敬业态度、进取精神和团队精神等，对学生世界观、人生观、价值观的形成，对学生思想品质和个性品质的发展都会产生持久的感染和熏陶，有时甚至会伴随学生的一生。教师的个人素质在一定意义上成了学生成长发展的要求，教师的道德素质、治学态度、价值理念等外化而成的言行举止，是学生模仿学习的主要对象，会对学生产生深刻而直观的影响。传统文化则通过作用于教师的道德品质、价值观念和个人知识能力等，来内化成教师的人格魅力，从而达到隐性德育的目的。

教师的人格魅力能有效地激起学生的效仿行为。心理学研究表明，学生对教师往往具有效仿性。从教师的思想观念、处世态度，到教师的讲话习惯、日常细小的行为举止，都会成为学生效仿的对象。而具有人格魅力的教师更是会对学生的成长产生深远影响。因为具有人格魅力的教师的行为举止具有榜样性，它是人追求自我行为完美的理想形式。高校学生不仅会自觉仿效教师的言行，更会借鉴教师对事物的观点、看法，教师对科学、正义、生活的态度，以及他们对事业、工作的责任感。很多时候，这些比理性的德育知识教育更加生动、更能深入人的内心，因而更具有说服力。可以说，具有人格魅力的教师

第八章　高校德育中传统文化的隐性教育研究

的一言一行发挥着隐性影响源的作用，时刻影响着学生的价值取向和行为方式。正因为如此，高校应加强教师的素质教育，提高教师关于优秀传统文化思想的内化与外化，彰显他们的人格魅力，以使其对大学生产生积极的正面的影响。

二、开设的专业课程

专业课程教学主要是指，除正式德育课程之外的各科教学，这是高校隐性德育的主要表现形式。在各种专业课的教学内容中，德育因素广泛而丰富。教师在教学的过程中，只要善加利用，就能使之对学生产生潜移默化的影响。由于这种影响自然无痕，天长日久便具有育人于无形的功效，使学生的价值理念、思想品德受其影响而慢慢符合社会规范的要求。可见，强化专业课程的德育形式，对大学生的成长具有极其重要的作用。课程形式的隐性德育功能是显而易见的，但是，如何通过专业课程的教学来实现传统文化的彰显？传统文化与专业课程的结合，主要通过提高教师德育的自觉性、挖掘教材内容与传统文化思想的联系等两个方面来实现。

要充分发挥专业课程这一隐性教育形式的作用，首先，就要求各科专业教师要确实树立教书育人的德育意识，提高专业教师德育的自觉性。在新时期，专业教师的职责不再只是单纯的知识与技能的传授，而更是要以人为本，全面关注学生的成长、成人和成才。在现实教学中各科教师其实都在默默地进行着学生的德育工作，只是其还处于无意识形态下的行为。要加强专业课程的传统文化思想的彰显，全员教师德育观念的树立是必要的前提。

其次，要充分挖掘各学科教学中有关传统文化的德育因素，增强教学内容和传统文化的联系。在自然科学类课程方面：要注意挖掘中国古代的领先科学，以及先辈们为追求真理的感人事迹与执着精神。阐发先人身上体现出来的敢为人先、严谨认真的科态度，以及他们勤于思索、敢于探索的精神和勇气，从而达到学生坚韧、积极其人格的目的。在人文学科类课程方面，各人文科学课程与传统文化有着紧密的联系。教师在相关教学过程中，应充分挖掘人文学科中的传统文化因素，探究其价值理念、人文关怀、社会伦理的内涵，从而做到有效激发大学生的社会责任感和社会公德意识的目标。总之，课程教学是高校教育的基本活动，是大学生学习成长的主要阵地，这就决定了课程教学是高校传统文化隐性德育的基本而有效的形式。

三、高校的物质环境

高校的物质环境是指包括学校建筑、自然环境和人文景观等在内的物质实体构筑的校园空间。高校的德育活动是在一定的空间中进行的,而富有艺术感的校园建筑、优美的环境设施,并非毫无生命和感情色彩的客观存在,它们对学生品德的形成、个性的发展有着潜移默化、悄无声息的作用和影响。教育学家苏霍姆林斯基就说过:"一所好的学校连墙壁也能说话。"可见,校园的物质环境在高校德育中有着重要的作用,其"润物细无声"的方式,不仅能起到陶冶情操、启迪思想、规范行为、激励上进的作用,更有着重要的象征意义和陶冶功能,可以调节和规范行为,形成奋发进取的精神面貌,提高人们的审美情趣和道德认识水平,全面提升人的道德素养。

高校物质环境作为传统文化的主要彰显形式,主要通过在校园物质环境建设中,要把人文资源、传统文化知识融进校园的每一个角落。学校的规划建设要能彰显所倡导的校园精神。对此,在校园的硬件建设上大有文章可做。比如,校园中的建筑外墙、教室、走廊,都可考虑张挂富有哲理性的诗句警语;而建筑物、道路的风格和命名,既可以考虑具有知识性,又可以具有教育性;校训、校史,还有校园"名人堂"、校园中先贤人物塑像、楼道的名人画像及其名言等,都可以加以重视。这种文化环境的建设别具匠心,使具有生命灵性的人文精神承载于有形的物体中,和自然风景和谐统一,让学生在浓厚的氛围中无意识受到教育的启迪和品性的塑造,对大学生思想政治与道德品质的形成有着重大的作用和影响。现代高校,种植具有人格象征意义的花草树木,使得校园的自然风景具有文化的意蕴,而建设教育性人文景观,如富有爱国主义和高尚情怀的屈原塑像、具有博大中国传统文化内涵的"中华儒教园"、具有东方园林艺术魅力的仿东汉洛阳太学庭院式的太学广场等一系列人文景观,均是继承和弘扬中华优秀传统文化、培育大学生人文素质和民族精神的有力载体和彰显形式,使学生们的思想道德在无意识下受到感染和熏陶,从而达到教育的目的。总之,学校的物质环境和传统文化在各方面的融合,对大学生产生着潜移默化的影响,是高校隐性德育不可忽视的重要因素。学校的建筑设施、园林绿化,以及各种装饰,不仅具有实际的使用价值,而且具有象征意义和陶冶功能。

四、传承的校园精神

传承的校园精神作为高校传统文化隐性德育的形式之一，主要是指由学校传统、教学理念、师生关系、学习风气等所凝练而成的富有学校特色的精神风貌。它反映并体现着学校成员共同持有的道德情感、价值体系、行为模式和目标追求。它散播于校园各个角落，时刻体现着大学生的价值理念与思想道德，影响着学生的学习、生活方式，规范着学生的言行举止。学校的校园精神是学校师生在长期的教、学实践活动中，通过有意识的倡导强化，并经历史的沉淀、选择凝练而成，它所传承、倡导的价值理念和思想道德通过校内的各种环境因素及学校师生而得到彰显，从而赋予学校以特有的个性魅力。

传承的校园精神中校风是主要的构成要素。所谓校风就是一个学校本质特性和精神面貌的集中反映。良好的校风是一种无形的力量，它充满整个校园，时刻作用于大学生四周，自觉地抑制和改变学生的不符合规范的行为和作风，从而使学生的言行举止符合它所要求的程度。在校风中，更为细化的班风对学生行为也有一种强有力的纠偏作用。它能使学生不断调整自己的思想和行为而符合所倡导的价值理念。总之，在这种无形而强大的力量作用下，学校所倡导的价值理念和行为规范就会被内化为学生内在的意识律令，从而形成符合要求的价值取向和行为习惯。

传统文化是培育和凝练校园文化、校园精神的重要资源。传统文化中所蕴含的价值理念、精神态度、行为取向，在现代大学文化和精神中都有所彰显。如湖南大学，无论是其"博学、睿思、勤勉、致知"的校风，还是"实事求是，敢为人先"的校训，都继承拓展了岳麓书院所沉淀的文化底蕴、倡导的教学育人理念。大学精神环境因是经长期实践活动并经历史的积淀、选择、凝炼发展而成，其所倡导的价值观念、学习态度都具传统性的特点，与传统文化思想有着比较深入的融合。对此，高校要充分挖掘学校自身历史传统的宝贵资源，再结合学校发展战略和规划，根据学校办学思想和理念，努力凝炼具有时代特征和学校自身特色的校园文化精神。新时期的高校建设，应当提升大学的育人理念、志向和精神境界，不断增强学校的文化底蕴，并通过大学文化的传播和大学精神的沉淀，发挥大学文化和大学精神对学生巨大的感染力、渗透力和熏陶力，从而起到凝聚人心、激励斗志、鼓舞士气的作用和效果。

五、校内的网络空间

网络为学校德育开辟了全新而广阔的空间。新时期，互联网以其强大的交互功能成了高校学生了解世界、获取信息的一条便捷、快速的渠道。充分利用校园网络开展高校德育，是新时期良好的教育形式和难得的隐性资源。目前，高校网络建设初现成效，一方面，一大批富有特色的校园网站开通，有许多高校甚至开通了红色网站、德育网页；另一方面，许多高校创建了校园BBS，并利用这一网络工具来了解学生最新的思想动态，为高校德育工作的针对性实施提供及时有效的依据。

校内网络环境作为传统文化思想内容的隐性载体资源，主要通过以下两个方面来得到表达和彰显。一方面，通过网站的版面设计来得到彰显。就像人的眼睛是心灵的窗户一样，网站版面也是一个网站内蕴彰显的窗口。网站版面可以融合传统哲理名言、传统图画、圣人先哲的经典图像等这些富有传统文化思想的设计，这样不仅丰富、美化了网页的版面形式，而且凸显出深厚的文化底蕴，让学生在浏览时潜移默化地受到熏陶和感染。另一方面，通过网站栏目、内容来得到彰显。新时期，高校学生对于缺乏新意，生硬说教和简单贴政治、道德标签的内容有很强的厌烦心理。德育网站内容的建设必须体现出海纳百川、兼容并蓄的时代精神，集思想性、教育性和多样性于一体，贴近学生，贴近生活而富有特色。对此要精心设计各种栏目，开展形式多样、生动活泼的网络德育活动，吸引大学生的广泛参与，寓教于乐。而把人生观、价值观、道德观等内容通过传统文化来传达，将会收到意想不到的效果。传统文化博大精深，有富有哲理的寓言，富有深意的诗谜、字谜、灯谜，富有传奇色彩的个人事迹，催人奋进的感人故事，等等。总之，传统文化可以把教育性内容变得生动具体、富于视觉色彩和情趣，在潜移默化的影响下，能提高大学生的道德素质。从而实现网络科技在新时期高校德育中内容与形式、科技与人文的有机融合。

第三节 高校德育中传统文化隐性教育的对策思考

隐性教育是我们探索的高校德育工作中的一种新的教育方式，它对我们提高高校德育工作的有效性、拓展德育空间有着极其重要的作用，也成了显性教育方式的重要补充。

一、教育方式层面

从教育方式层面来看，高校德育中的传统文化隐形教育要重视丰富德育工作的方式。

（一）注重隐性教育与显性教育相结合

隐性教育与显性教育是我们进行德育工作的两种教育方式，这两种方式的运用可以相互弥补各自的不足，使德育功效得到更大的发挥，二者相互渗透，相辅相成，各显优势，使高校的德育工作所存在的问题得以缓解或解决，而如何将二者结合起来并发挥更大的功效，是我们面临的又一新的课题。

显性教育，顾名思义，它的教育目的和目标都较明确，是教育者直接向受教育者传授道德知识，明确告诉受教育者应该干什么、不该干什么，直接对受教育者的道德修行施加影响，正面灌输，最终通过受教育者识记各个条目，在日常生活中对其加以约束，最终达到教育目的。

这种教育具有以下优势。首先，教育目标明确。受教育者能非常清楚所要学习的知识内容，不致迷茫而无所获；同时，也可量化教育效果，看受教育者是否真的识记并理解了这种知识。其次，教育内容系统化、理论化。随着我国对德育方面的重视，对德育知识课本教程的编纂日益完善，且是我国思想道德教育方面的专家合力对其知识进行梳理、整合成册，我国高校目前运用的教科书基本是以马克思基本原理、思想道德修养与法律基础、形势与政策等为主，学校把这些科目定为大学生在大学期间所必修的科目，这就保证了每个学生都有机会和条件学习这些知识，同时装订成册，也使每个学生所学习的课程可以一条主线串起来，有条理，清晰明了，系统化，理论化。最后，教育行为制度化、规范化，在校学生要受国家法律、校规、班规等各项制度的约束，并受所在环境和风俗习惯的影响，以及道德舆论的监督，有利于学生规范自己的行为，提高自己的道德修养。

隐性教育，则是以一种潜隐的、潜移默化的、渗透的方式所进行的润物细无声的教育，它不明确告知受教育者所要达到的教育效果，也不告知其教育目标，更不是通过灌输的方式向其传授道德理念，而是营造一种氛围、通过设置各种道德实践活动，使学生置身其中，体验这种教育理念，在不知不觉中受到熏陶、感染，使其内化于受教育者内心，自愿接受，并践于行，受到自己内心的约束所达到的效果要远远胜于被动地受到外界环境、制度的约束，效果要好得多。

隐性教育具有以下优势。

第一，教育方式隐蔽，可以避免受教育者产生逆反心理，使其在不知不觉中接受教育。当今的大学生自主性较强，有着自己的价值观和价值理念，有着独立的判断力，会选择适宜于自己的道德判断标准，做出自己的价值选择，直接正面的灌输会使他们产生抵触情绪，使他们自己觉得丧失了自己的主体性和独立性，而隐性教育则是先让他们在这种情境中感受价值观念，使其自己做出判断，自己选择正确的价值理念，故能产生良好的教育效果。

第二，教育范围较广，隐性教育可以无处不在、无时不有，我们可以在任何不同的地方营造这种教育氛围，它不分场合、不分时间，随时随地都能产生教育效果，教育资源丰富。

当然，显性教育和隐性教育也各自都有自己的弊端。如果把二者结合起来，将产生事半功倍的效果。我们在进行显性教育时，在德育的课堂上可以一改传统课堂的模式，由教师主讲改为教师和学生共同学习，或让学生自己探索学习知识，提高自我修养的方法。比如，一节课可以让学生以分组的形式，以自己的实际行动来体验这种知识，或者让学生自己做老师，安排和组织某一节课的学习。应该如何着手才能让自己和其他同学都能领略这种道德品质，我们还可以采取让学生去敬老院、孤儿院等场所去慰问，帮助那些需要帮助的人，切实从内心深处领略助人为乐的精神。教师突破传统途径，可以使学生在寓教于乐中学到精髓。

另外，教师还可以结合当今热点，让学生关注国家大事，提升自我责任感，现在高校中已紧随时代步伐，校园内已多有电子屏，可以在每天晚上7点准时播放当天同步直播的新闻联播，立于教学楼的正前方，利于学生站在教学楼上即可关注新闻，关注国家大事。另外，这块大的电子屏还处于人流量较大，且是校园的中心地带，这就给同学们提供了更为便捷的条件，方便同学们关注热点、关注国家。这样，有利于同学们自己开阔视野，同时也有利于国家大政方针政策的宣传。

除此之外，同学们还可以根据自己的兴趣去参加学校举行的各类学术类讲座，领略大师风范的同时，见识这个学科领域的最新的发展动向，可以以最便捷的方式，学到自己最想学习的知识。以上所举例子，是显性教育与隐性教育相结合的几种方式，当然，这是一种新型的教育方式，还有着广阔的空间，需要我们去探索、去研究和实践，总结经验，以此提高德育的有效性，扩展德育影响空间。

（二）身教胜于言教

在我们的印象中，德育知识的传授普遍是以教师的讲授、讲道理为主，这样的情况会致使学生对德育的认识是"假大空"，而没有实际的内涵，学生也多厌倦或敷衍，而没有身体力行，可在现实生活中，如果我们多以实际行动影响周围的人，教育效果肯定事半功倍。我们在德育工作中要更重视身教。

"身教胜于言教"这种教育方式，我们可以从美国心理学家阿尔伯特·班杜拉的社会学习理论中找到理论依据。社会学习理论是由班杜拉在1977年提出的，他重视观察学习、自我调节的重要作用，认为这会对人的行为产生重要影响。同时，他也认为，环境与人的行为之间也是相互作用的。

班杜拉认为，人的行为的习得有两种方式，一种是直接经验，而另一种是通过观察他人的行为而获得，即"通过示范所进行的学习"。

这种观察学习有四个阶段，分别是注意过程、符号形式表象化、表象转换为适当的行为、行为结果。这四个阶段为我们展示了人们间接行为习得的过程。这个过程说明了人的多数行为是通过观察别人的行为和行为的结果而习得的。既然人的行为是通过观察学习他人示范而习得，那到底能习得何种行为，以及这种行为该有什么样的表现，就需要依赖榜样的示范作用了，示范者如何，对学生行为的习得将会产生重要影响。因此，我们在德育工作中，不但要重视言教，更应重视身教，为学生树立一个学习和模仿的榜样，对学生产生潜移默化的影响。

二、教育环境层面

从教育环境层面来看，良好的教育环境能够给学生一种好的学习体验，让学生在充满传统文化的环境中去体会传统文化的精髓之处，从而在潜移默化中受到隐性教育和影响，所以，在隐性教育过程中必须重视培育良好的校园文化环境。

良好的校园文化环境的营造，对于我们提高思想道德教育的有效性有着极为重要的作用。校园文化环境作为隐性教育的载体，是我们实施隐性教育的重要途径。校园文化环境主要包括精神文化、物质文化和制度文化等。所以，我们培育良好的校园文化环境，也主要是从这三方面着手。

（一）营造审美化的校园物质文化环境

校园的物质文化环境主要是指学生生活、学习的教学楼、图书馆、宿舍、餐厅、宣传橱窗等有形建筑，是学生所处的物质环境，对学生有着重要影响。在一个脏乱的环境里，人们就会在不知不觉中丢弃垃圾而不产生羞耻心理，而在一个整齐、洁净的环境里，人们则会自觉地遵守社会公德，保持美好的环境。例如，丢弃垃圾则会产生羞愧心理，好的环境在一定程度上可以抑制不良行为的发生。以上这些都给我们传达了一个道理：要培育良好的校园环境。校园物质环境不但与学生的生活息息相关，而且对学生思想道德的培养有着重要影响，因为它承载和传承着一个学校良好的教育理念，对学生产生润物细无声的作用，使学生在不知不觉中受到感染、熏陶，接受教育。学校应注重校园美好环境的建设，比如整洁有序的教学楼、安静明亮的图书馆、舒适合理的宿舍，等等。这些物质环境原是无生命情感的，但经过精心设计赋予它们生命，通过他们传达教育内涵，所达到的教育效果是传统教学模式所无法达到的。

（二）创建感召化的校园精神文化

校园精神文化是指能对学生产生影响的一些价值观念、价值取向、人文精神等。创建和谐的校园精神文化，可以从尊重学校的历史文化传统、培育大学精神和营造良好的宿舍文化和学术文化氛围等方面着手。

我们要尊重学校的历史文化传统。每所高校都有各自独特的成长历程和文化积淀，有着浓厚的历史气息和文化气息，我们传承这种文化，对学生责任感的形成有重要影响。

享誉世界的牛津大学，以自己拥有悠久的历史和厚重的学术氛围而骄傲。它仍旧保留着这种优秀的文化传统，传承着学校的历史，发展至今，牛津大学依旧是世界上顶级的高等学府，他们仍旧有穿学袍的传统，仍旧保留着独特的师生交流方式——高桌宴会，以此增进师生感情，进行学术交流，来提高他们的社交能力。这种文化传统的传承，使得每个牛津人都受益匪浅，因而培养着大批量的人才。

尊重学校的历史文化传统，并不意味着我们要全盘的接受，而是要取其精华，去其糟粕。学校好的历史文化传统，我们传承并发展，有利于学生形成对学校文化的认同，形成凝聚力，同时培养学生的历史责任感。了解学校的历史文化，可以使学生在前辈的影响之下，得到洗礼，得到激励，使其奋发向上，以前辈为榜样，成为国之栋梁。所以尊重学校的历史文化传统有着重要意义。

我们要注重培育大学精神。大学精神是一所学校的灵魂，是这所学校充满活力的主要体现。优良的大学精神对整个大学的建设和发展来说，有着举足轻重的作用。一所学校之所以充满生机和活力，就是因为这所学校有着自己的精神支柱，有着信念的支持。所以，培育一所学府的大学精神至关重要。

大学精神是一种认知，是我们对大学的本质，大学的内在规律，以及在办学的实践之中所形成的系统化、理论化的价值取向，价值认同和价值观念，是每所高等学府的办学水平、办学特色，学校的整体面貌，以及在整个学界的声誉的体现，为我们提供了巨大的生命力和凝聚力，是每所大学发展过程中的重要支撑，同时也是大学的个性所在。每个学子在这种大学精神的指引下，生活在这样的文化氛围之中，价值观、人生观、世界观都在大学精神的渗透和熏陶之中形成。大学精神属意识的范围，它的影响是隐性的，是看不见、摸不着，悄无声息的。因此，我们在实施隐性教育的过程中，一定要重视大学精神的培育。

我们要创建良好和谐的宿舍文化。宿舍是学生学习、生活的重要场所，在大学的这个阶段，由于教室的布置不再像高中阶段一样有着固定的班级，而是实行流动式的教学方式，按照专业进行排课，而不是固定的班级在固定的教室，所以，宿舍就成了每个学生除了图书馆、教室之外，待的时间最长的场所，由于这是学生经常生活的范围，又是同龄人共同的群体生活，所以，创建良好和谐的宿舍文化，就显得尤为重要了。处于大学阶段的青年学生，都有着从众和效仿的心理特征，他们容易受周围同龄人的影响，所以我们更应该把握好这个道德培养的重要阵地，形成良好的宿舍氛围。

比如，一个宿舍如果大部分人都有早起锻炼的好习惯，必然带动宿舍的其他人；如果他们大部分人都喜欢看书，都喜欢去图书馆、自习室的话，这个宿舍的学习氛围一定很浓厚。相反，他们大部分人都喜欢睡懒觉的话，这个宿舍肯定都会晚起。所谓"近朱者赤，近墨者黑"，环境对人的影响是极其重大的，所以，我们要建设好宿舍这片环境，抓住这块阵地，使学生在良好的环境中形成良好的道德品德。

（三）创建科学化、合理化的校园制度文化

校园制度文化是指学校的各项制度建设。诸如校规、系规，对教学的管理，后勤服务管理，以及学生的奖惩措施。一个机构正常健康的运转，需要有着完善的制度保障，学校也不例外，需要完善学校的各项制度建设。一所学校完善

制度的建立是其科学化管理的体现。当然，学校的制度文化建设，对我们实施隐性教育有重要的导向作用。校规的合理制定及各项奖惩措施的实施，有利于规范学生的行为，再有效的德育措施也需要有制度的保障，不然，如果学生有不良的行为，而没有措施加以制止，则会使学生继续错下去，不利于学生道德修养的提高。相反，如若对之加以合理的惩戒，则会使学生懂得这种行为是不良的，以此来规范学生的行为，促其良好行为的形成。

以考试作弊为例，奖惩制度的存在会使学生在心理上便形成对这种行为的内在约束，因为学生知道作弊的话，不但会带来处分，更重要的是自己在周围人中的信誉会紧跟着降低，尤其是自己的诚信意识会大打折扣，同时自己给予别人的印象及别人对自己的评价都会降低，学生自觉衡量，得不偿失。在这种价值判断下，同学们做出的价值选择，定然是不去作弊。这种奖惩制度的存在，无形中对学生的心理施加了影响，使学生在内心深处形成一种机制，不能有不良的行为，否则会受到惩处。这对学生良好习惯的形成及行为的规范起到了重要的作用，从而也使校园的各项事宜健康、有序地运营。所以，我们实施隐性教育，要积极创建科学化、合理化的校园制度文化。

三、教育实践层面

高校的德育目前仍旧是以"两课"为主，要想提高德育的有效性，我们需拓宽和丰富思想道德教育的内容，不但要重视理论，更要与实践相结合，以此来帮助学生解决他们在日常生活和学习中所遇到的问题和困难，使我们的教育、教学与社会接轨、与实际贴近，使其更具有说服力，我们要使德育理论与实践相结合，可以从以下几个方面着手。

（一）组织和开展各类社团活动

《关于进一步加强和改进大学生思想道德教育的意见》中提出："要加强对大学生社团的领导和管理，高度重视大学生生活社区、学生公寓、网络虚拟群体等新型大学生组织的思想道德教育工作，发挥大学生自身的积极性和主动性，增强教育效果。"该意见表明了我国对大学生社团的重视，说明它在道德实践中有着重要的作用。社团是大学生根据自己的兴趣爱好所加入的一个组织，在这样的组织之中，学生的抵触情绪和逆反心理较弱。所以，在这样的组织里开展道德实践有着极为有利的优势。组织开展社团活动要注重培育社团精神，社团可以选择一些极具道德意义的教育主题，组织和引导学生参加道德调查实践活动。另外，通过社团，还可以组织一些公益性的活动，让学生亲自体验道德教育中的一些价值观念。社团活动的开展，更好地为我们的德育工作提供了实践的阵地，有利于学生的自我完善和发展。

（二）开展第二课堂拓展学生成长空间

第二课堂，顾名思义，是指我们专业学习之外的活动，包括专题讲座、兴趣小组、校选课、辩论会、演讲比赛，等等。这些都为学生个人的全面发展开辟了更广阔的空间，学生可以通过参加自己感兴趣的活动，提升自己各方面的能力。高校开展的校选课，为学生兴趣的发展提供了机会，学生可以根据自己的喜好去选择自己要上的科目。

以影视欣赏为例，选这门课的人都是对电影感兴趣的人，他们有着共同的爱好，就更便于沟通和交流，更利于成为朋友。他们可以在一起探讨一部电影所要传达的价值观和这部电影的意义所在。电影《一九四二》对学生产生了深远影响，使同学们体味到每一粒粮食的珍贵，更深刻地领会了"谁知盘中餐，粒粒皆辛苦"。同学们去听专题讲座，做讲座的人肯定是对这一门有着深刻研究并有一定造诣之人，听讲座可以为学生们传递一个信息：学术需交流。在这里，可以感受大师风范，也可以从讲座中学到自己所不知道的东西，从潜移默化中受到影响。以上例子说明，第二课堂的开设很有必要，因为这里传授着更多的、更为全面的教育理念，隐藏在背后，我们会在潜移默化中受到影响、受到熏陶。

（三）注重社会实践环节

社会实践是指让学生走出校园，走进社会。每个学子最终总是要离开校园走向社会，接受社会的检验。社会已不再如校园内那么单纯，犯错误也不是仅仅背处分就能解决的了，在社会上人总是要对自己的行为负责。所以，在学生进入社会之前，先让他们事先接受一下社会的洗礼，将更有利于他们价值观念的形成，因为他们在学校所学到的知识、所受到的熏陶，需要社会去验证，需要自己去体验，这样才会更深刻，才更能化于心、践于行。所以，每年暑假，学校可以与相关公司联系，为学生提供一个实习的机会。这个机会可以由学生自己竞争而得，这样就可以培养学生的竞争意识，激励学生积极进取、努力拼搏。另外，学生还可以自己走进社会，体验某种角色体味各种生活。因为社会上有很多角色，不同的角色就会有不同的道德规范，体验各种角色，就要遵守这种角色相宜的道德规范，在体验中找到自己的人生定位，并找到适宜自己的道德行为准则。这种行为准则并没有在课本上，而是内化于心的，人们会在自己道德准则的指引下为人处世，所以，这种教育是内隐的、潜在的，不是直接显示在人们面前形成文字的，而是需要人们自己去用心，自己去总结的。社会实践是我们开展德育工作必不可少的环节。它从理论与实践相结合的角度，提高了道德教育的有效性，是我们实施隐形教育的有效途径。

四、教育资源层面

隐性教育不同于显性教育的非常重要的一点，就是可用的教育资源极其广泛，它可以无处不在，无时不有；可以是可见的资源，也可以是无形的资源。所以，我们在实施隐性教育的过程中，要充分利用各种教育资源，提高德育的有效性。

（一）充分发挥榜样教育的作用

榜样教育在高校的德育工作中是一种比较常用的方法，也是提高德育实效性的有效途径。作为群体动物的人，他们生活在一定的环境之中，而人们对榜样又都有一种推崇的心理，人们也都希望自己可以成为别人的榜样，内心便有了一种竞争的意识。榜样对人们的影响是巨大的，要发挥榜样的作用，到底哪些人可以成为我们的榜样呢？这些榜样对我们又都有哪些重要的影响呢？我们应该怎么样去正确地对待榜样？这些问题的解决对我们德育工作来说，有着重要的影响。

在我们生活中对我们能产生重要影响的人主要有：教师、身边的人及其媒体所宣传的人物，这些人有的与我们的生活息息相关，有的则对我们的价值观念及价值取向产生重大影响。所以，这些典型的确立，将非常有助于我们德育工作的开展。

第一，教师的榜样示范对德育的影响。一方面，我们要发挥教师的模范带头作用。教师是我们教学的中心，他无时无刻不对学生产生重要影响。对学生来说，教师就是一部活的教科书，他对学生的影响是不可替代的，他为我们传递着一种精神，传递着一种无形的力量，他的一举一动，他的讲课风格，诙谐语言、敬业奉献、知识内涵、人格魅力，无不熏陶和感染着学生。所以，教师自身对我们要实施的隐性教育来说，就是一种资源。我们要充分开发和利用这份资源，以开拓道德教育更广阔的空间，所以我们要塑造良好的教师形象，提高教师素质，完善教师的人格，以此来推动教师的榜样示范对德育的影响。

第八章 高校德育中传统文化的隐性教育研究

另一方面，教师的人格魅力对学生人格的完善有着直接的影响，对教育所产生的效果也有直接作用。我们知道，山不在高，有仙则名；水不在深，有龙则灵；大学不在楼高，而在于大师。我们所看重的就是大师所传递过来的人格魅力。

复旦大学思想道德修养与法律基础教师陈果教授，一位年轻的"80后"教师，却成为复旦大学的"三宝"之一，学生把她的讲课视频传到网上，被众多网友转载观看，思想道德修养与法律基础本是一门枯燥、无味的课，在她的课上却被她演绎得有内涵、不枯燥且能吸引学生。在视频中，她的干练、她的魅力给我们展现了新一代教师的风范。学生喜欢上她的课。这就给她对学生施加影响提供了机会，这本是显性教育的课程，可在这课程之外却更有隐性教育因素蕴含其中，是显性教育与隐性教育相结合的典型实例，这是教师人格魅力的展现。在这里，我们看到了隐性教育的力量，学生生活、学习在这样充满魅力的环境之中，必然在无形之中、在潜移默化之中受到感染、熏陶，教师有着这样的人格魅力，学生在其影响下必然对完善其人格产生重要影响，这是一则成功实施隐性教育的典型事例。在这里，我们看到了人格魅力的力量。所以，我们要塑造良好的教师形象，提高教师的整体素质，为学生树立一个榜样，在无形中对学生施加影响，促进学生人格的完善和自身修养的提高。

第二，周围同龄人对学生道德教育的影响。高校之中，生活在身边的都是一些年龄相仿、专业相似、有自己思想且群居生活在一起的人，他们朝夕相处，周围人的性格、习惯、秉性等，都会对他人或多或少地产生一定的影响，如若在他们之间树立一个榜样，因为他们之间是平等的，更有益于他们的沟通交流，形成心理上的认同，进一步对自身道德的提高起促进作用。

第三，媒体所报道的、得到人们普遍认可的道德模范人物，对学生道德品质的形成所产生的影响。国家每年都会进行"感动中国"人物评选活动和道德模范人物的评选，这些活动的开展为我们传承中华民族的优秀的文化传统和当代的核心价值观提供了一个广阔的平台。

中央电视台发展研究中心主任李舒东曾经说过："每一次观看《感动中国》，感动都会在刹那间汇聚在一起，形成一股无形的力量，强烈地震撼着我的心灵，冲击着我的每一根神经，直到感动的泪水潸然而下。"从这里，我们看到了《感动中国》所蕴含的巨大的精神力量，它引领着我们的时代精神，它是我们时代的坐标，它为我们展示着人间的真情、美好，感动人物的存在深深地震撼着我们的心灵，在这物欲横流的今天，给我们展示了什么是纯粹，什么是纯朴，什么是人间自有真情在。在生活中，人们可能为了生活、因为现实，逐渐泯灭了自己内心深处那颗善良的心，而这项活动则唤醒了人们内心深处的那份善良，我相信人之初性本善。所以，对我们来说，这些人物是我们的榜样，他感动和感化着生活中的每一个人，为我们每个人树立了道德的标杆，也刺激着我们的道德行为。

  对于高校的德育工作来说，感动中国人物无疑为我们德育工作的开展提供了更好的资源和素材，为我们树立了一个典范，而这个典范的树立不是通过各种条条框框，也不是通过枯燥的道理讲出来的，而是通过一个个真实、感人的故事再现出来的，这不是强制性的灌输，而是让人们自己去体验、去感悟，感受真实人物的生活，感受他们的最纯粹的精神境界，看这些故事时，学生的心灵受到了洗礼，仿佛洗去了多年尘埃，又见到了曾经淳朴、善良的那颗心，这对我们来说是心灵的净地，是生活中的一片净土。在物欲横流的今天，在这个浮躁的社会，我们需要这样的让我们干涩很久的眼睛湿润，而这份湿润来自我们内心的感动。这对我们的德育来说，是最好的素材，它营造了一个自然的环境。在这个轻松自在的环境中，传承我们优秀的传统文化，传递着人间真情，传递着爱心，传递着我们社会所要建立的核心价值体系。它本身就蕴含着价值观念。所以，它是我们在德育工作中实施隐性教育的重要资源，为隐性教育的实施拓展了更为广阔的空间，是我们实施隐性教育的有效途径。在具体的实施中，可以让学生自己观看这个节目，同时，也可以引导学生感受身边的人物，观察一下身边是不是一直都有默默奉献的人，感动中国十大人物只是身边事物中感动我们的代表而已，在我们身边肯定有更多的感动事迹，可以让学生们自己去发现，然后吸收这种感动事迹所蕴含的价值观念，化于心践于行，亲身去实践，以这些人物为榜样，去做着力所能及的助人的事情，让这种观念逐步传播开来，吸引更多的人加入这个行列，人们在做好事的过程中提高着自己的修养，所以，我们不单单是听一下故事，感动一次，而是领会到这个故事背后所蕴藏的价值观念。感动中国，既然可以感动中国，必然可以感动着每个中国人，所以只要我们不遗余力地把这种价值观念传递下去，集聚正能量，我们定能使我们的德育工作在悄无声息中达到效果。

  （二）注重发挥大众传媒的影响

  在这科技飞速发展的今天，人们交流的方式也从原先的传统模式转换为如今的无线通信方式，人们运用科技产品，如 QQ、微信、E-mail、微博、论坛、

第八章　高校德育中传统文化的隐性教育研究

贴吧、博客、移动电话等模式沟通交流。这种网络阵地已经大大减少了人与人之间面对面的交流，所以，德育工作中我们对网络阵地的运用就显得尤其重要，网络是我们德育工作的一片新天地，也为我们德育工作的拓展提供新空间，这块阵地的把握将是未来我们德育工作的重要资源，所以，我们要实施隐性教育，使其发挥重要的作用，提高德育的有效性，需要注重大众传媒的影响。

首先，网络为我们隐性教育的实施提供了现代化的手段。学生可以运用现代化工具查阅更多的知识，了解最新、最近的教育新闻，关心国家大事，这样有利于培养学生的责任感，便捷的沟通方式，也便于师生直接的交流，学生有什么疑问或困难，可以直接求助于教师，教师给予疏通和指导，及时解决问题，不累积、不积压，有助于学生的健康成长。网络也使我们的学校、家庭、社会连为一体。例如，现在大部分学校有校讯通，学生在校的各种情况，学校都可以和家长及时沟通，有利于学校和家长的配合，更好地促进学生的成长。

其次，网络的存在也为思想道德教育工作开辟了更广阔的空间。传统的教学模式只能用教师讲、学生听的模式，现代多媒体的运用使得教师传递知识的方式多种多样，现在几乎每所学校都开辟了学校网站，学校网站的建立可以使学生及时了解学校的动态，网站设有学校的概况、机构设置、本校新闻、师资队伍、校园文化、合作交流、校务信箱等，方便学生了解学校的各方面的动态。同时，也有利于学生参与学校的管理，为学校出谋划策，以此来提高学生的各项综合素质。在校园文化一栏还下设思想论坛、教职工之家等子栏目，便于学生畅所欲言。学校网站还具有重要的导向作用，在网站上有国内正在发生的热点新闻，有理论宣传，有思想教育等，这都为我们德育工作的开展提供了丰富的资源。

最后，大众传媒也促进了我们德育工作与时俱进。网络的存在使我们获得信息的途径更为快捷，国家的各项政策和方针可以得以迅速而准确地得以传达，有利于我们及时、准确地了解国家的动向，调整德育的内容，使其与时俱进。

第九章 坚定文化自信，弘扬中华优秀传统文化

习近平在大会的讲话中提出："全党要坚定道路自信、理论自信、制度自信、文化自信。文化自信，是更基础、更广泛、更深厚的自信。在5000多年文明发展中孕育的中华优秀传统文化，在党和人民伟大斗争中孕育的革命文化和社会主义先进文化，积淀着中华民族最深层的精神追求，代表着中华民族独特的精神标识。"吸吮着中华大地千年来积累的文化养分，拥有着数亿人民聚合的磅礴之力，中华民族走自己的路，有着无比深厚的历史底蕴，有着无比广阔的舞台，有着无比强大的前进定力，是最有理由对自己的文化充满信心的民族。"文化自信，是一个国家、一个民族、一个政党对自身文化价值的充分肯定，对自身文化生命力的坚定信念。只有对自己文化有坚定的信心，才能获得坚持坚守的从容，鼓起奋发进取的勇气，焕发创新创造的活力。"一个民族的文化，都是历史的、动态的。其中有这个民族固有的根本、既有的传统，中华民族能否实现文化自信，关键是能否做到客观认识中华传统文化，能否做到正确继承中华优秀传统文化，能否做到延续传承优秀传统文化的血脉。要做到文化自信，必须做到不忘根本、弘扬传统、传承基因。如此才能留住中华民族的根，保住中华民族的魂，强大中华民族的自信心。

第一节 坚定文化自信，挖掘中华优秀传统文化中的优势与价值

在几千年的历史变迁中，中华民族创造了悠久灿烂的中华文化，其博大精深源远流长令人叹服。"中国传统文化指的是在长期的历史发展中保留在中华民族中具有稳定形态的中国文化，是中华民族赖以长期发展、不断进步的精神支

撑和智力支持。它包括思想观念、价值取向、道德情操、生活方式、礼仪制度、风俗习惯、宗教信仰、文学艺术、教育科学等诸多层面的广博内涵。"中华优秀传统文化根植于中华传统文化中,是一个丰富的有机体,也是中国传统文化的精华所在、气魄所在,体现着民族精神里的价值内涵。

一、建设社会主义本质的文化保护体系

纵观世界文明史,留存到今天、完整而昂然屹立的文明只有中华文明。中国传统文化在历史的不同时期、不同地域、不同阶层都有它们各自的文化特色,因此,中国传统文化的教育传承,要讲清楚、梳理好、构建出具有中国特色的思想文化体系。《中共中央关于深化文化体制改革,推动社会主义文化大发展大繁荣若干重大问题的决定》中指出:"社会主义先进文化是马克思主义政党思想精神上的旗帜,文化建设是中国特色社会主义事业总体布局的重要组成部分。"做好传统文化遗产资源的方向指引,才能寻找到中华民族的"精神源泉",这是教育传承优秀传统文化的当代意义,是体系构建的理论支点,也是实现伟大的"中国梦"的重要路径之一。

面对中国传统文化遗产纷繁复杂的内容,其中哪些是建设现代社会主义中国、实现中华民族"中国梦"所需要的?哪些是封建主义、地方主义的残余和留存,需要加以剔除?因此我们从社会主义现代化建设的需求出发,根据社会主义核心价值观,运用马克思主义的观点,按照去粗取精、去伪存真、汇通古今、推陈出新的原则,科学的对传统文化遗产进行整理和选择,为子孙后代留下文化精品。

二、抵御文化霸权,确保文化安全

中华优秀文化传统影响力巨大,它超越了地域、阶级、党派、种族、时间的界限,哺育了每个中华儿女。从世界历史的范围来看,作为世界文化的重要部分的中华传统文化也一直影响着其他民族,创造了遥遥领先世界精神文明的灿烂历史。以怎样的态度对待外来文化和民族文化,考验着一个国家的文化自信。因此,我们对中国传统文化教育传承的时候,要注意保持我们的中国特色。同时,建设社会主义中国传统文化教育传承体系,要借鉴其他国家的先进经验,参与文化全球化的进程,在此过程中,也要注意抵御西方国家的文化殖民。

全球化的时代,是知识信息迅速传播、接受的时代,也是文化渗透无处不

在的空间。因此，我们的文化保护要充分利用现代化的手段，通过互联网加强对文化保护中相关数据的采集和分析，对于文化保护的状态进行检测和评估，遇到文化威胁、文化挑战时候及时预警，迅速反应，确保文化安全。"当代中国是历史中国的延续和发展，当代中国思想文化也是中国传统思想文化的传承和升华，要认识今天的中国、今天的中国人，就要深入了解中国的文化血脉，准确把握滋养中国人的文化土壤。只有坚持从历史走向未来，从延续民族文化血脉中开拓前进，我们才能做好今天的事业。"

第二节　坚定文化自信，理性对待中华传统文化

"文化多样性可能是人类这一物种继续生存下去的关键"，文化的多样性是无法回避的，因此我们要把对文化的内容进行甄选，去粗存精。在这个过程中，要充分发挥互联网的优势，用马克思主义的立场、观点和方法结合社会主义核心价值观，对中华优秀传统文化的内容进行重新筛选，达到"有效选择—有机整合—层次提升"。

一、扬优弃劣，教育传承内容要符合社会主义核心价值观

"当代中国是历史中国的延续和发展，当代中国思想文化也是中国传统思想文化的传承和升华，要认识今天的中国、今天的中国人，就要深入了解中国的文化血脉，准确把握滋养中国人的文化土壤。只有坚持从历史走向未来，从延续民族文化血脉中开拓前进，我们才能做好今天的事业。"我们进行传统文化教育传承的目的，是更好地促进文化的发展，因此在进行传统文化教育传承的时候要与现代文化资源比较融合，对中国传统文化遗产扬优弃劣。选择符合社会主义核心价值观的文化遗产内容，才能更好地保护中国传统文化、发展中国传统文化、传播中国传统文化。"传统文化已经渗透到我们的灵魂、毛发和血液中，是不能否定、也否定不了的，传统文化与现代文化、马克思主义是可以互补，相互促进的。"

中国传统文化遗产体量巨大，因此要借助互联网手段，根据世界文化整合趋势，对传统文化遗产的内容加以筛选，去粗存精、合理保护。对于在千百年的历史巨浪淘漉下长期受到人们的尊崇的先进、合理、美好的思想观念和固有

第九章　坚定文化自信，弘扬中华优秀传统文化

传统，要大力弘扬，让其继续成为新时代人们生活行动的最高指导原则，支配人们的行为习俗，控制人们的情感抒发，左右人们的审美情趣，悬置着人们的终极关怀，继续推动社会的发展。对于那些落后的、腐朽的文化元素要坚决摒弃。与此同时，我们要结合时代发展，利用互联网加强对传统优秀文化遗产的发掘、解释和宣传，保持传统文化的基本元素的同时，进一步引导人们更加全面客观的认识优秀传统文化遗产的内容。

二、进行文化再解释，合理扩大传统文化遗产的内容

任何一种文化要长久存在，都不能夜郎自大、固步自封，要不断改革创新。"文化创新不仅是指文化内容的激活，更是指整个系统模式的革命和转型。它是原有价值体系、心理定式、思维方式的解构，也是新的观念、思想、规则的建构；是传统惯性的消解，也是传统精华的重铸，是社会生活的变革，也是人身心的重生。"

贺麟说："中国近百年来的危机，根本上是一个文化的危机。"文化自负带来的往往是因循守旧依傍前人阻碍创造的思维，文化自卑带来的则是自愿接受别国一切改造最终被控制思想的精神殖民。全球化的背景下，创新是一个国家最核心和关键的要素。中国传统文化一直都保有守正创新的优秀传统，从春秋战国时期的百家争鸣、到宋代儒学的重新建构、再到民国时期的新文化运动，从而保持了中华传统文化流行几千年而长盛不衰。文化保护不是要守着旧的传统不成不变，而是要保护该文化的生机与活力。我们进行文化遗产保护，也要对文化遗产的内容再解释，把传统文化遗产融入时代的语当中，使其具有时代性和特色性，促进传统文化内容的再创新和再发展，为其注入新鲜血液与活力。将传统文化遗产保护与践行社会主义核心价值观有机融合，在教育传承中国优秀文化的过程促其扩容，使传统文化遗产成为社会主义主流文化的重要组成部分。

优秀传统文化的教育传承要深入诠释，不断对其进行整合，通过对外来文化的彼此交流，互相吸收、借用，才能丰富、发展中国优秀文化的内容，并在基础上实现中华优秀传统文化的创造性转化。这个过程可以通过互联网手段加强文化整合、文化再解释，衍生出更深层次上传统文化的传承和创新。充分利用互联网手段，加强自身的主观能动性，激发自身创造力，利用网络加强文化比较，拓宽传统文化的视野，将其置身于多样化的世界文化氛围中，对于传统

文化自身的不足加以反思以及进行新的建构。主动采借其他优秀的文化遗产，"采得百花来，方能酿成蜜"，把世界各国的优秀文化遗产融合到中国传统文化中来，"传统并不是一尊不动的石像，而是生命洋溢的，犹如一道洪流，离开它的源头愈远，它就膨胀得愈大"。

三、注重保护传统文化遗产的特色性

"文化遗产是历史留给我们的最美好、最珍贵的礼物，也是国家和民族凝聚力的一个标志和象征。如果我们不能很好地保护我们的民族文化，长此以往，我们民族本身的文化传统固有的精神家园也将荡然无存，而且文化的大同将使文化简单化，并使之失去光彩。"中国幅员辽阔，由于地理环境和自然条件不同，经过长期的历史过程，文化背景产生差异，形成了明显与地理位置有关的区域文化。博大精深中国优秀传统文化，其实由不同的区域文化构成，比如徽文化、齐鲁文化、燕赵文化、三秦文化、巴蜀文化、楚文化，等等，徽文化深切透露了东方社会与文化之谜，被誉为后期中国封建社会的典型标本；齐鲁文化具有自强不息、崇尚气节、经世致用、厚德仁民；楚文化文学艺术神奇浪漫、民间生活崇巫尚鬼；巴蜀文化风格以热烈、诙谐、高亢为特征。因此对传统文化进行传承教育的时候，要注重保护各区域文化的特色性，包括文学、艺术、建筑、服饰、饮食等都是弥足珍贵的，如果能利用好、开发好这些文化资源，无疑是对中国优秀传统文化最好的再宣传、再解释的过程，在丰富其内容的时候要对其进行文化整合，选择适合中国社会主义现代化建设需求的内容，与此同时，我们应力求突出传统文化遗产的个性，彰显它的地域性和民俗性。

通过对传统文化遗产保护体系的建构，做好区域性文化的保护工作，发掘传统文化遗产所体现出的核心价值，发挥传统文化在振奋民族精神、丰富思想观念等方面的作用，提升我国文化大国的文化自信，进一步提升我们社会主义的道路自信。

第三节 坚定文化自信，大力弘扬中华优秀传统文化

"中国优秀传统文化中的丰富哲学思想、人文精神、教化思想、道德理念等，可以为人们认识和改造世界提供有益启迪，可以为治国理政提供有益启示，

第九章 坚定文化自信，弘扬中华优秀传统文化

也可以为道德建设提供有益启发。"中华优秀传统文化发挥着一个民族、一个社会、一个国家的精神导向的作用，通过构建一个民族伦理道德的表率垂范；树立一个社会评判是非曲直的价值标准；彰显一个国家理想信念的追求取向等路径，建立了一个积极健康的人文环境和稳定和谐的社会环境。

中华优秀传统文化的教育传承要通过在全社会树立相同的价值追求与精神导向，协调广大国民的心理和行为，建立全新的中华民族的思想德行与伦理规范，树立中华民族坚定的文化自信。要达到这个目标，我们需要动员全社会一切可以动员的力量，加强中华优秀传统文化的传承教育。尤其要从政府、社会、学校、民间4个层面入手，全方位的进行传统文化教育传承。

一、坚持和加强中国共产党的领导，发挥政府的主体作用

习近平说："在带领中国人民进行革命、建设、改革的长期历史实践中，中国共产党人始终是中国优秀传统文化的忠实继承者和弘扬者。"在中华优秀传统文化教育传承工作中，中国共产党不仅是政治上的领路人，也是文化教育传承中的先锋队。

在中国传统文化遗产保护体系的构建中，必须坚持中国共产党的领导，确保在文化保护过程中党的领导权、主动权、解释权。政府在整体统筹和决策时候要有宏观考量、长远考量，把传统文化传承教育作为一件功在当代、利在千秋的事情来做，切忌为了经济利益牺牲文化的传承教育。

传承中华优秀传统文化，要在党的领导下，坚持"民族的也是世界的"的原则。真正的文化自信，都是对本民族文化做出客观分析、理性定位。我们的中华优秀文化传承教育首先要对中华优秀文化自身文化价值的充分肯定，树起对自身文化发展道路和方向的坚定信念，才能做到推进优秀传统文化现代化，形成具有时代气息和民族特色的中国文化，最终使得中国优秀传统文化在现实条件下能够自主发展。因此，政府要利用公权力制定传统文化教育传承的政策和制度，提高政府文化服务能力。"文化进入制度层面、制度冠以文化之名，无疑是文化与制度的双赢，有效地主宰着社会的价值选择、支配着百姓的文化意识与生活世界。"传统文化教育传承作为一项公益事业，要想取得良好的效果，最基本的保证是获得国家和当地政府层面的法律化和制度化支持。放眼世界发达国家，比如美国、日本、意大利等国家都有相当完备的传统文化教育传承机制。回顾西方国家走过的近百年文化教育传承的历程，我们可以总结出传统教

育传承的制度化，是非常值得我们学习和借鉴。政府要把传统文化教育传承进行制度化设计、制度化管理、制度化考核，实现长效化机制。

在制度获得的层面和角度而言，传统文化教育传承在当下最主要是谋求获得充足、合理的经费保障。综观世界各国文化教育传承成功的经验，大量资金的投入是取得成效的基本保障。我国可以根据我国自身的特点，除了政府给与专项、长期、稳定的投入以外，还可以利用互联网加大宣传力度，筹集社会性资金。具体上可以允许成立基金会，或者以税收优惠或者减免以及其他各种形式吸引企业资金的投入。对于资金的使用要有监督机制，确保每一分钱都用在文化保护上。

建立了良好的制度是实现良好教育传承的前提，但是制度需要监督与考核。文化教育传承要制定完备的考核体系：考核传统文化传承教育相关法律法规的执行、落实情况，利用互联网的优势建立精准、快速的考核评价体系，保障文化传承教育工作的有效高序进行。在实际的文化教育传承过程中，政府的领导干部要发挥带头作用，对于一切不利于文化传承教育的行为说"不"，保证政府的制度和决策能够良好地执行下去，并发挥应有的作用。

二、发挥最广大人民群众的作用，夯实文化教育传承的基础

中国优秀传统文化是中华民族在长期共同生活中形成的具有本民族独特风格、独特气派的中国特色的文化。文化自信的建成，离不开人们有意识有目的的文化实践活动。因此，中国传统文化的传承教育一定要凝聚全体国民的社会共识，增强广大人民群众的主观能动性，使国民对于中国优秀传统文化形成文化共识。进一步加强广大人民群众对同根同源的中国传统文化的深度认可，深化文化认同感与民族归属感，继而培养出传承、发扬、创新文化的精神动力，是坚定文化自信的关键。广大群众，虽然他们不像国家层面和知识精英那样具有前瞻性和敏锐性，往往显得缺乏自觉性、自主性。但是在传统文化教育传承中，只要老百姓对于文化价值的认同感生成后，他们会在日常的生活中自觉实践和保护，并进一步内化为民间约定俗成、根深蒂固的生活理念。而这样的观念一旦形成，即使社会发生动荡和变革，这些民间习俗和规范也往往很难改变。

社会层面的文化教育传承可以采取多种手段，例如口头教育传承和行为教育传承。口头教育传承是指对于文化教育传承进行宣传、传播，提高社会对于文化教育传承的意识以及重视程度，以往多利用书籍、报纸、杂志、电视等纸

质媒介和电子媒介。互联网时代，互联网提供了更为广泛的宣传手段，"每一个社会成员不再是旧格局下被动的信息接受者，而是网络传播格局中不可忽视的信息选择主体、内容创造主体、传播发布主体"。互联网比传统的书刊阅读等方式有着更深刻的感染力，容易给受众留下极为深刻的印象，激发人文身体力行，走进文化教育传承的行列，因此我们要充分利用互联网的手段进行文化的教育传承。

行为教育传承，是指具体对于传统文化遗产进行整理、保存、修复、演出，等等，最终达到文化的教育传承。尤其要注意的是，当今社会互联网的出现不仅加强与其他国家、其他地区的信息沟通，对于国际、省际、市际优秀的文化教育传承经验加以借鉴、吸收。同时，互联网使文化教育传承资源的整理、文化遗产的数字化、文化遗产的修复等方面都有了突飞猛进的发展，毫不夸张地说，互联网为文化教育传承保护加上了腾飞的翅膀。因此，在行为教育传承时候我们也要充分利用现代的教育技术，实现文化更好的教育传承。

三、充分发挥学校的作用，建立文化传承教育体系

中国传统文化的教育传承要理念先行，除了靠党和政府的领导，在广大的人民群众心目中树立起牢固的文化传承教育的意识以外，更靠学校教育的普及。

要积极推进把中国优秀文化的教育传承纳入高校课程体系，设置相关课程，推动高校申报"中国优秀文化教育传承"专业，探索文化教育传承人才培养体系。进行现代版的"储才养士"，制定文化教育传承的人才培养标准的同时，通过互联网加强文化教育传承教师队伍建设力度，培养"文化名师"，培育更多热爱和关注文化教育传承的热心人士。

各级各类院校的教师要发挥自己知识传授者的作用，利用学校教育积极进行文化教育传承。针对青少年特点，设计文化教育传承的在线宣传片和在线课程，面向全社会开放，实现全面教育和实现全方位的渗透，加强传统文化教育传承意识的培养。同时要针对青少年的特点，依托校园进行社团组织的宣传教育，在校园中营造浓厚的传统文化教育传承意识。尤其是中国优秀传统文化中的许多宝贵财富：例如"'民贵君轻'的民本思想；'天下兴亡，匹夫有责'的爱国精神；'言必信，行必果'的诚信态度；'鞠躬尽瘁，死而后已'的奉献意识；'民惟邦本，本固邦宁'的治国理念；'不以一己之利为利，而使天下受其利，不以一己之害为害，而使天下释其害'的无私情怀；'不以规矩，不能成方

圆'的自律观念；'和而不同'的理性思辨"。不仅仅是优秀的传统文化应该被教育传承下来，而且这些思想中所涉及所包含的价值诉求与现当代社会倡导的社会主义核心价值观也高度契合。将其进一步发扬光大，不仅仅是对传统文化进行传承，也是社会主义建设的需要。除了要让我们的学生从内心信仰并热爱我们中华民族的优秀文化，更要做到将立足本国又面向世界的当代中国文化传播出去，树立他们的文化自豪感。使学生能够中华优秀传统文化是中华民族的精神标识，我们要在全世界的范围内扩大华夏文明的号召力与影响力，进而使其在在世界文化中具有感染力、吸引力，从而回应西方文化话语的频频诘难，从容面对世界范围内不同文化的交锋。

在校学生发挥生力军作用，在校积极学习中国优秀传统文化知识、在社会实践中积极进行文化的传承教育，积极宣传文化传承教育的理念，建立一套完整的行为体系，润物细无声地影响着国民、社会和国家，以此来带动社会的每一分子，在全社会形成一种文化传承教育的氛围。

四、深入人们的一切活动，文化教育传承无处不在

进行中华优秀文化传承教育，要无时不在、无处不在，深入人们的日常生活中去。让人们在日常生活中，对自己国家、民族的文化不断扬弃、不断创新，形成对于本国文化的充分自信与坚定信仰。因此，要充分利用家庭教育和社区教育，利用加强互联网交流，制作网络课程，使传统文化进家庭、进社区，在社会的各级层面确立保护优秀文化传承教育的意识，宣传和推广文化教育传承的理念、经验，形成全面的优秀文化教育传承的接受机制。

同时，利用各种信息媒介——广播、电视、书刊、网络等对公众进行优秀文化教育传承的意识教育，开展文化遗产保护的志愿者活动和宣传月等活动，想尽一切办法培养和深化公众优秀文化传承教育的意识。积极争取社会力量，培养和建设一支非物质文化遗产保护兼职工作队伍。同时，要加强国家、地区之间的文化交流，文化交流是文化得以进步和发展的动力。一种文化，只有在在世界文化中与各个民族的文化中不断的交流、碰撞，在冲突中融合，在学习中创新，才能真正做到"古为今用""洋为中用"，才能摒弃落后、学习先进，创造更适合本民族、本国家同时面向世界的特色文化。文化一旦内化于心，就有稳定性和长期性，会形成对于他者的影响力、感召力与吸引力，进而形成具有普遍意义的价值认同、文化追求。今天的中国正逐步实现中华民族的伟大复

兴，独特的文化传统、独特的历史命运、独特的基本国情注定了中华民族必须走自己的路，建构自己的社会范式，在崭新的时代境遇中凸显发展中的中国文化的实力与魅力，在理论自信、制度自信和道路自信的基础上，走向文化自信。做好中国传统优秀文化的传承教育工作，既是增强中华民族凝聚力的表征，也是文化大国——中国——应当给予世界文明的贡献。"以历史为坐标观照传统文化的本来面目、尊重其历史作用，并以此为基础，再以时代性为现实关怀对传统文化进行科学的评判，在对传统文化的评判中寻找出民族文化繁荣发展的路径选择，从而对传统文化进行超越；而不是用时代性对它进行屏蔽、覆盖，更不是对它进行诋毁、全盘否定或涂抹、粉饰。"

第十章 在历史的启示中坚定文化自信，弘扬中华优秀传统文化

习近平总书记多次号召全党全国人民要坚定"四个自信"，特别是要坚定文化自信。他强调，坚定中国特色社会主义道路自信、理论自信、制度自信，说到底是要坚定文化自信，文化自信是更基本、更深沉、更持久的力量。中华优秀传统文化丰富多彩：包括和谐统一的哲学意蕴、家国同构的伦理取向、贵和尚中的思维模式、内圣外王的修身理想、经世致用的科学意识、关怀现世的宗教引导、得形忘像的审美境界、崇德重义的高尚情怀、厚德载物的博大胸襟。它为全体社会成员提供着多层次多方面的精神滋养，是民族凝聚力的重要源泉。中国优秀传统文化以价值观为精髓，融入人民群众的社会生活、浸润普罗大众的思想道德。这是中华民族精神独立性的基本标识，是中华民族生生不息、发展壮大的精神支撑。因此，从古到今，中华民族都有着强烈的文化自信：对优秀传统文化、对革命文化、对社会主义文化的自信，特别是对其中蕴含的社会主义核心价值观的自信。

第一节 文化自信的历史命运

文化自信的历史命运，是与人类经济、社会、政治的发展密切相关，具有非常鲜明的时代性。随着国家、民族的形成与发展，各自实力的消长变化而不断改变。进入资本社会以后，马克思、恩格斯在《共产党宣言》中指出，资产阶级时代不同于过去一切时代，过去那种地方的和民族的自给自足和闭关自守状态，被各民族的各方面的互相往来和各方面的互相依赖所代替了。物质的生产是如此，精神的生产也是如此。事实上，文化自信的历史命运，在资本主义之前和之后，确实表现出显著不同的特点。

第十章　在历史的启示中坚定文化自信，弘扬中华优秀传统文化

在资本主义之前人类社会发展的历史中，这种交往从范围来说还是地区性的，从性质和价值趋向来说则受到不同时期地区主要强国的文化特性的明显影响。例如，在世界东方，长期以来受到的是中华文化的影响，主旋律是和平、友好，各国各民族的文化自信在交往中得到了高度尊重。中国汉唐盛世时期在推动东方各国各民族友好相处、和平繁荣方面做出了杰出的贡献：如众所周知的张骞通西域、玄奘西行、鉴真东渡、郑和下西洋等，不仅仅开辟了的古代丝绸之路，贯通了欧亚大陆等，更是促进了各国各民族友好贸易、和平交往的发展。

但是，资本出现以后，局面发生了很大的改变。尽管资本主义的产生和发展，推动了各国各民族在各方面的全球性相互往来和相互依赖，这合乎经济、社会发展的规律，是历史的进步。但是，资本的本性及逻辑却把少数国家、民族的繁荣建立在劫掠大多数国家、民族的财富与尊严的基础之上，导致世界历史在近代的大变局、大动荡、大分裂。资本在世界各地抢夺殖民地，到处践踏和摧毁殖民地半殖民地人民的文化自信，这是文化自信历史命运的一个重大转折：世界由和谐转向分裂，民族之间的对抗进一步加强。

文化自信在世界范围内被扭曲和践踏：西方列强自身以"文明"自居，以"世界中心"自诩，以"文化优越感"自恋，文化自信在他们那里被扭曲成为"文化霸权"。西方列强不仅仅把自己的价值观强加于人，同时又实行"双重标准"肆意摧毁殖民地半殖民地国家和民族的文化自信，培养"奴性文化"。

面对帝国主义殖民主义的压迫，殖民地半殖民地人民的文化自信显示出强烈民族精神独立性的时代光辉。殖民地半殖民地人民以民族解放为目的反对西方列强的霸权主义，寻求民族的解放和独立，其实就是保持自己的民族文化不被奴役和践踏，追求本民族的文化自信。殖民地和半殖民地人民以坚决的革命斗争反抗帝国主义殖民主义的侵略压迫，这不仅是被压迫民族的要求，而且是整个世界的要求。恩格斯在《共产党宣言》1893年意大利文版序言中强调："不恢复每个民族的独立和统一，那就既不可能有无产阶级的国际合作，也不可能有各民族为达到共同目的而必须实行的和睦的与自觉的合作。"文化自信由此在新的历史条件下，以深刻的时代内容和深远的世界意义获得了升华。

在世界的东方，毛泽东在《新民主主义论》中指出的，中国共产党是在一个殖民地、半殖民地、半封建的社会，在"我们民族的灾难深重极了"的条件下领导中国人民进行革命的。中国共产党深刻认识了中国人民肩负的世界历史使命，毛泽东提出了"发展民族新文化提高民族自信心"的庄严任务。中国共

产党强调这种新文化首先就是"反对帝国主义压迫,主张中华民族的尊严和独立"的。这种高度的文化自觉、坚定的文化自信,取得了新民主主义革命的胜利,帮助中国人民推翻了三座大山,实现了近代以来无数志士仁人"振兴中华"的梦想。

世界反法西斯战争胜利以后,许多国家和民族走上了独立自强的发展道路。新中国成立后,中国共产党领导中国人民进行社会主义建设,继承并发展了中国优秀的传统文化。但是,西方列强信奉和推行西方中心论的观念没有改变,拉拢资本主义国家、敌视社会主义国家,把世界拖入冷战的旋涡。他们继续推行强权政治,竭力摧毁其他各国各民族文化自信,抹黑其领袖和英雄。在这样的大背景下,世界社会主义运动跌入低谷:苏联解体、东欧剧变。

但是,有着悠久历史文化的中国,坚持文化自信,在中国共产党领导下,高举社会主义旗帜,在继承和发扬中国优秀文化的基础上,成功地找到了建设中国特色社会主义的道路;并且在社会主义国家的改革开放和现代化建设取得了辉煌成就,不仅国家兴旺发达,而且文化自信不断增强。特别是进入21世纪以来,以中国为代表的新兴经济体和广大发展中国家,经济、社会快速发展,广大发展中国家和新兴经济体的文化自信越来越有底气。中国和新兴经济体在世界经济中的分量越来越重,国际影响力和话语权越来越大,中国传统文化的世界影响也越来越大。

与此同时,西方发达国家因为国际金融危机、战争的消耗、恐怖袭击和难民潮的冲击,新自由主义到处碰壁,等等,其所倡导的文化理念日益受到世界范围内的质疑。面对霸权主义滑落轨迹的历史挫败感,西方国家对于中国的文化自信感到深深的忧虑,甚至把中国的日益崛起视为一种威胁。但是,历史的前行不以人们的主观意志为转移,各国各民族的文化自信再也不容殖民主义、霸权主义随意践踏。

文化自信是全世界人民历史奋斗的胜利成果,是文化自信自身真理性和正义性的历史证明。坚定文化自信,是全世界是各国各民族兴旺发达的精神支撑;会帮助全世界人民奔向持久和平、共同发展、全面繁荣的未来;将促进各国各地区的普遍交往和相互依赖,最终达到实现各国、各地区、各民族的独立自主、合作共赢,共同建设人类命运共同体。

第十章　在历史的启示中坚定文化自信，弘扬中华优秀传统文化

第二节　以坚定的文化自信传承和弘扬中华优秀传统文化

中华民族有5000多年的悠久历史，创造了灿烂的中华文明。在世界四大古老文明中，哈拉帕文明早已湮没在漫漫黄沙；巴比伦和埃及，至今被7世纪才兴起的伊斯兰文明统治着。唯有中华文明保持着强大的生命力和创造力，延续至今。中国作为一个文明古国，历史悠久、成就突出，对人类文明进步做出了巨大贡献。我们坚定文化自信的一个重要方面，就是要科学总结历史文化遗产。中国的优秀文化遗产存世量异常浩繁，因此要把那些真正体现中华民族自身禀赋、特点、精神的优秀传统文化继承下来，并根据新的时代条件整合、转化、利用、创新，加以发扬光大。

一、天下为公、以民为本

以坚定的文化自信传承和弘扬中华优秀传统文化中天下为公、以民为本的价值取向和精神追求，永远和人民血脉相通，全心全意为人民服务。

我们的先民很早就认为"民为邦本，本固邦宁"，他们把人民作为国家的根本。周武王伐殷，师渡孟津而作《泰誓》，说："天视自我民视，天听自我民听"，"民之所欲，天必从之！"把"民之所欲"作为推翻商纣暴政的革命正义性的根本依据。春秋战国时期，以民为本是当时诸子百家的共识。政治家管仲明确地说："政之所兴，在顺民心；政之所废，在逆民心。"老子也认为："圣人恒无心，以百姓之心为心。"儒家学派的代表孔子，更是提出了"大同"社会理想："大道之行也，天下为公"。孟子强调："民为贵，社稷次之，君为轻。"他对齐宣王说："乐以天下，忧以天下，然而不王者，未之有也。"对梁惠王说："老吾老，以及人之老；幼吾幼，以及人之幼。天下可运于掌。"天下为公、以民为本的思想博大精深，为中华传统文化种下了富有人民性和革命性的基因，在长期的历史发展中反复经受实践检验而不断丰富和发展，形成多层次的核心价值观和坚定的精神追求。在中国漫长的发展历史和文明进程中，关心民瘼、重视民生、倾听民意、顺乎民心，一直被认为是能够平定天下、促进国家兴旺、克服困难的强大力量；公忠为国、公而忘私，重义轻利、先义后利，是无数以

中华优秀传统文化的教育传承

天下以天下为己任的政治家的人生目标。"先天下之忧而忧,后天下之乐而乐","天下兴亡,匹夫有责",更是激励了无数中国人为中华民族的自由和独立浴血奋斗,推动中华民族的社会和谐与进步。

新民主主义革命以来,中国共产党在马克思列宁主义指导下,在中国革命、建设、改革的伟大实践中,一直坚持把人民群众作为国家真正的主人,一切为了人民,一切依靠人民。在对中华民族优秀传统文化的教育和继承工作中,更要充分发挥人民群众的历史主动性,帮助人民推动历史前进。要坚定"天下为公"的理想和"以民为本"的传统,在实现中华民族伟大复兴的奋斗中建立文化自信,实现中华民族的伟大复兴。

二、保持中华民族精神上的独立性、创造性和生命力

中国优秀传统文化一直秉承着勇于创新、善于学习开放思维和自强不息、与时俱进的开阔胸襟,我们在教育传承优秀文化的时候要坚定文化自信,永远保持中华民族精神上的独立性、创造性和生命力。

中华文化自古以来谦虚谨慎,对客观世界采取敬畏尊重、虚心学习的态度,是一个秉承"谦受益、满招损"理念的求真务实的民族。中国文化中的"日新之谓盛德""苟日新,日日新,又日新""天行健,君子以自强不息",是老子"道法自然"观念的生动实践,培育了中华民族乐观进取的精神、开放创新的思维和开阔包容的胸襟。因此,同时,中华民族要求无论学习和创新,都要从自己的实际出发,都要注重实践、接受发展着的实践的检验,反对叶公好龙、纸上谈兵,崇尚勇于创新又不忘初衷。

因此,中国优秀传统文化因此谦逊好学又不失根本,乐于包容又拒绝迷信盲从,充满辩证精神。这种富有原创性、开放性、包容性的文化立场和态度,使中华优秀文化充满天下为公和以民为本的价值取向和精神追求,使中华民族自古以来就以"朝闻道,夕死可矣"的精神,无数仁人志士执着地追求真理、实践真理,为真理而斗争。这种文化立场和态度,使中华民族在强盛时不图谋霸权主义、亲仁善邻、海纳百川、互学互鉴,在困顿与灾难中能够不屈不挠、励精图治、转益多师、探寻新路。

在国势强盛的唐朝有玄奘西行、鉴真东渡这样历经艰辛、九死一生的文化交流传奇;在拥有世界上最为强大的无敌舰队的明朝,郑和率领船队七下西洋,到处传播友谊、互惠贸易。在1840年鸦片战争以后,在陷入殖民地半殖民地的

第十章　在历史的启示中坚定文化自信，弘扬中华优秀传统文化

民族危难时刻，中华民族秉承奋斗精神，"多难兴邦"，进行了人类历史上最为伟大的海外学习运动：为了探寻救国救民的真理，中国一批又一批志士仁人去西方各国考察、学习，向国内介绍、宣传西方各种思想理论；最大规模的社会变革试验：为了探寻适合中国国情的制度，辛亥革命推翻封建王朝以后，中国尝试了君主立宪制、议会制、多党制、总统制；最为深刻的人民大革命：选择了社会主义在中国共产党领导下，探索出坚持武装斗争，以农村包围城市、最后夺取全国胜利的中国经验，取得了革命的胜利。

在追求民族解放的道路上，中国人民学习继承中国优秀文化传统，保持中华民族精神上的独立性、创造性和生命力，在精神上掌握主动权，找到了前进的方向。在社会主义建设时期，在世界社会主义探索遭遇严重挫折的情况下，中国共产党秉承创新精神，又确立了改革开放这个根本政策，创造性地探索出在社会主义制度下发展市场经济的中国特色社会主义道路，创造出举世惊羡的中国奇迹。因此，中华优秀传统文化的传承教育必须秉承独立、创新的精神，坚定不移地弘扬以人民为中心的价值取向、从善如流又不失自我主体性和独立性的辩证思维。只要如此，中华民族将能成功应对各种时代挑战，不断进行理论创新、制度创新，沿着中国特色社会主义道路胜利前进。

三、热爱和平、以德服人、向善向上

在中华优秀传统文化的教育传承中，要以坚定的文化自信传承和弘扬中华优秀传统文化中自古以来热爱和平、以德服人、向善向上的道德境界，同时践行亲仁善邻、和而不同、合作共赢的国际关系原则，团结世界各族人民共同建设人类命运共同体。

中国传统文化中自古以来把"德"放在首要的位置。《尚书·大禹谟》把"正德"列为平治天下的三件大事之首："正德、利用、厚生惟和。"先秦时期的诸子百家尽管百家争鸣，各自著书立说，但是他们却共同塑造着中华文化重德尚义的传统。老子说："上善若水，水利万物而不争。"这里的"善"就是德。孔子学说中德的核心是"仁"，"泛爱众而亲仁"。孟子也说："仁者，爱人。"在这些层面上，都要重德、敬德，都要与人为善，要求无论是统治者还是个人都要个人的"德"，恪守"己所不欲，勿施于人""己欲立而立人，己欲达而达人"的原则。

中华优秀传统文化对于德的重视和认识非常具有包容性，先哲们对世界的

中华优秀传统文化的教育传承

多样性有着深刻的认识和概括，其可贵之处在于不仅讲"利万物""泛爱众"，而且讲"和而不同""和为贵"。西周史伯说："夫和实生物，同则不继。以他平他谓之和，故能丰长而物归之，若以同裨同，尽乃弃矣。"指出万物和谐是万物发展的前提，"同则不继"。这是中华优秀传统文化中最早的"和而不同"的思想，对中国传统文化产生了深远的影响。

《周易》里面说"地势坤，君子以厚德载物"，《礼记》认为"万物并育而不相害，道并行而不相悖"，都是讲"和而不同"是自然之道：这就要承认差异、包容差异、尊重差异，以求同存异。认为君子之德就是要和谐相处、互学互鉴去，以此来推动事物的积极发展。无论是个人、国家还是民族的相处和交往都要尊重"和而不同"的原则。纵观中国漫长的五千年文明史，中国自古以来睦邻友好，主张"远人不服，则修文德以来之"；反对霸道主义、穷兵黩武、对外扩张，强调"得道多助，失道寡助"；践行亲仁善邻、协和万邦，主张"天下一家"。

中国是一个多民族的国家，中华民族是经过数千年历史风雨考验和洗礼，逐渐形成并的一个多民族的大家庭。中华民族大家庭中的各个民族之间不是征服者与被征服者的关系，而是不断融合、相互尊重、平等相待、情深谊长的同胞兄弟。中华文化是各个民族共同缔造的优秀文化，是各个民族共有的精神家园，同时有相对保持着各个民族各自独有的文化特点、风俗习惯和权益得到了充分的保障和尊重。这种中华民族的命运共同体和文化共同体其实就是中国传统文化"和而不同"的一个成功典范。

中华文明古老而又悠久，中国在很长的历史时期一直是世界强国。但是几千年来的发展经验使中国从来拒绝扩张野心，即使在中国最为强盛的历史时期，中国也没有为扩张领土、称霸而发动过侵略战争，没有抢夺殖民地和奴役灭绝土著民族的恶劣行径。共产党领导的新民民主主义革命胜利后，新中国一直奉行独立自主的和平外交政策，一直强调睦邻友好，"求同存异"。一些西方国家操纵舆论，鼓噪所谓"中国威胁论"，都是对中国的污蔑，是按照他们自己的殖民主义、军国主义的文化传统和行为模式以己度人。英国历史学家汤因比曾明确地比较了中华文明与西方文明的特征和历史贡献。他认为，西方在经济和技术上影响和征服了全球，却留下了政治上的民族国家林立世界的超级难题，这个政治真空将由中华文明来补足。他最终的结论是，中华文明，这个历史上一直以和平主义和世界主义为取向的天下文明，将在 21 世纪成为全人类的共同精神财富。

第十章　在历史的启示中坚定文化自信，弘扬中华优秀传统文化

　　历史和现实都正在强有力地证明，中国的优秀传统文化中亲仁善邻、以德服人，和而不同、合作共赢等思想一直被传承和弘扬，被中国共产党所践行，并为努力建设人类命运共同体，造福于中国人民、造福于全世界做出了巨大贡献。中国绝对不会重复西方资本主义发展的老路，将打破"国强必霸"的西方逻辑，不是世界的"威胁"，而是世界的机遇。中国优秀传统文化提供的伟大智慧将被中国共产党和中国人民学习、借鉴、继承并发扬光大，中国将为应对各种全球性挑战和加强全球治理提供重要的中国方案，为世界各国人民谋和平求发展奉献有益的中国智慧，在推动世界建设人类命运共同体方面做出独特的中国贡献。

参 考 文 献

[1] 龙蟠河，王登洋主编. 中华优秀传统文化教育［M］. 北京：北京时代华文书局. 2019.

[2] 柳玉国主编. 中华优秀传统文化教育读本［M］. 青岛：青岛出版社. 2020.

[3] 傅维利主编；杨宏丽，段进生，李春副主编；侯新磊等编. 中华优秀传统文化 第5卷［M］. 大连：辽宁师范大学出版社. 2016

[4] 翟博著. 中华优秀传统文化教育导论［M］. 陕西师范大学出版总社. 2020.

[5] 李宏编著. 中华优秀传统文化教育读本［M］. 南京：江苏人民出版社. 2019.

[6] 徐梓著. 中华优秀传统文化教育十五讲［M］. 北京：北京师范大学出版社. 2018.

[7] 黄甫林总主编. 中华优秀传统文化教育读本 一年级［M］. 江苏凤凰美术出版社. 2018.

[8] 李民主编. 中华优秀传统文化教育读本［M］. 北京：开明出版社. 2018.

[9] 黄源著述；汤序波，陈扬，孟进整理. 中华优秀传统文化名家讲座 书法讲座［M］. 桂林：广西师范大学出版社. 2017.

[10] 许彩霞主编. 中华优秀传统文化教育读本 二年级［M］. 北京：中国水利水电出版社. 2018.

[11] 杨枫，朱家雄著. 中华优秀传统文化传承与学前教育国际研讨会精萃 民族文化 润泽童心［M］. 郑州：海燕出版社. 2016.

[12] 李申申，陈洪澜，李荷蓉等著. 传承的使命 中华优秀文化传统教育问题研究［M］. 北京：人民出版社. 2011.

[13] 朱康有著. 中华优秀传统文化与马克思主义［M］. 重庆：重庆出版社. 2019.

[14] 荣跃明主编. 上海非物质文化遗产发展报告 2018 传承发展优秀传统文化 [M]. 上海：上海书店出版社. 2018.

[15] 柳诒征，吕思勉著. 中华优秀传统文化传承发展工程学习丛书 文化十六讲 [M]. 北京：中国友谊出版公司. 2017.

[16] 杨敏著. 历史传统文化传承与发展 [M]. 长春：吉林大学出版社. 2018.

[17] 苏金良，卢洪利，王洪霞编著. 中华优秀传统文化启蒙教育导论 [M]. 长春：吉林人民出版社. 2019.

[18] 王志文，牛继舜著. 中华文化传承与传播策略研究 [M]. 北京：经济日报出版社. 2017.

[19] 向亚云，景扬，王溪明著. 建设好家风 传承中华优秀传统文化 [M]. 北京：中国言实出版社. 2017.

[20] 陈柱，章太炎，梁启超著. 中华优秀传统文化传承发展工程学习丛书 诸子十六讲 [M]. 北京：中国友谊出版公司. 2017.

[21] 梅柳，李霞芬编著. 守望精神家园 礼敬中华优秀传统文化 [M]. 湘潭：湘潭大学出版社. 2017.

[22] 马文章著. 根之情 中华优秀传统文化在实践中的应用 [M]. 北京：新华出版社. 2017.

[24] 张岂之著. 中华优秀传统文化核心理念读本 [M]. 北京：学习出版社. 2012.

[25] 张跃，刘翼主编. 中华大 IP 互联网时代传统戏曲的新生与反思 [M]. 重庆：重庆大学出版社. 2018.

[26] 张岂之著. 张岂之谈中华优秀传统文化 [M]. 西安：太白文艺出版社. 2012.

[27] 戴军，娄小平著. 传承与超越 [M]. 北京：新华出版社. 2015.

[28] 何潇著. 中华传统文化与大学生素质教育研究 [M]. 北京：现代出版社. 2019.

[29] 何艳萍主编. 传统文化润童心 [M]. 北京：北京理工大学出版社. 2019.

[30] 范锋，茅静华，高洁主编. 守正传承 以文化人 [M]. 北京：光明日报出版社. 2018.

[31] 高宁著. 教育的嬗变和文化传承 [M]. 长沙：湖南大学出版社. 2008.

[32] 鲁学军编写. 中华优秀传统文化入门 [M]. 上海：复旦大学出版社. 2016.

[33] 周有波，陈京伟主编. 中华优秀传统文化 修身 [M]. 济南：山东人民出版社. 2016.